KLASSISCHE REISEBERICHTE

Die abenteuerliche Expedition, von der in diesem mit 92 Original-Holzstichen illustrierten, prächtig ausgestatteten Faksimileband berichtet wird, gehört zu den Höhepunkten der Erforschung Afrikas. Sie fällt in die Jahre 1886 und 1887, in das Jahrzehnt der Kolonialgründungen im „dunklen Erdteil" – in jene Zeit also, in der Forscher, Jäger und Kolonialpioniere wie Carl Peters, Gustav Nachtigal, Emin Pascha und Gerhard Rohlfs die bisher kaum betretenen Gebiete Zentralafrikas durchzogen und ihre Reisen in Europa Schlagzeilen machten. Auch Hermann Wissmann, der Autor dieses Berichts, gehörte zu diesen Männern; die Nachwelt, um die Würdigung seiner Leistungen bemüht, nannte ihn „Deutschlands größten Afrikaner".

Einer „zweiten Durchquerung Äquatorial-Afrikas", wie es im Titel dieses Buches heißt, muß eine erste Durchquerung vorausgegangen sein: die erste der drei großen Afrika-Reisen Wissmanns. Der 1853 in Frankfurt/Oder geborene mecklenburgische Infanterieleutnant hatte sich 1880 der Expedition des Afrikaforschers Dr. Paul Pogge angeschlossen und ihn von Luanda, der Hauptstadt Angolas, bis Nyangwe am oberen Kongo begleitet. Von hier kehrte Pogge nach Luanda zurück; Wissmann dagegen zog ostwärts weiter. Er erreichte im Juli 1882 den Tanganyika-See und im November des gleichen Jahres die afrikanische Ostküste – als erster Deutscher und zweiter Europäer, dem es gelungen war, Zentralafrika von Westen nach Osten zu durchqueren. Schon ein Jahr danach, 1883, erforschte Wissmann im Auftrag König Leopolds II. von Belgien das Gebiet der Flüsse Kongo und Kassai.

Seine dritte Reise, die er in diesem Band beschreibt, führte ihn von Leopoldville (dem heutigen Kinshasa) den Kongo und Kassai aufwärts, dann zum Tanganyika- und Nyassa-See und schließlich im August 1887 zur Mündung des Sambesi; in Sansibar, dem Ziel seiner abenteuerlichen Expedition, lernte er den Begründer Deutsch-Ostafrikas, Dr. Carl Peters, kennen.

Time-Life Bücher, Amsterdam

1888 erhielt Wissmann, vom Fürsten Bismarck zum Reichskommissar ernannt, den Auftrag, den Araberaufstand in Deutsch-Ostafrika niederzuschlagen. „Gott helfe ihm, seine Aufgabe gut durchzuführen", schrieb Kaiser Wilhelm II. eigenhändig an den Rand eines seiner Berichte über die Aufstellung der ersten deutschen Schutztruppe auf afrikanischem Boden. Und nachdem Wissmann die Aufständischen unter Buschiri 1889 bei Bagamoyo geschlagen und 1890 die Kapitulation des Buschiri-Nachfolgers Bana Heri entgegengenommen hatte, ernannte der Kaiser ihn zum Major, verehrte ihm als Zeichen seiner besonderen Gunst acht Kanonen und erhob ihn in den erblichen Adelsstand.

Noch im gleichen Jahr brachte der Sansibar-Vertrag mit England, der Tausch des wichtigen Handelszentrums gegen die Insel Helgoland, Wissmann in Opposition zu dem Nachfolger Bismarcks: Reichskanzler Graf Caprivi beließ ihm zwar den Titel des Reichskommissars, unterstellte ihn aber einem neuernannten Gouverneur. Wissmann ließ sich beurlauben und blieb vorerst in Deutschland. Doch schon im Jahre 1892 forderte ihn der „dunkle Erdteil" zu einer organisatorischen Glanzleistung heraus: Es gelang ihm, eine zerlegbare, 26 Meter lange Dampfbarkasse von der Küste über den Schire-Fluß zum Nyassa-See zu transportieren.

Am 1. Mai 1895 wurde Wissmann Gouverneur von Deutsch-Ostafrika. Er blieb nur ein Jahr im Amt; im Juni 1896 mußte er aus Gesundheitsgründen zurücktreten. Die Gesellschaft für Erdkunde in Berlin wählte ihn 1897 zu ihrem Vorsitzenden; 1905 starb er auf seinem Gut in Weißenbach (Steiermark).

Die Herausgeber

Dieses in wertvolles Leder gebundene Buch ist – wie jeder Band der Reihe „Klassische Reiseberichte" – eine photographische Reproduktion einer heute nur noch in wenigen Exemplaren erhaltenen frühen Ausgabe, in der Schreibweise und typographische Eigenheiten des Originals gewahrt sind.

Meine
zweite Durchquerung Äquatorial-Afrikas

vom Congo zum Zambesi

während der Jahre 1886 und 1887.

Von

Hermann von Wißmann.

Mit 92 Abbildungen
nach Zeichnungen Hellgrewes und Klein-Chevaliers, sowie 3 Karten.

Frankfurt a. O.
Verlag der Königlichen Hofbuchdruckerei Trowitzsch & Sohn.

Alle Rechte, besonders die Übertragung des Werkes in fremde Sprachen behält
sich die Verlagsanstalt vor.

❦

Die Holzschnitte sind in den Ateliers von R. Brend'amour & Co.
in Düsseldorf gearbeitet.

WISSMANN

Faksimiledruck 1983 der Erstausgabe.
Gestaltung des Einbands © 1983 Time-Life Books B.V.
Gedruckt und gebunden bei Brepols S.A., Turnhout, Belgien.
ISBN 9-06-182-762-0

Vorwort.

Wie stets, seit dem Jahre 1880, so bin ich auch jetzt nur in Deutschland anwesend, um mich so schnell als möglich von den Strapazen meiner afrikanischen Arbeit zu erholen und neue Kräfte zu sammeln für weitere Aufgaben im dunklen Kontinent.

Trotzdem mein nur viermonatlicher Aufenthalt wegen Krankheit und Geschäften mir nur wenig Gelegenheit zur Erholung, zu eigner Verfügung über meine Zeit bot, so beschloß ich doch, in einfacher Wiedergabe meiner Tagebücher, wenigstens das Wissenswertheste von meiner zweiten Durchquerung Afrikas niederzuschreiben. Man weiß nie, ob und wie man aus dem wilden Afrika heimkehrt, und deshalb, sowie, weil meine letzte Arbeit, das Niederwerfen des ostafrikanischen Aufstandes, mir später weitere Veröffentlichungen nahe legt, habe ich nachstehendes, so gut es in der kurzen Zeit gehen wollte, niedergeschrieben.

Aus diesen Gründen bitte ich an dies Buch nicht die Anforderungen wie an ein wissenschaftlich durcharbeitetes Reisewerk zu stellen, sondern es als eine schlichte Erzählung meiner Erlebnisse und Beobachtungen hinzunehmen.

Nicht wenig zur jetzigen Herausgabe meiner Tagebücher hat der Umstand beigetragen, daß gerade die in nachstehendem aufgeführten Erfahrungen die Schrecken der Sklavenjagd, des Transportes der unglücklichen menschlichen Ware beleuchten und ich hoffen darf, das Interesse, das Mitgefühl für die noch unter wilden Sitten seufzenden Völker, die jetzt auf unsere Unterstützung und Hülfe ein Anrecht haben, anzuregen.

Lauterberg, den 30. Oktober 1890.

H. v. Wißmann.

Inhalts-Verzeichnis.

                                                                Seite
Zurück von der Küste zum Lande der Baschilange.   1—29
  Zurück nach Afrika. — Meine Aufgaben. — Zusammen=
  treffen mit Kund und Tappenbeck. — Warum ich die Be=
  nennung „Kassai" wählte. — Schlechter Anfang zum Reisen. —
  Büffeljagd. — Von einer Schlange gebissen — Nach der
  Kassai-Mündung. — Elefanten. — Den Kassai aufwärts. —
  Wasserwildnis. — Ehrwürdige Grabstätten. — Der wild=
  reiche Lua. — Wirkung eines Pfiffes. — Tropische Üppig=
  keit. — Der Poggeberg — Kunds Übergang über den
  Kassai. — Neun Nebenflüsse. — Betrunkene Eingeborene. —
  Malerische Kanoefahrt. — Lebensweise der Eingeborenen. —
  Am Sankurru. — Ufereinstürze. — Stille der Wildnis. —
  Wiedersehen mit Dr. Wolf.

**Dr. Ludwig Wolfs Erforschung des Sankurru. — Zurück=
führen der Baschilange nach ihrer Heimat.**   30—45
  Gründung der Luebo-Station. — Luluaburg. — Zur
  Erforschung des Sankurru. — Der Zustand der „En avant". —
  Wilde Kanoeführer. — Die Wirkung grellroter Farbe. —
  Messing und Kupfer afrikanisches Gold. — Einschüchterung
  frecher Bassange. — Der Sankurru ist gut, der Lubilasch ist
  böse. — Zappu Zapp. — Vorsicht! — Im Lubi. — Die
  „En avant" in Gefahr. — Neuer Fluß. — Lomami? — Zurück
  wegen Havarie. — Ethnographisches. — Auf der Station.

**Entdeckung des Wißmann-Falls und Arbeiten auf der
Station.**   46—74
  Fortschritte der Luebo-Station. — Patrouille am Muieau. —
  Wiedersehen mit dem treuen Bugslag. — Luluaburg, ein
  Kultur-Centrum. — Pflanzungen. — Viehzucht. — Meteorolo=
  gisches. — Bei Kalamba. — Saturnino de Machado. — Feind=
  liche Tschipulumba. — Bestrafung wegen Mißbrauchs der

Seite

Dienstgewalt. — Mit Wolf den Kassai aufwärts. — Unbewohnte Wildnis. — Bienen-Qual. — Barre im Strom. — Der Wißmann-Fall. — Wildschweine. — Stürzender Urwaldriese. — Den „Stanley" verpaßt. — Auf der Station. — Trennung von Wolf. — Bestrafung eines Häuptlings. — Balundu-Gesandtschaft. — Entwirrung der schwierigen politischen Verhältnisse in Lubuku. — Verteilung der Sternenflagge. — Mein Einfluß auf die Baschilange. — Kalamba besucht mich. — Uräusschlange.

Expedition ins obere Flußgebiet des Sankurru — Lubilasch 75—103
Sammeln der Reisebegleitung. — Ein guter Schuß. — Ein Dachshund versucht ein Flußpferd zu apportieren. — Meine Leute plündern. — Aeolsglocken. — Die wilden Balungu. — Falsche Wegangaben. — Die Kanjoka. — Weiber-Tanz. — Grenze der reinen Baluba. — Drohungen. — Starke Bevölkerung. — Am Buschimaji. — Frechheit der Eingeborenen. — Krieg. — Wirkung eines Schusses. — Verräterische Baluba. — Lügen der Balungu. — Verhandlungen resultatlos. — Kriegszug zur Bestrafung unserer frechen Feinde. — 100 Gefangene und viel Beute. — Munition knapp. — Mein Entschluß zur Rückkehr. — Das ungastliche Land der Baluba. — Gefahr in einem Rückmarsch. — Markt. — Schlimmer Gesundheitszustand. — In Luluaburg. — Feuersbrunst. — Le Marinel schwer krank.

Ordnung der politischen Verhältnisse in Lubuku. — Aufbruch nach Nord-Ost, Reise bis zum Sankurru. 104—123
Versammlung der Häuptlinge von Lubuku. — Schwerer Hagelfall. — Ich suche Germano umsonst. — Dr. Sommers. — Endlich kommt Germano. — Aufbruch zur großen Reise nach Nord-Ost. — Lagerbau. — Räubereien und Gefecht. — Prairien. — Dörfer werden niedergebrannt. — Friedlicher Empfang. — Der Menschenhandel der Bihé-Händler. — Urwälder. — Ungastliche Wilde. — Am Lubi. — Simão's kühne Schwimmtour. — Bestrafung der räuberischen Bena Ngongo. — Ein Dieb wird durch einen Pfeilschuß bestraft. — Am Sankurru.

Urwald, die Heimat der Zwerge und entvölkerte Länder. 124—153
Die Lussambo. — Prellerei. — Schöne Flußscenerie. — Erste Nachrichten von den Arabern. — Urwald. — Batetela. — Batua, die sogenannten Zwerge. — Verhandlungen mit den Batua. — Nichts als Urwald. — Weihnachtsfest im Dunkeln. — Bei den Bena Mona. — Ermordung mit giftigen Pfeilen. —

VII

Seite

Kritischer Moment. — Krieg. — Brückenbau. — Lukalla. —
Hunger. — Eine Riesenschlange gefehlt. — Schlimme Nach=
richten über die Länder voraus. — Zeichen des Wütens der
Sklavenjäger. — Der Araber als Vernichter. — Pflichten
der civilisierten Welt zum Schutze des wehrlosen Afrikaners. —
Ein großes Volk vertilgt. — Bei Lupungu und Mona
Kakeſa. — Verkauf der Munition. — Die große Stadt der
Peſchi verödet.

Die Araber. — Hunger und Krankheit. 154—180

Lager einer Räuberhorde Tibbu Tibbs. — Sanſibariten. —
Said, der Führer des Kriegszuges. — Said übt sich an
Gefangenen im Pistolenſchießen. — Kannibalismus im Lager
der Araber. — Trauriger Zustand meiner Karawane. —
Auferstehung eines Toten. — Viele Kranke. — Am Lomami. —
Die Karawane fast erschöpft. — Regierungsform der Araber. —
Die Hungrigen essen giftige Früchte. — Überschwemmungen. —
Alles ist grau. — Amputationen. — Vermißte. — Busch=
brücke. — Pocken. — Zurücklassen des schwächsten Teiles der
Karawane. — Verluste. — Nachricht über die Feindschaft
der Araber mit dem Congostaate. — Schlimme Aussichten. —
In Nyangwe. — Versteckte Drohungen. — Tibbu Tibbs
Sohn unterwirft mich einem Verhör. — Verdacht gegen
mich. — Famba hilft mir. — Ich kann meine Baſchilange
gefahrlos heimsenden. — Ich bleibe in der Gewalt der
Araber. — Trennung von Le Marinel und meiner Karawane.

Ich muß nach Osten. — Reise bis zum Tanganyka. 181—194

Enthüllungen durch Famba. — Reichtum an Elfenbein. —
In der Höhle des Löwen. — „Die Weißen sind Weiber." —
Meine Pläne scheitern. — Der Mörder eines Deutschen. —
Früher und jetzt; Erinnerungen eines alten Häuptlings. —
Ich bin sehr schwach. — Verpestung der Lagerplätze durch
Sklavenleichen. — Trübe Gedanken. — Stumpfsinn meiner
Leute. — Gräuel des Sklaventransportes. — Am Tanganyka.

Bis zum Nyaſſa. 195—220

Warnung nach Osten zu reisen. — In Udjiji. — Ich gehe
nach Süden. — Ich lasse meine erschöpften Baluba bei den
Missionaren. — Der See und sein Abfluß. — Nachtfahrten —
Sturm. — Mpala. — Richtiges Vorgehen der Missionen. —
Galula stirbt. — Leoparden. — Paviane. — Zu Lande
weiter. — Wasserbänke. — Träger entfliehen. — Aber=
glauben. — Erpressungen. — Die Wawemba=Mörder. —
Schottische Mission. — Ethnologisches von Mr. Bain. —
Am Nyaſſa. — Insekten=Wolken.

	Seite
Bis zur Küste.	221—236

Der Nyassa. — Wildreichtum der Ufer. — Die Araber am See. — Livingstonia. — Der Schire. — Mandala und Blantyre. — Krank. — Mangel an Anstelligkeit der Neger. — Weiter auf dem Schire. — Krokodile und Flußpferde. — Kampf mit einem Riesenreiher. — Bugslags treue Kameradschaft. — Portugiesischer Posten. — Der Zambesi. — Mistrs. Livingstones Grab. — Auf dem Quaqua. — Quilimane. — Schluß.

Brief Le Marinels über die Rückkehr der Baschilange von Nyangwe in die Heimat. 237—241

Das Land der Baschilange. 242—254

Profile der Wasseradern des Kassai-Gebietes.

Banana an der Congomündung.

Erstes Kapitel.
Zurück von der Küste zum Lande der Baschilange.

Zurück nach Afrika. — Meine Aufgaben. — Zusammentreffen mit Kund und Tappenbeck. — Warum ich die Benennung „Kassai" wählte. — Schlechter Anfang zum Reisen. — Büffeljagd. — Von einer Schlange gebissen. — Nach der Kassai-Mündung. — Elefanten. — Den Kassai aufwärts. — Wasserwildnis. — Ehrwürdige Grabstätten. — Der wildreiche Lua. — Wirkung eines Pfiffes. — Tropische Ueppigkeit. — Der Poggeberg. — Kunds Uebergang über den Kassai. — Neue Nebenflüsse. — Betrunkene Eingeborene. — Malerische Kanoefahrt. — Lebensweise der Eingeborenen. — Am Sankurru. — Ufereinstürze. — Stille der Wildnis. — Wiedersehen mit Dr. Wolf.

Die Anstrengungen der Reisen, die in dem Werke „Im Innern Afrikas" beschrieben sind, hatten meine Kräfte derart erschöpft, daß ich gezwungen war, im September 1885 Afrika zu verlassen und in einem malariafreien Klima Kräftigung zu suchen.

Schon nach einem neunwöchentlichen Aufenthalte auf Madeira war ich hauptsächlich durch eine Arsenikkur so weit gekräftigt, daß ich an Wiederaufnahme meiner Arbeiten denken konnte. Ich war Seiner Majestät dem Könige der Belgier noch für ein weiteres Dienstjahr verpflichtet. Da es jedoch mein lebhafter Wunsch war, in den erst vor Monaten dem deutschen Reiche entstandenen Kolonien meine

Erfahrungen zu verwerten, wandte ich mich an Seine Kaiserliche Hoheit den Kronprinzen des deutschen Reiches, durch dessen Vermittelung ich vor zwei Jahren den Auftrag Seiner Majestät des Königs der Belgier übernommen hatte, mit der Anfrage, ob irgend wo in deutschen Besitzungen meine Erfahrungen verwertet werden könnten, für welchen Fall ich Seine Kaiserliche Hoheit bat, durch Seine gnädige Verwendung mich für dies dritte Jahr frei zu machen. Ich erhielt den Bescheid, daß es zur Zeit in unseren Besitzungen keine Arbeit für mich gäbe und daß der König der Belgier den speziellen Wunsch ausgesprochen habe, ich möge abermals für ihn nach Afrika zurückkehren; welchen Wunsch Seine Majestät Selbst mir dann auch mitteilte. Man stellte mir zur Wahl, ob ich die Verwaltung des ganzen inneren Congostaates vom Stanley-Pool aufwärts übernehmen oder im Süden des Congostaates meine angefangene Arbeit weiter ausführen wollte, für welchen Fall mir folgende Direktive zuging:

Ich sollte im Baluba-Lande, die günstigen politischen Verhältnisse benutzend, eine Stütze schaffen zu allen weiteren Unternehmungen im Süden des Congostaates und dann von da aus nach Südosten und Nordosten, eventuell bis zu den östlichen Grenzen des Congostaates, den eingeborenen Stämmen ihr neues politisches Verhältnis bekannt und sie demselben geneigt machen.

Ich sollte dem Gange der Sklavenjagden und des Sklavenhandels nachforschen und nach Möglichkeit entgegenarbeiten und über den kulturellen Wert der südöstlichen Länder des Congostaates berichten, was um so mehr von Interesse war, da ich bisher der einzige Europäer war, der den Congostaat zu Lande durchwandert hatte. Es leuchtet ein, daß auf derartigen Reisen die Beurteilung eines Landes außerordentlich viel leichter ist, als auf Reisen zu Wasser, auf welchen man nur die günstig bewässerten Uferpartien zu beurteilen imstande ist und auf denen man viel weniger in Verkehr mit den Eingeborenen tritt, als dies auf einer Landreise notwendigerweise geschehen muß.

Ich entschied mich, da ich für den Fall der Übernahme der Verwaltung des inneren Congostaates dem Generalgouverneur des Staates hätte unterstellt werden müssen, für die weitere Erschließung des inneren Congostaates, für welche ich vollständig unabhängig und allein verantwortlich blieb

Wie zum Schluß meines Werkes „Im Innern Afrikas" erwähnt, hatte ich bei meinem durch Krankheit erzwungenen Weggang vom Congo dem Stabsarzt Dr. Ludwig Wolf die Leitung meiner Expedition übergeben; bei ihm waren von meinen früheren Untergebenen nur noch der Schiffszimmermann Bugslag und der Büchsenmacher Schneider zurückgeblieben, während der Forstreferendar Müller ebenfalls krank nach Europa zurückgekehrt war und der Lieutenant von François schon früher die Expedition verlassen hatte.

Ich reiste am 8. Januar des Jahres 1886 von Madeira ab und traf Ende desselben Monats in Banana an der Congomündung ein, grade zu dem Zeitpunkte, als der bisherige Generaladministrator Sir Francis de Winton seinem Nachfolger Herrn Jansen, einem Belgier, das Gouvernement des Congostaates übergab. Ich erfuhr von dem ersteren Herrn, der die Baluba, die mich den Kassai erforschend zum Congo hinabbegleitet hatten, in ihre Heimat zurückgebracht hatte, daß die Ueberführung der Leute auf dem Flußdampfer „Stanley" ohne Unfall von statten gegangen sei und Wolf bereits begonnen habe, die ihm von mir gewordenen Instruktionen, auf die ich später zurückkommen werde, auszuführen.

Nach einem kurzen Aufenthalte in Banana, Boma und Vivy trat ich die Reise nach dem Stanley-Pool an. Der Anfang der Reise war durchaus kein vielversprechender. Das ungewohnte Marschieren in den schroffen Bergen zwischen Matadi und Pallaballa in der heißesten Jahreszeit verursachte einen nicht unbedeutenden Bluthusten, der mich zwang, den Rest der Reise bis zum Stanley-Pool in der Hängematte zu machen. Ich begegnete in den ersten Tagen des Marsches den deutschen Kameraden Kund und Tappenbeck, die nach der Heimat unterwegs waren. Ersterer litt noch an der Wunde, die er am Kassai unweit der Gegend erhalten hatte, wo ich auf der Erforschung dieses Flusses ein Jahr vorher mit den verräterischen Bassongo-Mino hitzige Kämpfe zu bestehen hatte.

Die Erzählungen der beiden Herren, besonders ihrer Beobachtungen über die südlichen Zuflüsse des Kassai und über die Stelle, an der sie den Fluß selbst überschritten hatten, ließen sich mit meinen Erinnerungen wenig in Uebereinstimmung bringen, was einmal dem Umstande, daß die verschiedenen Stämme die Flußläufe unter verschiedenen Namen kennen, zuzuschreiben ist, andererseits auch daran lag, daß die Beobachtungsinstrumente des Herrn Lieutenant Kund auf dem Transport so gelitten hatten, daß es ihm nicht möglich gewesen war, die Stelle, an der er den Kassai passiert hatte, astronomisch festzulegen. Die Herren richteten aus diesem Grunde an mich die Bitte, den Übergangspunkt, der nach ihrer Beschreibung nicht zu verfehlen war, festzulegen und dadurch ihrem Zuge einen Anhaltspunkt zu geben.

Kund nannte den Kassai „Sankurru", da an der Stelle des Überganges die Eingeborenen dem Kassai diesen Namen beilegen. Ich will bei dieser Gelegenheit erwähnen, daß ich es sowohl ungerechtfertigt, als unbegründet finde, daß verschiedene Kartographen diesen Fluß nach der Aussage der beiden Herren, die ihn doch nur an einer Stelle überschritten, den Namen „Sankurru" gegeben haben, während er von mir, der ich ihn seiner ganzen Länge nach erforscht und festgelegt habe, mit dem Namen „Kassai" bezeichnet wird. Ich hatte nicht ohne Grund den Namen Kassai gewählt. Dieser größte Nebenfluß des Congo, ein Fluß, dem kein Strom Europas an Wassermasse auch nur annähernd gleichkommt, hat seiner Länge nach eine Reihe der verschiedensten Namen. Livingstone nennt ihn in seinem Oberlaufe „Kassabi" und „Loka", später heißt er in seinem Mittellaufe „Kassai" und ist dies der Name, den er auf der längsten Strecke seines Laufes beibehält. Dann wechseln die Namen fortwährend; er heißt zunächst „Nsaire", „Nsadi", „Nschale", „Loko", „Nsali=Monene", dann nach der Einmündung des Sankurru, seines größten Nebenflusses, der jedoch immerhin kaum die Hälfte der Wassermasse führt, wie der Kassai selbst, „Sankurru", „Schankolle", sodann „Schari", „Nsari", „Nschale=Mele" und „Qua".

Spätere Messungen ergaben, daß ich stets den wasserreichsten Arm des ganzen Flußgebietes im Auge behalten hatte, was bei einer Thalfahrt natürlich zufällig ist. Es konnte sich bei einer Benennung dieser gewaltigen Wasserader nur um die Namen „Kassai" und „Nsaire" handeln; da aber der Congo selbst von den an seinem Unterlaufe wohnenden Völkern vielfach „Nsaire" genannt wird und die Portugiesen auch diesen Namen übernommen haben, so wählte ich die Benennung „Kassai" und muß wohl von den Herren Kartographen die Annahme dieser Bezeichnung beanspruchen.

Nachdem mir die beiden Kameraden alles für sie, die sich der Civilisation näherten, Entbehrliche gegeben hatten, trennten wir uns mit den besten Wünschen. Heute, wo ich die Erinnerung an jenen Abschied niederschreibe, ist der eine, Tappenbeck, nach unermüdlicher Arbeit dem Tropenklima erlegen, während der andere sich langsam von schwerer, lang anhaltender Krankheit, ebenfalls den Folgen aufreibenden Dienstes in Afrika, erholt.

Meine sonst in den Tropen so widerstandsfähige Konstitution schien sich dies Mal durchaus nicht zu bewähren. Der Bluthusten dauerte fort und die selbst für jene Gegenden seltene Hitze sowie schwere Regengüsse trugen mir eine Anzahl kleiner Fieber ein.

Am 23. Februar traf ich am Stanley=Pool in Leopoldville ein. Ich hatte durch vorausgesandte Nachrichten den einzigen zur Zeit anwesenden Steamer, die der englischen Mission gehörige „Peace" um einige Tage aufgehalten und so gelang es mir, mit dem mir freundlichst entgegenkommenden Herrn Grenfell folgendes Übereinkommen zu treffen:

Die „Peace" ging sofort nach der Äquatorstation und von dort zurück nach Quamouth an der Kassaimündung, wohin ich eventuell mit Ruderboot gehen sollte. Dort sollte sie mich aufnehmen und den Kassai und Lulua hinauf zum Baluba=Lande bringen. Da ich die zu meiner Expedition gehörigen Deutschen, die zur Zeit im Lande der Baluba weilten, auf meiner Reise als Begleiter mitnehmen wollte, so ersuchte ich die Verwaltung des Congostaates, mir zur Übernahme der Stationen Luluaburg und Luebo Offiziere des Congostaates nachzusenden, die dann auch meine Waren, für deren Aufnahme das Dampfboot „Peace" zu klein war, mitbringen sollten. Es wurden mir außer dem schon zum Stabsarzt Wolf kommandierten Lieutenant Bateman der Kapitain de Macar und der Lieutenant Le Marinel bestimmt.

Von meinem Vertreter im Baluba=Lande, dem Stabsarzt Wolf, war Nachricht eingelaufen, daß er unterhalb der letzten Stromschnelle des Lulua an der Einmündung des Luebo eine Station gegründet und dieselbe dem zum Congostaate gehörigen englischen Lieutenant Bateman übergeben habe, während mein alter treuer Bugslag Chef von Luluaburg sei. Wolf hatte die Absicht, mit dem ihm übergebenen Dampfboot „En avant" die Erforschung des Sankurru zu unternehmen.

Die Zeit in Leopoldville verstrich mit Vorbereitungen zur Reise und mit Jagdausflügen, durch deren Ergebnisse, einige erlegte

Flußpferde, ich der schwarzen Besatzung der Station ein paar Festtage bereitete.

Einer Jagd auf Büffel will ich hier Erwähnung thun, da dieselbe wieder recht eklatant beweist, daß man Regeln im Benehmen des afrikanischen Wildes nur mit Vorsicht aufstellen kann. Auf der größten Insel inmitten des Stanley-Pools, einer wegen seiner Lachen und Tümpel für den Büffel recht geeigneten Stelle, die auch infolge der nicht allzuweiten Entfernung vom Festlande einen leichten Wechsel durch einen Congoarm gestattete, stellte ich mich gegen Abend an einem häufig betretenen Büffelpfade an. Kurz vor Sonnenuntergang trat ein schwerer alter Bulle (bos euryceros) aus einer Dickung auf die Lichtung, inmitten welcher ich, durch einen Termitenbau gedeckt, mich angestellt hatte. Der Büffel fiel durch seine Farbe auf: die Hauptfärbung war ein bräunliches Schwarz, Rücken und Hinterlauf waren jedoch weiß gefleckt. Auf mein erstauntes Fragen erklärte mir ein Eingeborener, daß eine solche Scheckung bei Bullen nicht selten sei, während die Kühe regelmäßig rotbraun und bedeutend kleiner seien. Der Bulle war fast unförmig kugelrund, kurzläufig und offenbar ein von dem Rudel abgeschlagener sogenannter Eingänger. Er folgte einer vorher von mir festgestellten frischen Spur eines Rudels und näherte sich mir auf ca. 60 Meter. Dann nahm er offenbar die Witterung meiner Spur auf und hielt sichernd. Ich legte, da ich noch recht schwach war, meine schwere Elefantenbüchse auf die Schulter eines meiner Neger und zielte auf die tiefgesenkte Stirn. Durch eine unwillkürliche Bewegung meines Begleiters schoß ich zu kurz, der Büffel setzte sich in Galopp in einer Richtung schräg rechts an mir vorüber. Ich hatte jetzt meine kleine Doppel-Expreßbüchse, Kaliber 500, ergriffen und feuerte nach dem Blatt. Der Büffel zeichnete durch einen kurzen Hochsprung, blieb aber unbeirrt in derselben Richtung flüchtig; mein zweiter Lauf streckte ihn unter dem Feuer nieder. Als meine Begleiter sahen, daß der Büffel vergeblich wieder auf die Beine zu kommen suchte, stürzten sie mit gezogenem Messer auf ihn zu, um ihn abzufangen, trotz meines Warnrufes. Der Bulle kam, als meine Leute nur noch wenige Meter von ihm entfernt waren, doch wieder auf die Läufe und statt, wie der Regel nach zu folgern, seine Angreifer anzunehmen, stürmte er in das Dickicht. Ich hielt jetzt meine Leute zurück und lagerte, um am nächsten Morgen die Spur wieder aufzunehmen, da es unterdessen dunkel geworden war. Wir folgten bei Tagesanbruch der starken Schweißspur; das schwer kranke Tier hatte sich in Abständen von immer ca. 100 Meter niedergethan, hatte aber doch das Ufer der Insel erreicht und versucht, nach dem Festlande hinüberzuschwimmen. Da wir drüben keine Spur finden konnten, mußten wir annehmen, daß ihn im Wasser die Kräfte verlassen hatten und er abgetrieben sei. Es ist gewiß nach meinen sonstigen Erfahrungen äußerst selten, daß ein kranker Büffelbulle und ganz besonders ein Eingänger, den Jäger, den er zu Gesicht bekommt, nicht annimmt.

Auf der Büffeljagd.

Noch will ich eines eigentümlichen Vorfalles, der mich in Leopoldville schon vor meiner Abreise nach Madeira traf, gedenken. Ich war eines Abends in einem Reiselehnstuhle eingeschlafen und hatte mir eine wollene Decke über die Knie geschlagen; im Schlafe hatte ich eine Bewegung gemacht und erwachte von einem heftigen Stiche in die Hand, gerade noch um zu sehen, wie eine Schlange, die sich in meiner Decke ebenfalls ihr Nachtlager bereitet hatte, von meinem Schoße zu Boden schnellte und in einem Loch in der Wand verschwand. Aus der Hand traten an den beiden Stellen, an denen die Fänge der Schlange eingeschlagen waren, Blutstropfen hervor. Da die Schlange eine von mir schon öfter beobachtete Giftschlange war, unterband ich das Finger-, Hand- und Ellenbogengelenk mit einem Streifen eines zerrissenen Taschentuchs und rief den Arzt der Station herbei, der die Bißstellen herausschnitt und die Wunde mit übermangansaurem Kali ätzte. Infolge des schnellen Unterbindens hauptsächlich wurden keine weiteren Wirkungen des Giftes beobachtet. — Es ist dieser Fall wegen der außerordentlichen Frechheit der Schlange bemerkenswert, denn es steht zweifellos fest, daß sonst Giftschlangen die Nähe des Menschen fliehen und nur dann beißen, wenn sie, wohl meist im Schlafe überrascht, berührt werden und glauben, sich wehren zu müssen. Ich selbst habe eine Reihe von Schlangenbissen kuriert und nur einen einzigen Fall konstatiert, in dem der Gebissene starb, da die Bißstelle nicht unterbunden werden konnte und die Zeit zwischen dem Biß und der Kur fast eine halbe Stunde betrug. Sehr empfehlenswert sind für schlangenreiche Gegenden die kleinen, an beiden Enden zugeschmolzenen, mit Salmiak gefüllten Glasröhren, die man bequem stets bei sich tragen kann. Man öffnet durch einen Schlag nur die eine Spitze der Röhre und stößt das scharfe Ende in die Wunde hinein; auch thut man gut, 8 bis 10 Tropfen desselben Mittels in einem Glase Wasser dem Gebissenen zu verabreichen. Große Dosen Alkohols bis zum starken Rausch sind ebenfalls von vorzüglichem Erfolge gegen die Wirkung des Schlangenbisses.

Am 9. März verließ ich mit einem unterdes eingetroffenen kleinen Dampfboot Leopoldville, um mich nach der Kassaimündung, wo ich die „Peace" erwarten sollte, zu begeben. Es schlossen sich mir an ein Beamter des holländischen Handelshauses, welches am

Luebo eine Faktorei errichten wollte, Herr Greshoff, sowie der damalige Stationschef von Leopoldville, ein früherer preußischer Offizier, Herr von Nimptsch. Auch diese Fahrt ging traurig genug von statten: das Dampfboot war in einem derartigen Zustande, daß es kaum der Strömung des Congo gewachsen war. Es war eng und ohne jeden Komfort und hatten wir wirklich unter den Unbilden der Witterung der mit aller Kraft einsetzenden Regenzeit viel zu leiden, da das Boot weder gegen Sonne noch Regen Schutz gewährte.

Die einzige angenehme Unterbrechung bot das Erscheinen einer Elefantenherde an dem sehr wildreichen nördlichen Ufer. Der Ver-

Elefanten im Congo.

such, zu Schuß zu kommen, wurde, wie es gewöhnlich der Fall ist, durch die jagdbeifrigen schwarzen Begleiter, die, weil leichtfüßiger als der Europäer, sich dem Wilde schneller und unvorsichtig nähern, vereitelt.

In Quamouth, der Station an der Mündung des Kassai in den Congo angekommen, erfuhren wir, daß die „Peace" erst in einer Woche zu erwarten sei und unternahmen daher eine Jagd=expedition nach einer den Congo aufwärts gelegenen, wildreichen Gegend nahe der Mündung des Lefini. Gleich in der ersten, einer mondhellen Nacht watete ein Trupp Elefanten dicht oberhalb des Lagers im Strom. Die Kolosse fühlten sich so sicher, daß sie sich

aus voller Herzenslust dem Genusse des Badens hingaben. Sie
tobten spielend durch das seichte Wasser, jagten sich, stießen im
Behagen brüllende Laute aus, wie ich sie nie vorher gehört hatte.
Ich schlich mich am Rande der Uferwaldung an, wurde jedoch durch
einen tief eingeschnittenen Lagunenabfluß aufgehalten. Dann ruderte
ich im Kanoe weit im Bogen um die watenden Tiere herum nach
oberhalb und ließ mich, die Büchse zum Feuern bereit, allmählich
an das Wild herantreiben. Meine Annäherung wurde von den
Elefanten mit mißtrauischem Prusten markiert und ein vorsichtiges,
gewaltiges Tier drängte das ganze Rudel aus dem Wasser in das
Dickicht. Jetzt brach das riesige Wild in der Richtung des Lagers
durch den Urwald vor bis dicht an die Lagerfeuer heran und dann,
vom Feuerschein erschreckt, in den dichten Wald, wohin zu folgen
vergebens gewesen wäre.

Trotz des großen Reichtums an Elefanten, Büffeln und
Wildschweinen gelang es mir nicht, ein Stück zur Strecke zu
liefern, da weder im Urwalde selbst, noch in dem hohen Grase der
Savanne das erwünschte Anschleichen möglich war. Ich kehrte
daher ohne Beute nach Quamouth zurück, wo am 20. März die
„Peace" eintraf, um mich den Kassai hinaufzubringen.

Der Kassai, der, wie schon erwähnt, von den nördlich desselben
wohnenden Wayanzi und den südlich vermischten Wanfumu und
Bateke „Nsairi=Qua" genannt wird, zog seine Ufer bis auf kaum
200 Meter zusammen; wir loteten und fanden mit 33 Meter keinen
Grund. Die braunen Wasser drängten sich mit äußerst starker
Strömung in den Vater Congo hinein. Noch über eine deutsche
Meile flußabwärts hielt sich die braune Farbe ein Drittel der
Breite des Congos von den gelben Wassern desselben scharf getrennt.
Ungeachtet der großen Anzahl von Krokodilen, die in der Nähe der
Mündung konstatiert wurden, war auch die Weichschildkröte häufig;
man sah sie oft ihre schnurgeraden Linien über den Strom ziehen.
Die schmale Mündung des Kassai hatte den Herren der Station
Quamouth gestattet, vor kurzer Zeit eine Seuche unter den Fluß=
pferden des Kassai zu konstatieren; es waren während einer Woche
täglich eine große Anzahl verendeter Tiere flußabwärts getrieben.

Am 22. März, dem Geburtstage unseres hochseligen Kaisers
Wilhelm I., traten wir die Bergfahrt an. Außer dem Führer des
Schiffes, dem Herrn Missionär Grenfell, wurden wir von den

schon oben erwähnten Herren Greshoff und von Nimptsch begleitet. Wir passierten zunächst mehrfach Stellen, bei denen mir schon auf der Thalfahrt eine häufige plötzliche Änderung in der Farbe des Wassers aufgefallen war. Die lichtbraune Farbe wechselte oft mit einer dunkel-rötlich-braunen, die wahrscheinlich dadurch entstand, daß durch das enge Fahrwasser verursachte Strudel den moorigen Grund des Wassers aufrührten.

Da wir reichlich mit Brennholz versehen waren, dampften wir bis zur Dunkelheit und gingen an einer mit hohem Grase bestandenen Insel vor Anker. Bald nach Dunkelwerden begann sich das Eiland, ein Weideplatz der Flußpferde, zu beleben. Ich machte mit Herrn von Nimptsch im hellen Mondschein eine kurze Promenade, auf der wir mehrfach die erwähnten Dickhäuter, sie in ihrer Äsung störend, veranlaßten, in schwerem Trabe das heimische Element aufzusuchen. Nur ein Flußpferd schien nicht gewillt zu sein, sich von uns stören zu lassen; dasselbe stand im hohen Grase und warnte uns vor einer weiteren Annäherung durch hastiges Schnauben. Wir versuchten, durch Werfen mit verhärteten Erdstücken das Tier aufzutreiben, was uns jedoch nicht gelang, und zogen daher als die Klügeren vor, umzukehren und das über die Störung erboste Tier ungestört zu lassen.

Am nächsten Tage ging es in ein fast unentwirrbares Netz von Kanälen, welche durch langgestreckte Grasinseln und Bänke getrennt waren. Wir mußten achthaben, daß wir uns in dem wasserreicheren Arme hielten und besonders mehr nach dem rechten Ufer zu, da in dem Flußarme des linken Ufers, wie ich mich von früher entsann, häufig große Steine dem Dampfboot hätten gefährlich werden können. Das rechte Ufer bewohnen die Wabuma, das linke noch die Wanfumu, wie wir hörten, denn zu sehen war in dieser weiten Wasserwildnis nichts von der Existenz des homo sapiens, auch habe ich nirgends wieder in Afrika den Eindruck einer solch ungestörten Wildnis empfangen, als in dieser Gegend. Hier war es, wo ich vor wenigen Monaten mit meinen Begleitern 7 Elefanten und mehrere Flußpferde schoß, so daß unsere Kanoes mit dem gedörrten Fleische fast überfüllt waren und unsere Mannschaft auf mehrere Monate hinaus mit Fleisch versehen war.

Man fühlte sich hier fast in eine vorsintflutliche Zeit versetzt. Furchtlos, als ob das gefährlichste Raubtier, der Mensch, hier unbekannt sei, bewegten sich die gewaltigen Dickhäuter, die sonst nur nachts die schützenden Fluten oder die Schatten des Urwaldes verlassen; Flußpferde wärmten sich bewegungslos in der prallen Sonne, Elefanten zogen einzeln und in Trupps am Ufer dahin und kühlten sich in seichten Stellen des Flusses, und Büffel bewegten sich ruhig zwischen den Kolossen. Auch die Vogelwelt war in großem Artenreichtum vertreten. Pelikane saßen regungslos, der sich nähernden Beute harrend; große Züge verschiedener Arten wilder Enten, in Paaren eine schöne schwarze Gans, die fast einem Schwane ähnelt, und die Sporengans bevölkerten die Lagunen; am Ufer hockten auf vertrockneten Ästen unbeweglich lauernd Kormorane und der schön gefärbte Königsfischer; der Schlangenhalsvogel sonnte sich in der nur ihm eigentümlichen Stellung, dem preußischen Wappenadler gleichend, mit ausgebreiteten Flügeln; der Flußadler strich scharf auslugend in langsam stolzem Fluge die Ufer entlang; weißköpfige Geier saßen auf nackten Zweigen und Tausende von kleineren Vögeln, Strandläufern, Rallen und Fischern trieben ihr Wesen. Ernst und sinnig stelzten verschiedene Arten Störche durch die überschwemmten Inseln und regungslos hockte am Ufer der mächtige Riesenreiher und seine kleineren Verwandten, im Schatten überhängender Zweige der Nachtreiher.

Wohin das Auge blickt, ist scheinbar stiller, ungestörter Friede unter den tausend verschiedenen Wesen, die alle der mächtige Strom, sei es durch seine kühlenden Fluten, sei es durch seinen Reichtum an animalischem Leben lockt. Man fährt erschrocken zusammen, wenn ab und zu einmal der gewaltige tiefe Laut des Behemoth bröhnend die friedliche Stille unterbricht. Man lernt hier Laute kennen, die durch ihre Fremdartigkeit und Macht geradezu nerven=erregend sind. So entsinne ich mich der Nacht nach der oben er= wähnten erfolgreichen Jagd auf Elefanten in dieser selben Wildnis. Wir hatten damals nur weibliche Tiere und junge Elefanten erlegt und waren erstaunt, keinen Bullen unter der Herde gefunden zu haben. Da, in stiller Nacht stellten sich die mächtigen Tiere, wahrscheinlich auf der Suche nach der Familie, ein. Sie hielten unweit des Lagers, an dem überall über hellen Feuern das Fleisch ihrer erlegten Weibchen getrocknet wurde. Die Witterung des Schweißes mußte wohl die Tiere überzeugt haben von dem Ver= luste, den sie unterdes erlitten hatten, denn sie erhoben ein Klagen,

Stillleben im Kassai.

so tief, so fremdartig und geradezu traurig klingend, daß ich vom Schlafe aufgeschreckt von den wunderbar ergreifenden Tönen tief berührt wurde.

Am Abend legten wir auf meine Bitte an einer Insel an, die mir von früher her bekannt war durch die interessanten Gräber mehrerer Häuptlinge der Wabuma. Ich führte die mich begleitenden Herren durch ein kleines Gehöft, in dem ein steinalter Neger, der Hüter der Gräber, einsam wohnte, nach einem zu einem Dome gewölbten Urwald. Das Unterholz, die Farne und der dschungelartige Amomum war inmitten des kleinen Waldes ausgerodet und nur die mächtigen Stämme hielten gleich schlanken Säulen das jenen Ort in tiefen Schatten legende, schön gewölbte, dichte Laubdach. Es war fast kalt und bezeichnend recitierte einer der Begleiter: „Und in Poseidons Fichtenhain tritt er mit frommem Schauder ein." 30 bis 40 große Elefantenzähne bezeichneten die Stelle der Gräber; doch wie diese von der Witterung mitgenommen, gesprungen und verwittert waren, so ließen auch die Speere, Messer und Pfeilspitzen, vielleicht die Waffen der Begrabenen, von Rost zerfressen, kaum

Gräber der Wabuma=Häuptlinge.

noch ihre alte Form erkennen. Der alte Totengräber überwachte ängstlich unser Treiben und atmete erleichtert auf, als wir den interessanten Ort verließen, ohne durch Berührung der Reliquien ein Grab entweiht zu haben. Der nächste Morgen brachte uns bald in Sicht des großen Häuserkomplexes von

Muschie, wo wir uns verproviantierten. Maniokmehl, Mais, getrocknete Fische, Hühner und Eier gab es in Fülle. Unsere Leute fanden dicht am Dorfe, um Baumriesen mit tiefen Zweigen verrankt, wilden Wein mit großen Trauben, die von kleinen blauen Beeren strotzten. Der Wein schmeckte, wenn auch sauer, so doch nicht unangenehm, hinterließ jedoch nach reichlichem Genusse ein starkes Kratzen in der Kehle, so daß wir ihn, da kein Botaniker unter uns war, „Krätzer" tauften.

Dicht oberhalb der Dörfer ergießt der Mfini seine schwarzen Wasser in den braunen Kassai. Die schwarze Färbung dieses Flusses, der an seiner Mündung an Wasserreichtum unserer Saale wohl entsprechen mag, erhält derselbe erst durch die Einmündung des Abflusses des Leopoldsees, den Stanley schon 2 Jahre vor meiner Thalfahrt des Kassai entdeckt hatte. Der Mfini heißt in seinem Oberlaufe, wie von Kund und Tappenbeck festgestellt, Lukenja, er ist weit aufwärts schiffbar und durchströmt, wenn mich Erkundigungen bei Eingeborenen nicht täuschen, weit oberhalb einen noch unbekannten See. Sein Oberlauf ist, wie es heißt, nur wenige Tage in nordöstlicher Richtung entfernt vom Einflusse des Lomami in den Sankurru.

Wir nahmen von nun an unsere Direktion nach dem linken Ufer des Kassai und beabsichtigten dasselbe zu halten, um, wenn möglich, die Mündung der südlichen Nebenflüsse, die ich im Jahre 1881 im Oberlaufe, im Jahre 1884 in ihrem Mittellaufe überschritten hatte, aufzusuchen. Der beste Anhaltspunkt, in einem solchen verwilderten Flußgebiete Mündungen von Nebenflüssen zu finden, ist die Färbung des Wassers, da nur selten die Nebenflüsse dieselbe Farbe haben werden, wie der von aus vielen Gegenden zusammengeströmten Wassern gefärbte Hauptstrom.

Kaum hatten wir uns durch das Gewirr der Bänke und Inseln über den mindestens 7 Kilometer breiten Fluß zum linken Ufer hindurchgewunden, als wir schon, einer plötzlichen Dunkelfärbung des Wassers aufwärts folgend, in einen nur 60 Meter breiten von Ost-Süd-Ost in mäandrischen Windungen zufließenden Wasserlauf einliefen Wir konnten dem Flüßchen nur ca. 2 Stunden aufwärts folgen, da dort Steine auftraten, die für das verhältnismäßig große Fahrzeug Gefahr boten. Durch eine unabsehbar weite Grasebene wand sich bei gleichmäßig 3½ Meter Tiefe das Flüßchen Lua seiner unter 3° 10, liegenden Mündung zu.

Der Wildreichtum der Ebene war großartig; an den Ufern verscheuchten wir vier Mal in kurzer Zeit Elefanten durch das Geräusch der Maschine und von einem Termitenbau sah ich an der Stelle, von der wir umkehrten, drei Rudel desselben Wildes. Ein Gepard, der ebenfalls von uns aufgescheucht dicht vor uns den Fluß kreuzte, entging unseren Geschossen, da wir die Büchsen erst zur Hand hatten, als das schöne Raubtier im hohen Grase des Ufers verschwand. Höchst komisch benahm sich ein gewaltiger Flußpferd= bulle, der bei der geringen Breite des Flusses nicht an uns vorbei zu tauchen wagte, und bald im Wasser vorwärts schießend, bald am Ufer im seichten Wasser in plumpen Galoppsprüngen dem schnaubenden, ihm immer folgenden Dampfungeheuer zu entgehen

Reise auf einem Flußpferd.

hoffte. Ich traf das Tier tötlich, worauf es verschwand; später, als wir uns wieder dem Kassai zuwandten, holten wir das nun an der Oberfläche treibende Flußpferd ein. Herr Greshoff schoß ein auf dem verendeten Dickhäuter flußabwärts treibendes Krokodil und wir machten Lager, um für unsere Leute, die das Fleisch des Fluß= pferdes sehr schätzen, das Wild zu zerlegen.

Weiter folgten wir am nächsten Tage dem linken Ufer und trafen abermals schon im Laufe des Vormittages sich vom Kassai unter= scheidendes, lichtbraunes Wasser an. Wir gingen an der Mündung des Sali-Mbi, des Quango, den wir schon auf der Thalfahrt gefunden hatten, dicht vor der großen Ortschaft Jukissi vor Anker. Die Be= wohner des Dorfes und der umliegenden Gehöfte sammelten sich und es gelang uns, sowohl Brennholz, als auch Lebensmittel in großer Masse einzukaufen.

Der größte Teil unserer Schwarzen war im Dorfe, als plötzlich eine Bewegung in dem dichten Gedränge der Eingeborenen entstand und lautes Gezank und Geschrei uns belehrte, daß unsere Leute in einen Streit verwickelt seien. Herr Grenfell, der die Wirkung der mächtigen Stimme seiner „Peace" schon bei der Erforschung des Mubangi erprobt hatte, ließ die Dampfpfeife ertönen. Der Eindruck war auch dies Mal ein so überwältigender, daß alle Eingeborenen in wilder Flucht in das Dorf und in das Dickicht stürzten. Nur ein alter herkulisch gebauter Häuptling mit ganz weißem Haar, der dicht am Strome stand, schämte sich zu entfliehen, obgleich er derart erschrocken war, daß er rückwärts taumelnd sich nur durch Anhalten an einem Baume vor dem Umfallen bewahren konnte. —

Nachdem unsere Leute an Bord waren, nahmen wir den Anker auf und dampften den Quango aufwärts, um eine Stelle zu finden, die uns erlaubte, ein Profil des Flusses zu nehmen. 800 Meter oberhalb des Dorfes stiegen die Ufer des Flusses derart an, daß wir annehmen konnten, daß hier der Fluß, der an seiner Mündung ein Delta bildet, alle seine Wasser vereinigt habe. Wir fanden bei einer Breite von 650 Meter eine durchschnittliche Tiefe von 5½ Meter und eine Stromgeschwindigkeit von 75 Meter in der Minute. Der Boden war sandig oder weich, die Temperatur des Wassers 81° Fahrenheit, kaum 1° kälter als die Wasser des Kassai.

Einige Meilen oberhalb der Mündung des Quango liefen wir abermals in eine seeartige Erweiterung ein, der wir bei unserer Thalfahrt den Namen „Wißmann-Pool" gegeben hatten.

Es ist auffallend, wie schnell die Scenerie in der Nähe eines Flusses wechselt. Mit dem Eintritt in den Wißmann-Pool verschwinden plötzlich die Grasinseln und die niedrigen, so weit das Auge reicht prairieartigen Ufer. Urwaldparzellen, Rotangdickichte und Palmenhaine traten auf, und in langgestreckten Linien, wie Adern im Marmor ziehen sich Inseln, scharf abgegrenzt durch tiefe Wasserarme, im Flusse entlang. Die Inseln sind bedeckt mit Palmenwäldern; die Ölpalme steht hier so dicht und behauptet so allein für sich den Boden, daß man annehmen möchte, diese Inseln seien früher Palmenpflanzungen gewesen. Man brauchte hier auch

Missionär Grenfells Dampfpfeife.

wirklich nichts zu thun, als Unterholz und Farrne herauszuschlagen
und den dichten Palmenbestand etwas zu lichten, um eine normale
Pflanzung üppig entwickelter Ölpalmen zu erhalten. Wenn man
dabei ins Auge faßt, daß man das Produkt einer solchen Anlage,
das Palmenöl, in Fässern aufgestapelt, direkt vom Orte der Ge=
winnung bis zum Stanley=Pool hinabflößen könnte, von wo die
ihrer Vollendung entgegensehende Congobahn den weiteren, doch nur
verhältnismäßig kurzen Transport übernehmen würde, so muß man
diese Inseln und auch die hier und da mit Palmen dicht besäeten
Ufer als eine einst sicheren Verdienst abwerfende Domäne aner=
kennen.

Der Boden muß hier prachtvoll sein: die Farben sind, wohin
das Auge sich auch wendet, so satt, so üppig dunkel, daß man sofort
den Eindruck des größten Bodenreichtums empfängt. Vorläufig
fallen wohl die mächtigen Trauben der schlanken Ölpalme vom
Sturme abgeschüttelt zum Verfaulen nieder, wenn nicht durch Zufall
ein Eingeborner, der vielleicht denselben Stamm zur Gewinnung
des geschätzten Palmenweins ausnützt, sich derselben bemächtigt.

Unzählige graue Papageien vollführen am Morgen und am
Abend ein fast betäubendes Konzert; nur in der heißen Sonne über
Mittag schweigen sie. Selbst bei mondhellen Nächten unternimmt
dieser wunderbare Vogel in großen Scharen weite Ausflüge, die
geräuschvoll die Stille der Nacht unterbrechen.

Als wir am nächsten Tage, am 28., unsere Bergfahrt fort=
setzten, fiel es uns auf, wie außerordentlich verschieden die Einge=
borenen gegen uns gesinnt waren. In einigen Gegenden verfolgte
man uns am Ufer mit lauten Schmährufen und Drohungen, den
Pfeil auf den Bogen gelegt; in anderen winkten sie uns zu sich
heran, begehrten eifrig Lebensmittel zu verkaufen und benahmen sich
in jeder Weise freundschaftlich. Es war die letztere Stimmung wohl
dem Heraufgehen meiner Expedition zu verdanken. Wolf und die
große Anzahl Europäer, die ihn begleiteten, hatten, wo immer sie
nur anzulegen hatten, durch Geschenke und Kauf die Eingeborenen
schon gewonnen.

Ich gehe nicht auf eine Beschreibung der verschiedenen Stämme
ein, da, was durch eine doch nur oberflächliche Beobachtung, wie die
unsrige, festzustellen war, in dem Werke „Im Innern Afrikas", das
unsere Thalfahrt und Erforschung des Kassai beschreibt, gegeben ist.

Am 29. trafen wir auf eine lange Strecke den Kassai inselfrei und nahmen 13 Seemeilen oberhalb des Wißmann-Pools das Profil des Flusses.*) Bei 1200 Meter Breite und durchschnittlich 9 Meter Tiefe stellten wir eine Stromgeschwindigkeit von 80 Meter in der Minute fest. Es zeigten schon seit dem Wißmann-Pool die Ufer und Inseln dichten Urwald und nahm damit die Häufigkeit der Fluß‑ pferde bedeutend ab, da ihnen hier die Weide fehlt. Das letzte schoß ich, als es, von uns überrascht, sich in das Wasser stürzen wollte, auf 100 Meter so, daß es unterm Feuer noch in ganz seichtem Wasser zusammenbrach, ein Schuß, der mir das Lob der Europäer und, wie natürlich, stets den Jubel der fleischgierigen Neger ein‑ trug. Es ist, um solche Wirkung zu erzielen, durchaus notwendig, daß das Geschoß in das nur circa faustgroße Gehirn eindringt.

Wir trafen von nun ab im Kassai mehrfach Eingeborene als Inselbewohner, vernahmen jedoch, daß ihr Aufenthalt nur ein vor‑ übergehender sei, und zwar zur Zeit der Reife von Zuckerrohr‑ plantagen. Die Leute bereiten aus dem Zuckerrohr ein angenehm säuerlich schmeckendes, stark berauschendes Getränk. Ein Häufchen solcher Fabrikanten lockte uns eines Tages zu sich heran, begrüßte uns, vielleicht in der glückseligen Stimmung ihres Bräues, mit Tänzen und Gesang und schenkte uns sogar zum Abschiede ein kleines Schwein, das, als Spanferkel zubereitet, uns am nächsten Tage vortrefflich mundete.

Um der stets nur mit Fischen oder Hühnern besetzten Tafel Abwechselung zu geben, hatten wir sogar einmal ein von mir er‑ legtes junges Krokodil als Frikassée probiert und mußten eingestehen, daß das zarte Fleisch, dessen Geschmack zwischen Huhn- und Fisch‑ fleisch liegt, durchaus nicht zu verachten ist. —

Da es Herrn Grenfell darauf ankam, die Reise so schnell als möglich zu beenden, so dampften wir gewöhnlich bis zum Abend und machten dann, bis die Dunkelheit uns hinderte, das nötige Brenn‑ holz für den nächsten Tag. Es wird diese zeitraubende Arbeit sehr bald nicht mehr nötig sein, da schon jetzt an einigen Stellen sich die Eingeborenen das Maß des Brennholzes und die Stärke zeigen lassen, um solches stets für das Passieren eines Dampfbootes bereit zu haben und für ein Billiges zu verkaufen.

---

*) Die Wiedergabe sämtlicher genommenen Profile siehe Anhang III.

Im Wißmannpool.

Die einzige auffallend sich von dem sonst gleichmäßigen Niveau der Uferländer des Kassai unterscheidende Höhe, die wir auf unserer Thalfahrt „Poggeberg" nannten, hebt sich für den von unten Kommenden weniger hervor, als bei der Thalfahrt. Es ist wahrscheinlich, daß in der Nähe dieser Höhe ein Fluß vom Norden mündet; bei der großen Anzahl von sich abzweigenden Flußarmen war es uns jedoch nicht möglich, etwas hierüber festzustellen. Es kommt von hier ab aufwärts öfter vor, daß Inseln von der Länge einer deutschen Meile und mehr Flußarme absondern. Man kann jedoch mit ziemlicher Sicherheit erkennen, daß es nicht die Einmündung eines Flusses, sondern ein Arm des Kassai ist, wenn die Wasserfarbe sich nicht ändert.

Der Poggeberg.

Wir näherten uns nun dem Stamme der Bassongo-Mino, deren verräterischer Überfall und deren feindselige Wut von uns auf der Thalfahrt nachhaltig bestraft wurde. Wo wir auch hielten, um Holz zu machen oder einzukaufen, verließen die Eingeborenen flüchtig ihre Hütten, selbst wenn einer von uns allein, einen kurzen Ausflug unternehmend, auf ein Dorf stieß. Bei einer solchen Gelegenheit konnte ich es nicht unterlassen, aus einem verlassenen Dorfe einige Waffen und Gerätschaften, die neu und interessant waren, wegzunehmen. Ich legte an der Stelle den reichlich bemessenen Wert der Gegenstände in bunten Taschentüchern oder Perlen nieder.

Am 2. April riefen wir nach dem Umfahren einer Windung des Flusses fast einstimmig aus: „Dort ist das Lager von Kund

und Tappenbeck!" Es ist in der That ein eigentümlicher Zufall, daß die Herren den Fluß an einer Stelle getroffen haben, die durchaus unverkennbar ist, denn sie wird bezeichnet durch zwei mächtige Baobabs, die, eng verwachsen, dicht am Ufer stehen. Nur wenige Meter östlich derselben befindet sich die Mündung eines kleinen Baches. Wenn diese Baobabs nicht die einzigen Bäume dieser Gattung sind, die sich am Kassai dem Auge des Reisenden darbieten, so sind es jedenfalls die auffallendsten. Wir legten an der Stelle an und fanden auch den Lagerplatz der Kameraden, bezeichnet durch einige aus Gras hergestellte kleine Schattendächer, viele

Kunds und Tappenbecks Lagerstelle am Kassai.

Überreste getrockneter Fische und einen Antilopenschädel. Um die Stelle auch für spätere Zeit zu bezeichnen, hieb ich mit dem Beile in den größten Baobab ein großes sichtbares K ein.

Von Kund gewünschte astronomische Beobachtungen ergaben eine Lage ihrer Stelle auf 3° 41′ südlicher Breite und 18° 41′ östlicher Länge. Wir mußten anerkennen, daß bei der scheuen Wildheit der hiesigen Eingeborenen es eine anerkennenswerte Leistung war, mit einer so kleinen und verhältnismäßig schwachen Expedition, wie es die Kunds war, den an dieser Stelle mächtig breiten Strom, der von zwei oder drei langgestreckten Bänken und mit Riedgras bedeckten Inseln unterbrochen wurde, zu passieren. Es liefert diese

Ortsbestimmung auch den Beweis, daß die Annahme Kunds, daß er den Quango und den Quilu passiert habe, eine richtige ist, und daß der Quilu sich in den Quango ergießt, da wir zwischen der Passagestelle und der Mündung des Quango die Mündung eines derartig bedeutenden Flusses, wie es der Quilu in seinem Unterlaufe sein muß, nicht verfehlt haben konnten.

Schon auf unserer Thalfahrt, also vor Kunds Reise, waren uns die erwähnten Baobabs aufgefallen und sind von uns verzeichnet worden. Die von uns seiner Zeit für diesen Punkt angegebene Breite stimmt gut mit der von Grenfell jetzt genommenen überein, während wir nach unserer Karte weiter östlich auf 19° 8′ die Baobabs verzeichnet haben (siehe Karte des Werkes „Im Innern Afrikas").

Die Nähe des Poggeberges ist ebenfalls ein schon von weitem bemerkbarer Anhaltspunkt für die nördlich des Kassai bis zum damals ganz unbekannten Lukenja durchgeführte Reise Kunds.

Wir hatten, als wir den interessanten Platz verließen, einen schweren Regen ohne Gewittererscheinungen, nach unseren Erfahrungen sowohl, als nach den Aussagen einiger Fischer eine ganz abnorme Seltenheit.

Stets dem linken Ufer folgend fanden wir 2 Stunden weiter oberhalb die Mündung eines Flusses von 200 Meter Breite, dessen eigentliche Rinne jedoch nur 70 Meter Breite maß, während der Rest Ueberschwemmungsgebiet war. Die durchschnittliche Stromgeschwindigkeit betrug 60 Meter in der Minute, das Wasser war fast schwarz, der Boden weich und moorig. Wir konnten den Namen des Wasserlaufes nicht feststellen und vermieden es, aufwärts zu gehen, da durch die Ueberschwemmung und das dunkle Wasser nicht zu erkennen war, ob man in der Rinne blieb, oder über sumpfige Ueberschwemmungsgebiete lief. Die Quelle dieses Flusses muß ungefähr auf dem 6. Grade nördlicher Breite liegen, denn südlich dieser Breite verteilen sich die Gewässer auf den Quilu oder den Loange, welche beiden Flüsse sich dort auf kurze Zwischenräume nähern.

Gleich am nächsten Morgen wurde abermals die Mündung eines 30 Meter breiten Flüßchens passiert. Wir waren jetzt im Lande der Bakutu, des wilden Stammes der Bassongo=Mino, die uns bei unserer Thalfahrt so viel zu schaffen machten. Die zahlreichen Dörfer wurden überall geräumt, wo wir in Sicht kamen.

Die schnurgeraden Straßen der Dörfer waren nur belebt von schwarzen Schweinen, die hier in großer Anzahl gezogen werden und dem im allgemeinen sich fast überall gleich bleibenden afrikanischen Pariahund. Die Fischer flüchteten in rasender Eile, die schlanken Kanoes aufs Ufer treibend und waren durch kein Mittel zu bewegen, uns Rede zu stehen, und zwar zu meinem großen Bedauern, da wir gern Angehörigen des Stammes bewiesen hätten, daß unsere Kämpfe damals nur zur Verteidigung geführt waren.

Es scheinen die Bakutu ein ganz ausnahmsweise leicht erregter wilder Stamm zu sein und spricht hierfür besonders folgende Beobachtung, die ich in den Gefechten auf der Thalfahrt machte. Fast sämtliche damals auf dem Platz gebliebenen Krieger hatten außer unseren Kugeln einen der gewaltig langen Pfeile ihres eigenen Stammes in der Seite. Es konnte dies unmöglich ein Zufall sein, denn wir hatten damals auf unserer Seite nur leichte Verwundungen zu verzeichnen. Ich kam daher zu der Annahme, daß die fliehenden Krieger diejenigen ihrer Kameraden, die sie nicht mit sich nehmen konnten, nicht lebendig in unsere Hand fallen lassen wollten und ihnen daher selbst den Fangschuß gaben.

Als wir das Land der Bangodi erreichten, wurde im allgemeinen unsere Aufnahme durch die Eingeborenen eine freundliche, nur in einem Dorfe entstand Streit zwischen einigen von Palmenwein berauschten Bangodi und unseren Leuten, denen ein schon eingekauftes Huhn wieder entrissen war. Die Zahl der Eingeborenen, die durch den Lärm erschreckt mit Waffen erschienen, vergrößerte sich schnell und die Weiber verschwanden. Ich ging an Land, um die Streitigkeiten zu schlichten, rief unsere Leute aus dem Gedränge der Eingeborenen heraus und sandte sie vor mir her nach dem Strande, wo das Boot uns erwartete. Da die zurückgebliebenen, zum größten Teile betrunkenen Bangodi eine bedrohliche Haltung einnahmen und ich, den Weggang unserer Leute deckend, um nicht ängstlich zu erscheinen, mich nicht umdrehen wollte, ging ich, die umgehängte Büchse mit gespannten Hähnen rückwärts auf die mir dicht folgenden Eingeborenen gerichtet, nach dem Boote hinab. Ich hätte, sobald mich die aus dem Boote uns beobachtenden Leute durch einen Warnungszuruf benachrichtigt hätten, daß die erregten Eingeborenen eine Gewaltthat beabsichtigten, nur beide Läufe der Büchse in der Richtung, wie sie hing, abzudrücken brauchen, um meine

Verfolger zu verscheuchen; dieselben wagten jedoch, da ich scheinbar unbekümmert um ihr Lärmen vor ihnen herging, keinen Angriff, sondern folgten uns nur mit Drohungen.

Im Lande der Bangobi vertritt die Fächerpalme die sonst an den Ufern bisher beobachtete Ölpalme. Es schienen jedoch nur schmale Uferstriche und die Inseln mit Palmen bestanden zu sein. Weiter im Lande sah man nichts als Urwald, in dem hier und da zu Pflanzungen ausgerodete Stellen die einzige Abwechselung boten.

Auch am 5. fanden wir wieder die Mündung eines dunkelbraunes Wasser führenden Flusses, des Sali-Lebue, der 60 Meter Breite und ziemlich gleichmäßig 4 Meter Tiefe hatte bei einer Stromgeschwindigkeit von 70 Meter in der Minute. Der Boden war weich und moorig, das Wasser hatte dieselbe Temperatur wie die des Kassai schon seit langer Zeit, nämlich 81° Fahrenheit. Auch dieser Fluß muß nach der Beobachtung meiner früheren Reisen, die die Oberläufe der Nebenflüsse des Kassai schneiden, nördlich des 6. Grades entspringen.

Der Lebue bildet die Grenzen zwischen den Bangobi und dem großen Volke der Badinga. Die Badinga sind die gewandtesten Flußschiffer, die ich kenne; ein voll bemanntes Kanoe, in dem bis zu 12 Mann hintereinander stehend die zwei Meter langen Ruder schwangen, blieb nicht hinter der „Peace" zurück. Ein wundervolles Bild bot ein solches voll bemanntes Kanoe: die schweren muskulösen dunkelbraunen Gestalten, die sich. elastisch im Takte das Ruder schwingend, in den Hüften beugten, so daß der Federschmuck des Hauptes wild auf- und niederwogte. Den einen Fuß auf den Rand des Kanoes gestützt, so ließen unter rauhem, die kräftigen Ruderschläge im Takte begleitendem Gesange die schönen Wilden das schlanke Kanoe blitzschnell über die gelben Wasser gleiten. Es fällt bei den Badinga besonders die außergewöhnlich kräftige Muskulatur des Oberschenkels und der Wade auf. Der Gang derselben schien mir schwerfällig; wahrscheinlich ist die Schuld daran der Umstand, daß sie sich meist auf ihren Kanoes bewegen. Die Pflanzungen haben sie auf Inseln oder dicht am Ufer angelegt, die Palmen, die ihnen den Wein liefern, stehen ebenfalls am Wasser und um ihre Reusen und Fischfallen abzusuchen, müssen sie sich auch des Kanoes bedienen.

Das tägliche Leben der Badingakrieger zwingt sie überhaupt wohl wenig zu anderer Bewegung, als der des Ruderns.

Nachdem sich der Mann des Morgens in den ersten Sonnenstrahlen durchgewärmt hat, besucht er seine Reusen, sammelt von je 4 bis 5 Palmen den in der letzten Nacht zugeflossenen Palmenwein in seine Kalebasse, besucht vielleicht ein Nachbardorf am Strom und fährt dann heim, wo er die von seinem Weibe inzwischen zubereitete Mahlzeit, den Brei von Maniokmehl, einer am Feuer gerösteten süßen Kartoffel mit gedörrten Fischen zu sich nimmt und dann sich dem Genusse des Palmenweins hingiebt. So trifft man im Lande der Bewohner palmenreicher Gegenden so häufig den männlichen Teil der Bevölkerung im Rausch und thut daher nicht gut, auch nachmittags in solchen Ländern die Reise fortzusetzen, denn im Rausch ist der Neger leicht zu Streit geneigt und verliert dann auch die sonst ihm eigene Furchtsamkeit, während, wenn man vormittags eintrifft, den Leuten durch Besprechung über den wunderbaren Fremdling und die Vorbereitungen zum Verkaufe nicht die Zeit gelassen wird, sich ihren täglichen Rausch anzutrinken. Sehr selten findet man betrunkene Weiber; sie haben zu viel zu thun, um sich dem Genusse in Ruhe hingeben zu können, denn die ganze Feldarbeit liegt ihnen ob, sie müssen für den Gebieter kochen, die eingebrachten Fische zubereiten zum Trocknen an der Sonne, die Hütten reinhalten, was meist mit großer Sorgfalt geschieht, und sonstige, auch bei uns dem Weibe und der Mutter zufallenden Geschäfte verrichten, obgleich die Pflicht der Mutter hier nicht allzuviel erfordert, denn das kleine Schwarze wird im weitesten Sinne der Selbsterziehung überlassen. Es fielen uns die rauhen wilden Töne auf, deren eine Badingakehle fähig ist und die besonders in der Hitze des Handels die erstaunlichsten Modulationen annehmen.

Der Mudinga ist ein eingefleischter Händler. In einigen Orten, wo wohl die Europäer, die mit meinen Baluba hinaufgegangen waren, Waffen erhandelt hatten, brachten die Leute alles, was herbeizuschleppen war, zum Handel, denn wirklich kaufte ja der Weiße alles, ja sogar große Stücke trocknen Holzes, womit er sein Kanoe zu füttern pflegt.

Die Ufer des Kassai steigen von nun ab zu einer gleichmäßigen Höhe von 30 bis 50 Metern an, sind mit Urwald bedeckt, wo nicht Maniok- und Maisplantagen mit ihrem hellen Grün die dunklen Töne des Urwaldes unterbrechen. Sie sind stark bewohnt.

Der Strom nimmt öfter schon geringere Breite an, man kann im Durchschnitt 800 Meter rechnen; die Strömung wird hier stärker, und an den Biegungen der Ufer oder hinter Biegungen sammeln sich und zerfallen fortwährend Sandbänke in kaum glaublicher Geschwindigkeit. Das Material der Bänke ist ein aus äußerst harten Quarzpartikelchen bestehender Sand, der unter dem Tritt der Füße einen singenden Ton hervorbringt, worüber sich die uns begleitenden Schwarzen höchlichst amüsierten.

Als wir am Abend, um Holz zu machen, dicht am Urwald anlegten, in den das jetzt den höchsten Stand zeigende Wasser des Kassai an vielen Stellen tief hineinstand, hatten wir Gelegenheit, einer interessanten Jagd beizuwohnen. Auf einem hoch aus dem überschwemmten Boden emporragenden Termitenbau sahen wir eine Eidechse von circa Handspannlänge sich auf ein winzig kleines Spitzmäuschen anschleichen. Die Maus versuchte, als sie den Feind entdeckte, zu entfliehen, sprang zuletzt ins Wasser, wurde jedoch von der sich nachstürzenden Eidechse dort ergriffen und mit hinabgezogen in die Tiefe.

Am 6. liefen wir in den vom Süden mündenden Sali-Temboa, dem mit dem Luschiko vereinigten Loange ein; 3 Kilometer oberhalb der Mündung maßen wir bei 100 Meter Breite durchschnittlich 3 Meter Wasser und eine Stromgeschwindigkeit von 120 Meter in der Minute, die uns nur langsam vorwärts kommen ließ. Der Grund war halb sandig und halb weich, das Wasser so gesättigt von eisenhaltigem Thon, daß es eine geradezu auffallend gelblich-rote Farbe hatte. Dicht an der Mündung, die aus zwei Kanälen besteht, welche zusammen 230 Meter Breite haben, ist der Fluß trotz derselben Stromgeschwindigkeit nur $1^{1}/_{2}$ bis 2 Meter tief.

Ein wenig oberhalb fand ich noch die Hütten des Lagers von meiner Thalfahrt her, jedoch einen Meter unter Wasser; es war also der Fluß seit jener Zeit, wo er am flachsten war, um $1^{1}/_{2}$ Meter gestiegen.

Der 8. brachte uns zur Mündung des Sankurru; wir liefen in den südlichen Mündungsarm desselben ein und hörten von den Eingeborenen, daß vor kurzer Zeit ein kleiner Dampfer (die „En avant" des Dr. Wolf) von einer Bergfahrt auf dem Sankurru zurückgekehrt und den Kassai aufwärts gegangen sei. Als wir den Strom oberhalb seines Deltas vereinigt fanden, maßen wir bei

einer Breite von 450 Meter und einer Stromgeschwindigkeit von
45 Meter in der Minute eine durchschnittliche Tiefe von 5½ Meter.
Den nördlichen der Arme um die Deltainsel liefen wir hinab; die
Strömung war weit geringer als in der trocknen Zeit, wo es uns
nicht gelungen war, mit dem Stahlboot gegen den Strom dieses
Armes aufwärts zu kommen.

Die Inseln nahe der Mündung des Sankurru zeigten wie
überall, wo Wasser verschiedener Flüsse sich vereinigen, hervorragend
viel animalisches Leben. Die Zahl der Flußpferde war wie bei
der Quangomündung ungeheuer, die der Krokodile, wie schon früher
konstatiert, wo sogar eins dem Stahlboot einen Schlag versetzte, der
uns fürchten ließ, daß die Schrauben brechen würden, eine ganz
selten große; die Dimension einer dieser gierigen Echsen schätzten
wir auf gut 8 Meter Länge bei auffallender Breite und Höhe.

Um einen Vergleich zu ziehen zwischen der Wassermasse des
Sankurru und der des Kassai, nahmen wir am nächsten Tage
15 Seemeilen oberhalb der Mündung des Sankurru Messungen
vor. Die Breite betrug 750 Meter, die durchschnittliche Tiefe
7½ Meter und die Stromgeschwindigkeit 65 Meter in der Minute,
was fast eine dreimal größere Wassermasse ergiebt, als die des
Sankurru.

Da wir hier guten Vorrat an Brennholz einkaufen konnten
ging es am nächsten Tage mit vollem Dampf stromaufwärts, der
Mündung des Lulua zu. Es fiel uns besonders an den Biegungen
des Stromes auf, wie viele Ufereinstürze hier, wo sehr oft das Ufer
25 Meter senkrecht in den Fluß abfiel, gewesen waren; einmal sahen
wir sogar weit vor uns eine ganze Wand niederstürzen, die gleich=
zeitig einen Waldriesen, der den Uferrand gekrönt hatte, in den
tiefgelben Wogen begrub. Das größte Flußdampfboot würde,
wenn es einem solchen Sturze nahe käme, zerschmettert werden oder
durch die verdrängten, nachstürzenden Wassermassen kentern.

Der Urwald war überall von zahllosen Papageien und vielen
Affenherden bevölkert, aber mit dem Moment des Unterganges der
Sonne trat die absolute Stille der Wildnis ein, die man, so fühlt
der Europäer, im heimischen Kontinente gar nicht kennen lernt.
Mag es Einbildung sein oder Spannung der Nerven, daß der
geringste Laut, der nachts die tiefe Stille des Urwaldes unter=
bricht, so auffallend ist. Der helle Schrei des Nachtaffen, das

Geplätscher eines in der Flucht vor dem Krokodile springenden Fisches, oder die tief dröhnende Stimme des Flußpferdes spannten die Nerven des Gehörs zu regster Thätigkeit an. An einem dieser stillen Abende hatte ich mich mit meinen Begleitern in der Nähe des Anlegeplatzes gelagert, als plötzlich leise einsetzend ein melodisch von vielen Stimmen gesungener Choral die tiefe Stille unterbrach: Herr Grenfell hielt mit seinen Schwarzen an Bord der "Peace" eine Abendandacht und ich muß bekennen, daß die fromme Weise in dieser Umgebung von unendlich erhebender Wirkung war.

Am 12. mittags bekamen wir von weitem die Mündung des mir heimischen Lulua zu Gesicht und bald darauf entdeckte ich dicht an der Mündung einige Gestalten in weißen Gewändern. Es konnten dies nur meine Leute sein, denn die Bakuba wie die Mukete oder irgend welche als Händler hier verkehrenden Eingeborenen haben keine weißen Stoffe; ihre Zeuge sind schwarz oder rotbraun gefärbt. Als wir uns mehr näherten, entdeckten wir auch wirklich das Dampfschiff "En avant", dicht oberhalb der Mündung des Lulua und auf ihm meine durch die Annäherung unseres Fahrzeuges erregten, hin- und herlaufenden und uns winkenden Leute. Ein Boot stieß ab von Bord der "En avant", erreichte uns, als wir eben Anker warfen und der Insasse, ein vom Congostaate dem Stabsarzt Wolf kommandierter Herr, der Führer der "En avant", teilte uns mit, daß der Stabsarzt Wolf mit dem Büchsenmacher Schneider, welcher letztere jetzt die Funktion eines Maschinisten auf der "En avant" übernommen hatte, dicht bei dem Dampfer an Land seien; Wolf habe nach Beendigung seiner Reise auf dem Sankurru noch das Stück des Kassai, welches oberhalb der Mündung des Lulua sich befindet, erforschen wollen, da sei aber an dieser Stelle die Maschine schon zum dritten Male schadhaft geworden und dies Mal so, daß an eine Reparatur hier nicht zu denken sei.

Ich ging sofort an Land, um meinen alten Freund und Kameraden Wolf aufzusuchen. Derselbe kam soeben von einer Tour zurück und in herzlicher gegenseitiger Freude, uns wiederzusehen, schüttelten wir uns die Hand und machten uns in einem blitzartig schnellen Frage- und Antwortgespräch mit den uns besonders interessierenden Vorgängen während der Zeit unserer Trennung bekannt. Da hörte ich denn, daß Wolf nach seiner Rückkehr vom Stanley-Pool mit dem Steamer "Stanley" an der Mündung des

Wiederfehen mit Dr. Wolf.

Luebo in den Lulua angehalten habe, hier, als am Endpunkt der Schiffbarkeit des Lulua gleich mit Benutzung der rückkehrenden Karawane einen zum Stationsbau günstigen Platz vom dichten Urwald gereinigt und durch Hüttenbau und vorläufige Befestigungen zu einer Station, dem Hafenplatz von Luluaburg, umgewandelt hatte. Wolf war dann hinauf nach Luluaburg marschiert, hatte die Station unter der bewährten Leitung unseres treuen Bugslag im allerbesten Zustande gefunden und hatte den jubelnden Einzug der rückkehrenden Baluba in die Hauptstadt Kalambas mitgemacht. Nach Erledigung der Geschäfte im Lande

Kalambas war er nach dem Luebo zurückgekehrt, hatte dort den Aufbau der Station eingeleitet und war dann mit der „En avant" den Kassai hinabgegangen bis zum Sankurru, um diesen und sein Flußgebiet näher zu untersuchen. Von dieser Arbeit zurückgekehrt, war er abermals am Luebo gewesen und zwei Tage, bevor wir ihn hier trafen, auf dem Wege zur Erforschung des weiter aufwärts liegenden Kassai mit dem Steamer niedergebrochen.

Ich lasse die Wiedergabe der Tagebücher, die mir von den Eltern des leider auch inmitten seiner Arbeit im Togolande auf dem Marsche nach Dahomey dem Fieber erlegenen Freundes überlassen sind und von seiner rastlosen, lohnenden Thätigkeit Zeugnis geben, im nächsten Kapitel folgen.

Die Luebo=Station.

Zweites Kapitel.

Dr. Ludwig Wolfs Erforschung des Sankurru. — Zurückführen der Baschilange nach ihrer Heimat.

Gründung der Luebo = Station. — Luluaburg. — Zur Erforschung des Sankurru. — Der Zustand der "En avant". — Wilde Kanoeführer. — Die Wirkung grellroter Farbe. — Messing und Kupfer afrikanisches Gold. — Einschüchterung frecher Bassange. — Der Sankurru ist gut, der Lubilasch ist böse. — Zappu Zapp. — Vorsicht! — Im Lubi. — Die "En avant" in Gefahr. — Neuer Fluß. — Lomami? — Zurück wegen Havarie. — Ethnographisches. — Auf der Station.

Die Beschreibung meiner zweiten Reise „Im Innern Afrikas" und die Erforschung des Kassai schließt mit meiner durch Krankheit erzwungenen Abreise nach Madeira. Bevor ich meine Karawane verließ, hatte ich dem Stabsarzt Dr. Wolf, dem ältesten Offizier meiner Expedition, das Kommando übergeben.

Nach meiner Abreise vom Stanley=Pool gelang es Wolf, das Zusammensetzen des größten Kongosteamers „Stanley" derart zu beschleunigen, daß er am 5. Oktober 1885 aufbrechen konnte, um unsere Baschilange, die uns auf der Reise zur Erforschung des

Stabsarzt Dr. Ludwig Wolf.

Kassai begleitet hatten, nach ihrer Heimat zurückzubringen. Außer der „Stanley", die gleich nach der Ausschiffung der Baschilange zum Stanley=Pool zurückkehren sollte, wurde Wolf das kleine Dampf= boot „En avant" übergeben.

Die Baschilange hatten während ihres mehrmonatlichen Aufenthaltes am Stanley=Pool schwer gelitten, besonders Lungen= entzündungen hatten manchen der eifrigen Hanfraucher dahingerafft. Um so größer war der Jubel, als es ans Einschiffen ging, um die Fahrt nach der geliebten Heimat zum Lulua anzutreten. 28 Tage dauerte die Bergfahrt der beiden Steamer bis zu der Stelle des Lulua, wo der Luebo mündet und oberhalb welcher Stromschnellen die Schiffbarkeit begrenzen. Die ganze Fahrt war ohne Schwierig= keiten von statten gegangen. Die „Stanley", die fast 250 Menschen und viel Gepäck an Bord hatte, fand trotz des höchstens mittleren Wasserstandes keine Hindernisse. Am 7. November warfen beide Boote Anker vor der Landzunge, die die Einmündung des Luebo in den Lulua bildet. Dichter Urwald bedeckte dieselbe damals noch. Die erste Arbeit Wolfs war die, den zum Bau einer Station ihm günstig scheinenden Platz frei zu roden, und da es ihm gelang, Kalamba mit allen seinen Leuten am Platz zu halten, so wurde die Arbeit in verhältnismäßig kurzer Zeit beendet. Trotz der langen Abwesenheit von der Heimat, trotz der Sehnsucht nach ihren Weibern und Kindern, gaben die Braven den Bitten Wolfs, noch einige Zeit zur Arbeit bei ihm auszuhalten, nach. Durch ihre Anwesenheit wurden auch gleich die umwohnenden Stämme, die von der Absicht des Weißen, sich dort niederzulassen, zunächst keineswegs erbaut waren, so lange in Schach gehalten, bis am Tage des Abmarsches derselben die Station in einem Zustande war, in dem sie sich mit der zurückgebliebenen geringen Besatzung gut hätte halten können gegen Angriffe der Bakete oder Bakuba.

Den Lieutenant Bateman, einen früheren englischen Offizier, hatte der Congostaat zu Wolf kommandiert und blieb derselbe mit einigen unserer Soldaten und einigen Baschilange am Luebo, während Wolf Kalamba und seine Leute begleitete. Ein fünf= tägiger Marsch brachte ihn nach Luluaburg, wo er Bugslag wieder traf, der inzwischen die Station nach jeder Richtung hin verbessert hatte. Wolf zog dann mit Kalamba, Sangula,

Tschingenge und ihren Getreuen feierlich ein in die Residenz des ersteren.*)

Nachdem Wolf Bugslag für die nächsten Monate Instruktionen erteilt hatte, eilte er zum Luebo zurück, um den Aufbau der jungen Station zu beschleunigen und mit dem ihm zurückgelassenen Dampfboot „En avant" die Erforschung der Nebenflüsse des Kassai, zunächst die des Sankurru, zu unternehmen. Das schon recht alte Fahrzeug, das nicht einmal ein Verdeck hatte, befand sich in äußerst schlechtem Zustande, da Wolf weder Zeit gelassen war, dasselbe am Congo einer gründlichen Reparatur zu unterziehen, noch ihm irgend welche Reserveteile mitgegeben waren. Die Führung des Fahrzeuges war einem Kapitain van der Felsen anvertraut; die Stelle eines Maschinisten mußte der findige Büchsenmacher Schneider übernehmen und zeigte sich derselbe trotz der schwierigsten Verhältnisse der Aufgabe voll gewachsen, wie später zu erwähnende Vorkommnisse dies bezeugen werden.

Am 9. Januar 1886 waren die Vorbereitungen zu einer längeren Fahrt beendet und verließ Wolf den Luebo. Trotzdem er schon zweimal die Mündungsstelle des Sankurru passiert hatte und mit mir in dem Stahlboot in den Kassai eingefahren war, war es schwer den Einfluß des Sankurru in den Kassai zu finden. Es war damals die Wasserfarbe, die sonst dunkler ist, als die des Kassai (die Flüsse sind nach den verschiedenen Jahreszeiten, von den Regengüssen abhängend, von verschiedener Farbe), nicht zu unterscheiden. Das Gewirr der Inseln und Bänke und das Delta des Sankurru wirken wie ein Irrgarten. Wolf nahm das rechte Ufer des Kassai und folgte ihm so lange, bis er durch einen von dem des Kassai unterschiedenen Kurs wußte, daß er sich im Sankurru befand. Dieser Nebenfluß kommt aus der Richtung Nord=Nord=Ost, der Hauptfluß dort aus Süd=Süd=Ost. Das nördliche Ufer des Sankurru bildet an der Mündung eine hohe, steil abfallende, rote Lateritwand; das Uferland ist mit Baum= und Buschsavanne bedeckt. Die Deltainsel erinnert an unsere Erlenbrüche, sogar der gleichmäßig das niedrige Land bestehende Baum ähnelt unserer Erle, wird jedoch viel stärker.

---

*) Da die mir zur Verfügung stehenden Tagebücher Wolfs erst viel später beginnen, so kann ich vorliegende Thatsachen nur nach dem Gedächtnis aus Wolfs Erzählung wiedergeben.

Bald öffnet sich der Sankurru zu einem mächtigen, schönen
Fluß von 2000 bis 3000 Meter Breite bei einer durchschnittlichen
Tiefe von 3 Meter. Die Ufer waren wechselnder, als am Kassai,
denn Berghänge unterbrachen hier und da den Galleriewald und
nicht selten erlaubte eine Waldblöße einen Blick auf weite, endlos er=
scheinende Prairien. Wolf war stets, wenn die Leute Brennholz
schlugen, auf kleinen Touren ins Land bemüht, sich ein Bild zu machen
vom Hinterlande, sich ein Urteil zu bilden von den Eingeborenen,
kurz, zu sehen, was die Uferwaldungen, das hohe Schilfgras oder
Rotangdschungeln dem Auge wie ein Schleier zu verbergen suchten.

Die Reise ging nur langsam von statten wegen des schad=
haften Zustandes der Maschine der „En avant". Schon in den ersten
Tagen mußten verbrauchte Siederohre und verbrannte Roststäbe
durch Gewehrläufe ersetzt werden und da Wolf auf diesen Verbrauch
der Waffen natürlich nicht verfallen war, so wurde hierdurch seine
Macht in unangenehmer Weise vermindert.

Während das Wasser des Sankurru dieselbe dunkle Lehmfarbe
beibehielt, zeigten die vom Norden mündenden Flüßchen oder Bäche
tiefschwarze Färbung. Der Fischreichtum des Flusses war auf=
fallend groß, besonders eine Aalart war wohlschmeckend und wurde
auch viel von den Eingeborenen angeboten. Auch die Zahl der
Flußpferde stand hinter der des Kassai nicht viel zurück, Krokodile
jedoch wurden bei weitem häufiger sichtbar als in jenem. Eine
Qual, über die wir uns bei der Erforschung des Kassai nicht
hatten beschweren können, trat hier in übergroßem Maße auf:
die Muskitos waren trotz ihrer Kleinheit so blutgierig, was meistens
im umgekehrten Verhältnis zur Größe steht, und so häufig, daß
es nur selten gelang, die schützenden Netze von ihnen frei zu halten.
Es störten diese durch ihr scharfes Singen fast noch mehr als durch
den Stich irritierenden Insekten besonders die genußreichen Abend=
stunden: denn wenn die Sonne durch ihre tiefe Stellung an
sengender Kraft verliert und wie gewöhnlich ein erfrischender Hauch
das Thal durchstreift, regt sich überall das Leben und giebt dem
Europäer zu interessanten Beobachtungen Gelegenheit.

Am linken Ufer wohnten die Bakuba, am rechten viele Stämme
der Bassongo=Mino. Die Kanoes waren größer als selbst am
Kassai; in einem derselben zählte Wolf 80 Krieger, und wie be=
wohnt die Ufer waren, bewies die Zahl der Kähne, die die

„En avant" begleiteten. Oft mehr als 50 solcher schlanken, aus einem Stamme von hartem, meist braunem oder rotem Holz gezimmerten Fahrzeuge sammelten sich um die „En avant". In einem prächtig anzusehenden Wettlaufe schossen sie, das Wasser vor sich aufwerfend, bei dem Dampfboot vorbei, um vor ihm zu warten, die Freude über ihren Sieg durch wildes Jauchzen und Trommeln mit den Handflächen an den Wandungen der Kanoes zu zeigen und dann abermals den Wettlauf aufzunehmen. Der Takt der wuchtigen Ruderschläge wurde durch Gesang gegeben.

Bis zum 23. Längengrad etwa reichten die Bassongo=Mino, an die sich die Baschobe und Butoto schlossen. Am linken Ufer war derselbe Grad die Grenze der Bakuba in von Lukengo unabhängigen Stämmen. Die Bassongo=Mino traten, wie uns früher am Kassai, so auch jetzt Wolf feindlich gegenüber, ohne daß es jedoch zum Kampf kam, bis die Tochter eines mächtigen Bankutu=Häuptlings Gapetsch, Namens Temba, den Frieden vermittelte. Furchtlos kam diese einst mit nur wenigen Leuten längsseit des Dampfers, um Elfenbein und aus Palmenfasern kunstvoll gewebte Stoffe zu verkaufen, Messing und bunte Zeuge fordernd, und gab so den ersten Anlaß zu einem friedlichen Verkehr, dessen schnelles Bekanntwerden vorteilhafte Folgen hatte.

Ich erinnere mich hier eines bemerkenswerten Falles, der mir im Handel mit den Bakuba aufstieß. Ich kaufte einst einen Elephantenzahn und wollte, da die Händler Zeuge forderten, dadurch imponieren, daß ich ein Stück intensiv roten Zeuges, vor ihren Augen im Wurfe aufrollend, entfaltete. Der Erfolg war ein überraschend anderer, als ich annahm. Mit einem Schrei des Entsetzens sprangen die Bakuba auf, hielten sich die Augen zu und flohen eine Strecke weit; ich meine, es war die Wirkung dieselbe, wie die eines Schusses: wie bei diesem plötzlichen, nie gehörten Knall das Gehör, so wird bei jenem durch die plötzliche Entwickelung der nie gesehenen Farbe das Gesicht in überhohem Grade überrascht.—

Doch zu Wolf zurück!

Wolf folgte einer Einladung der liebenswürdigen Prinzessin Temba und begleitete dieselbe bis zu ihrem Dorfe. Es ging zunächst zehn Minuten lang durch einen Galleriewald, an den sich wellige Savanne anschloß. Bald wurden wohlbebaute Mais= und Maniokkulturen passiert, deren üppiges Aussehen durch eine selten

Mit der „En avant" um die Wette.

starke Humusschicht bedingt wird. Das in regelmäßiger Anordnung aufgebaute Dorf mit breiten Straßen wurde von Fächerpalmen überschattet. Die Eingeborenen benahmen sich ruhig und bescheiden; es wurde Wolf Palmwein in großer Menge gebracht und als er zum Flusse zurückging, bot sich ihm ein Häuptling zur weiteren Begleitung stromaufwärts an.

Auffallend war es Wolf, Schmuckgegenstände von Messing hier zu finden, die, wie wir wußten, vom Norden, vom Congo kamen. Das Edelmetall, das vom Süden ausgeführt wird, ist Kupfer. Ein weiteres Zeichen, daß diese Völker mit den weiter nördlich wohnenden in Verbindung stehen und daß die Händler des Congo, wahrscheinlich die Bajanzi auf dem Mfini=Lukenja weit stromaufwärts fahren, war der Umstand, daß hier dieselben massiven Messingringe um den Hals getragen wurden, wie dort und daß die Eingeborenen sagten, sie kauften diesen bis zu 15 Kilogramm schweren Schmuck für Elfenbein vom Lukenja, ein Fluß, der fünf Tagereisen weit nach Norden sei.

Man bat auch Wolf zu bleiben und ein Haus zu bauen, man wolle alle Uferbäume niederschlagen, damit das große Feuerkanoe von nun ab bequem anlegen könne.

Weiter stromaufwärts waren die Eingeborenen weniger friedlich, die Leute eines großen Häuptlings Jongolata benahmen sich sogar in einem Lager, das Wolf für mehrere Tage bezogen hatte, weil wieder einmal eine Reparatur an der Maschine nöthig geworden war, recht frech. Es näherten sich, als Waren einst im Lager zum Trocknen ausgebreitet waren, stark bemannte Kanoes, aus deren vorderstem ein schöner, hochgewachsener Krieger mit Pfeil und Bogen an das Ufer sprang und bald, von seinen Genossen unterstützt, einen wilden Tanz aufführte. Als sich die Bassongo an Zahl stark genug fühlten, kamen sie ins Lager und vereitelten durch ihren dreisten Übermut freundschaftlichen Verkehr. Vielleicht hielten sie Wolfs Leute, da sie Gewehre noch nicht kannten, für waffenlos. Die frechen Krieger ergingen sich in spöttischen Bemerkungen über Wolf und seine Leute; ihre besondere Aufmerksamkeit erregte ein etwas fettleibiger Sansibarit: es scheint demnach in diesen Gegenden Fettleibigkeit eine große Seltenheit zu sein. Der Häuptling Jongolata selbst ward bald so aufdringlich, daß Wolf, einen Exzeß befürchtend, einen Revolver zog und denselben dicht vor dem Gesicht des Häuptlings abschoß. Die Wirkung war überwältigend: der Häuptling zitterte am ganzen Körper, ein großer Teil der kühnen Krieger war schon an den Kanoes, als es Wolf gelang, sie zurückzuholen und mit den nun sehr Höflichen weiter zu verkehren. Jongolata schenkte Hühner und entfernte sich dann unter den lebhaftesten Versicherungen der Freundschaft. Diese Bassongo waren durchgehend hochgewachsene, tannenschlanke Leute, nicht so schwer und muskulös wie die Bakuba; sie sollen eingefleischte Anthropophagen sein.

Weiter stromaufwärts schien ein Verkehr nach Norden oder mit dem unteren Sankurru nicht stattzufinden; es wurde nichts gefunden, was einen Handel anzeigt, kein Messing, keine Perlen, keine Zeuge, aber Elfenbein in großer Masse, das zu lächerlich geringen Preisen angeboten wurde.

Am 18. Februar warf Wolf Anker an der Stelle, an der Pogge und ich im Jahre 1882 den Sankurru entdeckten und passierten. Auch Wolf erfuhr hier von den Bena=Kotto und den Baluba, daß der Fluß nach Norden und immer nach Norden ging. Es ist dies auch erklärlich, da die Grenze des Verkehrs der Leute, wie ich später mich zu überzeugen Gelegenheit hatte, die Mündung des Lubi in den Sankurru ist. Wolf vernahm, wie ich drei Jahre früher, daß der Fluß von nun ab aufwärts Lubilasch heißt, und ein Häuptling der Kotto, der ihm viel von Pogge und mir erzählte, sagte ihm, „der Sankurru ist gut, der Lubilasch ist böse", was sagen will, daß die Schiffbarkeit von nun ab schwierig und gefährlich sein würde, während der Fluß abwärts, wo er Sankurru heiße, gut sei. Die Voraussage traf denn auch bald ein. Die fortgesetzten Sondierungen, die bis jetzt im allgemeinen nur Lehmboden ergeben hatten, fanden plötzlich Felsgrund vorherrschend. Oft zwängte sich der Fluß auf nur 100 Meter Breite zwischen steilen Wänden aus Sandstein und Laterit hindurch mit starkem Strom und durchschnittlich 3 Meter Tiefe; vier nicht allzu starke Stromschnellen passierte Wolf, rannte jedoch bei der vierten auf und gab infolgedessen den Versuch weiter vorzudringen auf. Bis zu einem Uferdorfe der Batondoi, die zu den Bakuba gehören, drang er noch zu Lande vor und fand den Fluß bis auf 25 Meter eingeengt mit einer außergewöhnlich starken Stromgeschwindigkeit.

Auf seinem Rückmarsche traf Wolf mit dem bekannten Häuptling Zappu Zapp zusammen, nachdem er schon auf seiner Bergfahrt

von der Anwesenheit desselben gehört hatte. Zwei Söhne hatte der
Häuptling mit Geschenken zum Fluß geschickt, um Wolf zu bitten,
auf ihn zu warten: er sei der erste Weiße, der zu ihm komme, da
früher einmal zwei andere (Pogge und ich) seiner Einladung nicht
gefolgt wären. Zappu Zapp war nicht hier auf Sklavenjagd, wie
Wolf annahm, sondern, wie ich einige Monate später konstatierte,
war er den immer weiter schweifenden Kriegerhorden Tibbu Tibbs
ausweichend nach Westen bis zum Sankurru gezogen, und hatte sich
hier angesiedelt.

Zappu Zapp nannte sich Wolf gegenüber ein Freund der
Araber, da er, durch Pogges und meine Reise nach Nyangwe ver-
leitet, glaubte, die Weißen seien Freunde der Araber. Wolf traf
den großen Häuptling an einem verabredeten Platze mit vielen
Kriegern seiner wartend. Zappu Zapp hatte einige Gewehre, die
ihm der Araber Djuma bin Salim, Famba genannt, einst verkauft hatte. Da Famba sich damals fast ein Jahr bei ihm aufgehalten hatte, so hatten die Krieger Zappu Zapps manche Gewohnheit der Wanyamwesi, die Famba mit sich führte, angenommen,
auch einige Brocken der Suaheli-Sprache aufgeschnappt, so daß die
Sansibariten in der Begleitung Wolfs jubelnd die Erinnerung an
ihre Heimat begrüßten. Es reichte sich der Ost und Westen hier
die Hand. Wie alle Häuptlinge, die einmal mit arabischen Händlern in Verbindung gekommen sind und in der Folge des Besitzes
von möglichst vielen Gewehren und Pulver die einzigen Mittel zu
Macht und Reichtum sahen, so bat auch Zappu Zapp Wolf, ihm
Gewehre für Elfenbein, das er in großer Menge mit sich führte,
zu verkaufen. Auf Wolfs nachhaltige Weigerung scheint Zappu
Zapp sich überlegt zu haben, ob es nicht möglich sei, sich durch
Gewalt in den Besitz der Waffen zu setzen, und wenn man die
geringe Macht Wolfs in Rechnung zieht, so erscheint diese Annahme
auch gerechtfertigt. Wolfs Vorsicht, sowie der Respekt vor seinem
Äußern verhinderten offenbar den Versuch; so zeigte Wolf schon
bei der ersten Begrüßung eine Sicherheit, die die Fremden ein-
schüchterte. Er ging mit dem Dampfer dicht am Lande vor Anker
und forderte den Häuptling auf, aus der Masse der Krieger herauszutreten, um ihn zu begrüßen; Zappu Zapp jedoch zog vor, sich im
Haufen zu verstecken und ließ Wolf bitten, doch an Land zu kommen.
Als dies Wolf nur von einem Manne begleitet that — es waren

unterdessen die Leute an Bord mit den Gewehren bereit, auch war ein
kleines Kruppgeschütz auf die Mitte des Kriegerhaufens gerichtet —
und sich furchtlos den Kriegern näherte, trat der Häuptling
schüchtern ihm entgegen und bot ihm seinen Gruß. Es ist, wie
auch in diesem Falle, oft die dem Neger unverständliche, ihn
überraschende Furchtlosigkeit, die imponiert; mir ist es mehrfach vor=
gekommen, daß nach irgend welchem gleichartigen Auftritte die Ein=
geborenen fragten: „Warum hat denn der Weiße keine Furcht, er
ist doch nur so schwach und uns bei weitem nicht gewachsen, er muß
wohl einen großen Zauber haben, der ihn unverwundbar macht!?"

Zappu Zapp, so schreibt Wolf, war wie seine Söhne nach
Art der Araber mit einem langen weißen Hemd, darunter ein
Hüftentuch und einem turbanartig um das Haupt gewundenen Tuche
bekleidet. Die Volkstracht war nur bei seinen Kriegern zu er=
kennen; diese hatten einen Kopfputz von roten Papageienfedern, die
von einem diademartigen Bande von aufgereihten Kaurimuscheln
gehalten wurden. Der Oberkörper war nackt und kleine Striche
auf Brust und Rücken tätowiert; braunrote, in viele Falten gelegte
Hüftentücher mit gelb gefärbtem Saum, verziert mit Quästen,
kleideten die Hüften. An einer Schnur, die über die Schulter ge=
streift war, hing in der Achselhöhle ein kurzes Messer von durch=
brochener Arbeit, mit Kupfer ausgelegt. Die meisten der Leute
trugen Speere und Bogen, nur einige hatten kurze Perkussions=
gewehre, wie sie vom Osten kommen. Die Leute Zappu Zapps sind,
wie ich bereits früher konstatiert hatte, Bassongo, die nördlich und
östlich die Balubavölker begrenzen. Durch einige Geschenke von
Seiten Wolfs, die Zappu Zapp erwiderte, wurde die durch die ge=
täuschte Erwartung, Gewehre zu erhalten, hervorgerufene Miß=
stimmung wieder ausgeglichen.

Als Wolf die Mündung des Lubi erreichte, bog er in den=
selben ein und fuhr stromaufwärts, bis er zuerst die Bena=Ngongo
berührte, denselben Stamm, der auf meiner ersten Reise uns be=
stohlen hatte und der dann den allein zurückkehrenden Pogge
räuberisch überfiel. Die Leute, die ans Ufer kamen, riefen Wolf
zu, daß er halten möge oder wiederkommen, denn sie wollten ihr
Vergehen von damals gegen den Weißen durch eine Zahlung sühnen.
Es war dies offenbar nur eine List des frechen diebischen Gesindels,
um Wolf, dessen geringe Stärke ihnen eher Erfolg versprach, als

Wolfs Begrüßung mit Zappu Zapp.

damals Pogges Karawane, zum Anlegen zu veranlassen, denn als Wolf zurückkehrend hier anlief, hatten die Leute nichts zur Stelle, was von Wolf zur Sühnezahlung beansprucht wurde, sondern er traf nur eine Ansammlung von Bewaffneten, die sich zum Teil seinen Augen zu verbergen suchten.

Der Lubi verengte sich bald auf 60 Meter und machte scharfe Biegungen. Bei einer derselben wurde die „En avant" derartig nach dem einen Ufer getrieben, daß überhängende Äste das von Wolf erbaute, mit Stroh gedeckte Sonnendach ergriffen, der starke Strom das Boot breitseitfassend weitertrieb und die

Am Lubi.

„En avant" gekentert wäre, wenn nicht die Pfeiler des Sonnendaches gebrochen und dasselbe über Bord gegangen wäre. Der Dampfer hatte viel Wasser übergenommen, das Hühnerhaus mit Insassen, ein Winchestergewehr und viele andere Sachen waren über Bord gegangen und die Feuer ausgelöscht worden. Es zeigt dieser Unfall, daß man auf derartigen Reisen stets in mitgeführten Booten genügende Unterkunft für die Bemannung haben, und diese Boote, wenn irgend möglich, nicht längsseits des Dampfers, sondern an einem ausreichend langen Tau schleppen muß. Auch soll man nicht versäumen, in den Booten einen Mann zu haben, der das Tau loswirft, wenn etwas passiert.

Wolf gab hier die weitere Bergfahrt des Lubi auf, ging flußabwärts und machte an dem Anlegeplatz der Bena-Lussambo im Sankurru Halt. Er war bis ungefähr 15 Kilometer nördlich der Stelle vorgedrungen, wo Pogge und ich früher den Lubi passierten. Das Wasser des letzteren ist rötlich-braun. Auch Wolf rühmt die üppige Tropenvegetation seiner Ufer, an denen Dickichte von Palmen, undurchdringliche Dschungel von Ananas, Zuckerrohrplantagen mit dichtem Urwald wechseln.

Mit Jlunga, dem Häuptling der Lussambo, machte Wolf Freundschaft und kaufte eine Reihe wertvoller Sammlungsgegenstände, die ich später an demselben Platze vervollständigen konnte. Als besondere Industrie des Stammes kann Holzschnitzerei betrachtet werden; Trinkhörner, dem Horne des Büffels nachgeahmt, Becher in den verschiedensten, von großem Geschmack zeugenden Formen, schöne Speerschäfte und eine Reihe anderer, verschiedenartige Verzierungen zeigender Gegenstände waren hier zu finden. Eine große milchweiße Perle war der begehrteste Artikel.

Dem rechten Ufer, das mit Dickichten der Raphia vinifera oder mit Rotang

Der Lukenja — Lomami.

Industrie der Lussambo.

bedeckt war, folgend, gewahrte Wolf am 9. März die Mündung eines Flusses, dessen Wasser intensiver gelb als die des Sankurru waren und der eine Breite von ca. 100 Meter hatte. Die Eingeborenen nannten ihn Lukenja, ein Wort, das bei den Bassongostämmen offenbar „Fluß" bedeutet, denn in ihrem Lande kennen wir nun schon verschiedene Wasserläufe, die diesen Namen führen. Die Ufer stiegen bis zu 200 Meter Höhe und waren dicht bewaldet. Eingeborene waren nirgends zu sehen, nur zweimal wurden solche in den Zweigen der Bäume aufgespürt, doch entflohen sie bei einer Annäherung scheu. Drei Tage wurde die Bergfahrt fortgesetzt, bevor einige Krieger am rechten Ufer, die sich Basselle = Kungo nannten und für den Fluß den Namen Laehtschu hatten, befragt werden konnten. Das linke Ufer, meinten sie, sei von Batetela, den westlichen Ausläufern eines großen Volkes, deren östliche Stammesgenossen ich einst am mittleren Lomami traf, bewohnt. Die Leute stachen gegen die bisherigen Eingeborenen ab durch ihr stumpfsinniges Benehmen; auch der Erstaunensruf, ein „Jih, jih", klang ganz fremdartig. Die Bevölkerung war äußerst schwach, Wild dagegen häufig und sehr dreist. Die Flußpferde ästen am hellen Tage an den Ufern.

Bald dehnte sich der Fluß aus auf 150 Meter Breite, die Ufer wurden niedrig, hier und da sumpfig, und die bis weit ins Wasser reichenden Dickichte erschwerten täglich ein Anlegen zum Zwecke des Brennholzmachens. Da man schon seit 5 Tagen in diesem wilden unwirtlichen Flußgebiete nichts hatte kaufen können, stellte sich der Hunger ein. Wolf selbst lebte schon seit einigen Tagen von einem Rest= schimmliger Bohnen. Die Streifzüge, die er mit leerem Magen unternahm, um durch Erlegung eines Wildes dem Mangel abzuhelfen, blieben erfolglos.

Ich habe bisher die täglichen Klagen Wolfs über den Zustand seines Fahrzeuges übergangen; es ist buchstäblich an jedem Tage irgend eines Schadens, einer Reparatur Erwähnung gethan und häufig des Büchsenmachers Schneider, dessen Findigkeit immer noch ein Mittel wußte, lobend gedacht. Endlich am 15. März, es war die höchste Zeit, denn die leeren Magen der Leute und die Maschine bedurften dringend einer Aufbesserung, traf Wolf Eingeborene, mit denen er verhandeln konnte. Bena Jehka nannten sich die Leute und der Fluß hieß ... „Lomami"! Man kann sich denken, wie freudig erregt diese Nachricht Wolf machte; er glaubte gefunden zu haben, daß der Lomami, den ich mit Pogge 1882, den Cameron noch früher überschritten hatte, derselben Neigung nach Westen abzubiegen folgend, hier in den Sankurru münde und die schiffbare Wasserlinie vom Stanley-Pool nach Osten um eine bedeutende Strecke verlängere. Seit jener Zeit sind weitere Befahrungen dieses Lomami unternommen und haben unweit oberhalb des äußersten von Wolf erreichten Punktes gefunden, daß der Fluß schnell sich verengt. Gleichzeitig war vom Lualaba aus ein Dampfboot einen anderen Lomami, der unter dem ersten Grade

Hütten der Bena Jehka.

nördlicher Breite in den Lualaba mündet, hinaufgegangen und so weit vorgedrungen, daß seitdem wiederum die Frage schwebt, ob der von mir im Jahre 1882 überschrittene Lomami der Oberlauf des letzteren oder des von Wolf befahrenen Flusses ist.

Gerade jetzt ist ein Begleiter auf meiner letzten Reise, Lieutenant Le Marinel, den der Leser im Laufe dieser Erzählung noch kennen lernen wird, damit beschäftigt, hierüber Klarheit zu verschaffen.

Die Bena Jehka gehörten nicht zu den wegen ihrer Wildheit überall verrufenen Batetela; sie waren friedlich und handelslustig.

Ihre Hütten waren, in Giebelhausform aus Palmenrippen und Baumrinde hergestellt, solide und reinlich. Einer dicken schwarzen Raupe gleich trugen sie von der Stirn nach hinten nur einen runden Streifen Haar; seitwärts war der Schädel nicht allein rasiert, sondern in konzentrischen Ringen, die bis zum Backenknochen und bis ans Auge reichten, tätowiert.

Die Jehka sind große Jäger; ihre verschiedenartigen Waffen, unter denen die auffallendsten harpunenartig gebrauchte Pfeile sind, geben hiervon Zeugnis.

Der Fluß wurde beherrscht von den Bewohnern des rechten Ufers, den Balunbangandu mit ihrem Häuptlinge Oto, Kanibalen, die zu den Bankutu, also auch den Bassongo=Mino gehören. Die Länder zwischen Lomami und Lualaba beherbergen, wo ich sie auch kenne, Völker, die alle Kannibalen sind; es kommt jedoch nur selten vor, daß sie eingestehen, Menschenfleisch zu essen, gewöhnlich leugnen sie dies und zeihen den Stamm, mit dem sie feindlich stehen, dieser Unsitte. Oto erhielt von Wolf eine alte Mütze und brachte hochentzückt eine kleine Ziege, einige Hühner, Maniok und Palmwein.

Bis zum 19. blieb Wolf an dieser Stelle, seine Leute stärkten sich an Yam, dem Hauptnahrungsmittel der Jehka; es wurden Vorräte eingekauft und besonders eifrig an der Maschine gearbeitet. Der Zustand der „En avant" war derartig, daß eine weitere Bergfahrt unmöglich wurde; die Welle der Räder war gebrochen, zum Glück in schräger Richtung. Schneider hatte nun senkrecht zu dem Bruch die Welle zweimal durchbohrt und aus eisernen Ladestöcken hergestellte Nieten eingeführt. Diese schwache Reparatur erlaubte nur ein langsames Arbeiten der Maschine, welches nicht genügte, den starken Strom des Lomami zu über=
winden. Schweren Herzens trat Wolf die Thalfahrt an; er hatte gehofft, den Lomami bis in die Nähe des Punktes zu erforschen, wo ihn Pogge und ich 4 Jahre vorher überschritten hatten.

Auf dem Sankurru wieder angelangt, der unterhalb der Ein= mündung des Lomami — so muß dieser Fluß wohl heißen, da er auf seiner größten Entwickelungsstrecke diesen Namen führt — eine Breite von fast 2000 Meter hat, mußte die „En avant" hinter einer Insel Schutz suchen, da sie dem Wellengange eines Regen= sturmes, der, gegen die Stromrichtung aufwehend, kurze, hohe Wellen warf, nicht gewachsen war.

Bei einem Häuptling Namens Kole, der besonders mitteilsam war und manche geographischen Aufschlüsse gab, die ich, da sie leider in mir nicht verständlichen Schlagwörtern verzeichnet sind, nur unvollständig wiedergeben kann, verweilte Wolf mehrere Tage. Dieser „Fumo" — Bezeichnung des Häuptlings — Kole war uns von unsern Baschilange oft genannt; er stand mit den südlich wohnenden Baluba in Handelsbeziehungen und kannte den Weg genau bis zum Lulua. Er wußte auch von den Ureinwohnern zu erzählen, den sogenannten Zwergvölkern, die, von den Baluba als Batua bezeichnet, er Babecki nannte. Auch über den Norden vermochte er durch Ausfragen einiger anwesenden Bankutu Auskunft zu geben: es wohnten dort viele Tagereisen weit nur die Bassongo-Mino hieß es, deren Stämme der Reihe nach von Süden wie folgt bezeichnet wurden: Bajaia, Botecka, Ndongo, Nkole, Bayenga, Dongenfuro, Bondo, Lokoddi, Babenge, Bonschina, Dongosoro, Ikangala Joschomo, Bakundu, Banbangala und Barumbe. Da kaum anzunehmen ist, daß diese Bangala mit den nördlich des Congo wohnenden identisch sind, so stoßen wir hier zum dritten Male auf diesen Namen. Es wohnen Bangala im Thale von Kassanga am oberen Quango, wir finden solche als einen Teil der Bassongo-Mino, und an der Mündung des Mubangi in den Congo.

Der 22. März ist in Wolfs Tagebuche verzeichnet mit: „Guter Palmwein, hoch der Kaiser!"

Am 25. lief Wolf wieder in den Kassai ein und nun begann ein fortwährendes rastloses Arbeiten an der Maschine, nur um in ganz langsamer Fahrt gegen die zum Glück nicht starke Strömung des Kassai anzukommen. Am 1. April wurde die Mündung des Lulua und am 4. die Station am Luebo erreicht, wo die Ankunft der „En avant" nach dreimonatlicher Abwesenheit jubelnd begrüßt wurde. Es waren gerade an diesem Tage Lebensmittel von Bugslag, aus Luluaburg geschickt, eingetroffen, Ziegen, Schafe, eingesalzenes Schweinefleisch, Reis, Bananen, Erdnußöl, Zwiebeln u. s. w., so daß die Rückkehr würdig gefeiert werden konnte. Die müde „En avant" wurde ausgeladen, die Sammlungen geordnet und das Dampfboot nach Möglichkeit in Stand gesetzt, so daß Wolf schon nach 6 Tagen, durch den ihm eigenen unermüdlichen Forschertrieb bewogen, die Station abermals verlassen konnte, den Lulua abwärts und den

Kassai aufwärts ging, um zu untersuchen, wie weit hinauf noch
von der Mündung des Lulua derselbe schiffbar sei. Am Morgen
des 12. April, als kaum der Lulua verlassen war, brach zum zweiten
Male die Welle des Dampfers, und zwar so, daß Schneider sich
unfähig erklärte, sie mit den vorhandenen Mitteln zu reparieren.
Wolf ließ das Dampfboot abwärts treiben und holte sich dicht ober=
halb der Mündung des Lulua durch Taue an das Ufer. Noch
hatte er kaum einige Stunden dort gelegen, als er auf einem kurzen
Ausfluge in den Urwald durch atemlose, herbeigeeilte Leute gebeten
wurde, schnell zurückzukommen, ein Dampfboot sei in Sicht. Fast
in dem Momente, in dem Wolf ans Ufer trat, legte ich von der
„Peace" kommend längsseit der „En avant" an und umarmte einige
Augenblicke später meinen Freund, der ebenso erstaunt und erfreut
war, wie ich. In kurzen Worten schilderte er mir, wie er meine
ihm beim Abschied gewordenen Aufträge ausgeführt und was er
dann weiter zur Erforschung des die Zukunft dieser Länder ganz
ungemein begünstigenden Flußgebietes gethan habe.

Es ist schmerzlich zu bedauern, daß der Tod, der Wolf im
Jahre 1889 in Dahomey ereilte, es unmöglich machte, daß er selbst
seine Arbeit beschrieb. Die Tagebücher, die mir zur Verfügung
standen, weisen eine große Anzahl kurzer Bemerkungen, eine Reihe
von meteorologischen Beobachtungen auf, die ich nicht entziffern kann.
Trotzdem bin ich überzeugt, daß die hier schließende Wiedergabe
der Tagebücher sachgemäßer ist, als wenn ein fremder, der weder
die Personen, noch die Länder so kennt, wie ich, sich dieser Arbeit
unterzogen hätte. Das Reisewerk „Im Innern Afrikas" und dies
Kapitel werden dem Leser einen Begriff gegeben haben von der
Energie, dem rastlosen Fleiße, dem Mute und der Sachkenntnis,
mit der der Stabsarzt Wolf im Interesse seines hohen Auftrag=
gebers, des Königs der Belgier, im Interesse der Wissenschaft und
der vorschreitenden Civilisation des dunklen Kontinents gearbeitet
hat. Nur wenige kannten, wie ich, die kameradschaftliche Auf=
opferungsfähigkeit, die hohen Gemütseigenschaften des Verstorbenen
und können mit mir auch aus diesem Grunde Schmerz über den
Verlust empfinden. Alle, aus welcher Veranlassung es auch sei,
werden Wolf ein dankbares Andenken bewahren.

Zwischen Luebo und Luluaburg.

Drittes Kapitel.

Entdeckung des Wißmann-Falls und Arbeiten auf der Station.

Fortschritte der Luebo-Station. — Patrouille am Muieau. — Wiedersehen mit dem treuen Bugslag. — Luluaburg, ein Kultur-Centrum. — Pflanzungen. — Viehzucht. — Meteorologisches. — Bei Kalamba. — Saturnino de Machado. — Feindliche Tschipulumba. — Bestrafung wegen Mißbrauchs der Dienstgewalt. — Mit Wolf den Kassai aufwärts. — Unbewohnte Wildnis. — Bienen-Qual. — Barre im Strom. — Der Wißmann-Fall. — Wildschweine. — Stürzender Urwaldriese. — Den „Stanley" verpaßt. — Auf der Station. — Trennung von Wolf. — Bestrafung eines Häuptlings. — Balundu-Gesandtschaft. — Entwirrung der schwierigen politischen Verhältnisse in Lubuku. — Verteilung der Sternenflagge. — Mein Einfluß auf die Baschilange. — Kalamba besucht mich. — Uräusschlange.

Kehren wir zurück zum 12. April, zu der Einmündung des Lulua in den Kassai, wo ich, von der Küste zurückkehrend, meinen Freund und Begleiter Wolf nach sechsmonatlicher Trennung wiedersah.

Bis gegen Morgen saßen wir Erlebnisse austauschend, Pläne machend für die Zukunft unter dem weit überhängenden Laubdach der mächtigen Uferbäume am Rande des Abhanges, an dem zu

unseren Füßen sich die gewaltigen gelben Fluten des Kassai dahin=
wälzten. Nur eine kurze Ruhe war uns vergönnt, dann nahmen
wir Wolf zu uns an Bord der „Peace", um den Lulua aufwärts
zur Luebo=Station zu dampfen, während der Führer der „En avant",
Kapitain van der Felsen, und der Büchsenmacher Schneider mit
einiger Bemannung auf dem vorläufig unbrauchbar gewordenen
Dampfboote zurückblieben. Selbst die frische Brise, die den Lulua
abwärts wehte, konnte die Folgen der Feier des Wiedersehens, zu
der ich mich durch Mitnahme von europäischen Genüssen, besonders
flüssigen, vorbereitet hatte, nicht verscheuchen.

Am 14. kam nach Umschiffung einiger Biegungen des Lulua
die Luebo=Station in Sicht.*) Ueberraschend wirkte zunächst von weitem
ein vom Urwald nicht bedeckter freier Platz am Ufer, denn seit
5 Tagen hatte sich dem Auge nichts geboten, als dichter finsterer
Urwald, der, jetzt in der Regenzeit bis in die Wasser des Kassai
reichend, überall den Fluß begrenzte. An der äußersten Spitze der
Lichtung auf einer Landzunge, die von der Einmündung des Luebo
in den Lulua gebildet wurde, drohte auf einem bastionartigen Auf=
wurfe mein kleines Geschütz, ein Geschenk des Herrn Friedrich Krupp,
jeder feindlichen Annäherung zu Wasser. Vier Gebäude, von Palli=
saden aufgebaut, sauber mit Lehm ausgestrichen und mit weit über=
schattenden Grasdächern gedeckt, füllten die Spitze des freien Platzes
aus und wurden nach Land zu durch eine Pallisadenwand, die vom
Luebo zum Lulua führte, auch gegen Annäherung vom Lande aus
geschützt. Noch 100 Meter Vorterrain war frei, dann erhob sich
wieder die finstere Wand des Urwaldes.

Lebhafte Bewegung entstand in der Station beim Erscheinen
unseres Dampfers. In reines Weiß gekleidete Soldaten liefen mit
ihren Waffen herbei, um zur Parade anzutreten, und als wir uns
dem bei der finsteren Umgebung durch seine angenehme Abwechselung
überraschend wirkenden Platze näherten, kam ein Europäer, der
Lieutenant Bateman, der meiner Expedition vom Congostaate kom=
mandiert war, der Kommandant des Platzes, zur Begrüßung zum
Ufer herbei, wo wir anlegten und nach der Meldung vom guten
Stande der Dinge uns in einem pilzartigen Pavillon auf der Bastion
zum frischen Trunke von Palmenwein versammelten.

---

*) Siehe die Abbildung Seite 30.

Es war noch ein Europäer gegenwärtig, ein Herr Saturnino, ein portugiesischer Händler, dessen ich bereits in meinem Reisewerke „Unter deutscher Flagge quer durch Afrika" Erwähnung that, der meinem Zuge nach Lubuku folgend hier bei den Bakuba und Bakete sein Glück versuchen wollte und mit seinen Einkäufen von Elfenbein sehr zufrieden war.

Nach näherer Besichtigung der Station, deren Wohnhaus als Pfahlbau angelegt war und die überall von sachgemäßer Anlage und fleißiger Arbeit Zeugniß gab, nahm ich der Vervollständigung meiner diesbezüglichen Beobachtungen wegen das Profil des Lulua und Luebo (siehe Anhang) und besuchte die umliegenden Ortschaften der Bakete und Baschilange, um mich zu überzeugen, daß die Station, die mit ihrer Verpflegung noch vorläufig von Einkäufen abhing, mit dem umwohnenden Stamme in bestem Einvernehmen stand. Nach wenigen Tagen ging die „Peace" zurück und nahm Herrn Greshoff und Herrn von Nimptsch mit hinab zum Stanley=Pool.

Herr Grenfell, dem ich für seine gütige Überführung vielen Dank schuldig blieb, hatte die große Freundlichkeit, zu versprechen, daß er an der Luluamündung die „En avant" aufnehmen und im Schlepptau mit nach dem Congo nehmen wollte. Mit ihm ging auch ein Mitglied meiner Expedition, der Büchsenmacher Schneider, der sich während der ganzen Zeit, zu der er sich verpflichtet, durch rege Thätigkeit, große Geschicklichkeit und Muth oft ausgezeichnet hatte, nach der Heimat.

Durch ein Festlaufen der „Peace" nur einige Meter unterhalb der Station wurden wir gewahr, daß hier noch einige Steine, wohl die letzten im Laufe des Kassai, zur vorsichtigen Annäherung an die Station aufforderten. Zum Glück kam die „Peace" bald wieder ohne Havarie los.

Am 22., nachdem ich Lieutenant Bateman die weiteren Direktiven für die Arbeit an der Station gegeben hatte, trat ich mit Wolf die Reise nach Luluaburg an. Wir hatten Boten vorausgesandt, die Bugslag von unserem Kommen unterrichten und uns Reitstiere entgegenbringen sollten. In den Urwäldern des Lulua hatte die Expedition bisher mit Reitstieren schlechte Erfahrungen gemacht. Ueberall in Urwaldländern der mir bekannten Gleichergebiete Afrikas lebt eine große schwarze Bremse, unserer Horniß ähnlich, nicht etwa die Tsetsefliege, die dem Rindvieh gefährlich wird. Im Jahre 1882 hatte ich am Tanganyka schon durch dasselbe Insekt meine letzten Reitstiere eingebüßt.

Nach sechsstündigem beschwerlichen Urwaldsmarsche machten wir im Dorfe der Bena Kaschia Halt. Es weist mich dieser Name hin auf die Zersplitterung der Stämme unserer Baschilange: der Kern der Kaschia, der größte Teil dieses Stammes, die Baqua=Kaschia, wohnten im Centrum des ganzen Volkes, dicht bei Luluaburg, im Osten dieses Centrums abermals Bena=Kaschia. Eifersucht der Familienmitglieder der Häuptlinge sind meistens Beweggründe für derartige Zersplitterungen.

Ein Teil einer großen Handelskarawane der Kioque, unserer alten Feinde, war anwesend, benahm sich jedoch ausnehmend höflich, denn die Zeit ihrer Hegemonie war bei unseren Baschilange, seit wir uns festgesetzt hatten, vorüber.

Mehrere Tage reisten wir stets Märsche von 30 bis 40 Kilometer machend und trafen mehrere Ortschaften an, deren Bewohner den vom Congo heimkehrenden Kalamba Tribut verweigert hatten und vor seinem Zorn flüchtig ihre Heimat hatten räumen müssen. Der Marsch ging, seitdem wir den Urwald verlassen hatten, meist durch Baumsavannen; zuweilen unterbrach die eintönige wellige Savanne eine tiefe Quellschlucht, die an ihren Abhängen ausgewaschene, wundervoll dunkelrote, turmartige Lateritbildungen zeigte.*)

Am 28. näherten wir uns dem Flusse Muieau und auch hier winkte uns von weitem ein hübsches Lehmhaus aus zierlichen Gärten ein Willkommen zu: die Unterkunft einer ständigen Patrouille, die Wolf an der wichtigen Passagestelle dieses Flusses unterdes errichtet hatte. Drei meiner alten Veteranen waren hier Repräsentanten unserer Macht und Führer der Kanoes. Ich war fast gerührt von der aufrichtigen Freude, die meine alten Leute, Begleiter meiner früheren Reise, an den Tag legten, als sie mich erkannten. Am anderen Ufer warteten drei wohlgesattelte und aufgezäumte Reitstiere, die uns morgen nach Luluaburg tragen sollten. Nachdem hier am nächsten Morgen über den Fluß gesetzt war, bestiegen wir unsere Stiere, ich meinen mächtigen alten Fuchs, der mich von Angola vor zwei Jahren nach Luluaburg getragen hatte, und wurden durch einen fast 8 Meter breiten Weg, der sich in schnurgeraden

---

*) Siehe die Abbildung Seite 46.

Linien nach Osten zog, überrascht. Bugslag hatte, wie sich später
herausstellte, rings um die Station die schmalen Negersteige ver-
breitern lassen und durch seine Leute die Häuptlinge, durch deren
Fluren der Weg führte, instruieren lassen, wie man einen Weg gerade
führt. Dadurch, daß er diejenigen Häuptlinge, die nicht für breite
Wege sorgten, Strafe zahlen ließ, war es ihm gelungen, nach allen
Richtungen hin von Luluaburg aus auf eine Tagereise weit breite
schöne Wege herzustellen.

Gegen Mittag bekamen wir die Kuppe des Stationsberges
zu Gesicht und ritten bald darauf unter dem Jubel der aus allen

Luluaburg.

Dörfern zusammengeströmten Masse zur Station hinauf. Die Wege
waren, so weit sich der Stationsberg ausdehnte, durch Anpflanzungen zu freundlichen Alleen umgeschaffen. Die Pallisadenwand, in
der je 3 Meter voneinander schnell wieder ausschlagende Stämme
eingesetzt waren, bot schon jetzt einen schattigen Ring um die Station.
Mir war, als ob ich in mein Heim zurückkehrte, als ich im Thore
der Station dem treuen Bugslag die schwielige Rechte schüttelte.
In der Station, deren Hauptbauten schon bei unserem Abmarsche
zur Erforschung des Kassai beendigt waren, war unterdessen viel
geschehen, was zur Wohnlichkeit und zum freundlichen Aussehen

beitrug. Überall waren Anpflanzungen ausgeführt, das ganz neue Wohnhaus war zierlich und mit großer Sorgfalt aufgebaut, ein Gärtchen schmückte die Front desselben, kurz überall bot sich unseren Augen ein freundlicher Anblick dar.

Boten jagten ab, um meinem Freunde Kalamba und der braven Sangula meine Wiederkehr zu melden. Zum dritten Male kam ich überraschend nach Lubuku, dem Lande meiner treuen Baschilange, denen ich schon für so vieles dankbar war. Zuerst war ich im Jahre 1881 mit Pogge hier erschienen. Als erste Weiße, die die Baschilange sahen, war unser Einfluß damals ein großer. Nur durch die Hilfe dieses Volkes gelang es uns, den Lualaba zu erreichen, von wo ich dann, mich von Pogge trennend, von den Arabern unterstützt nach der Ostküste weiter ging. — Im Jahre 1884 kehrte ich wieder von Westen kommend in das Land Lubuku zu meinen alten Freunden und Reisebegleitern zurück, und brachte, wie ich ihnen früher vorausgesagt hatte, viele Weiße mit. Auch diesmal wurde die Erforschung des Kassai, die die Baschilange wieder für ein Jahr fast in neue fremde Länder führte, durch ihre Hülfe möglich. Ich ging den Fluß hinab zum Meere und meine schwarzen Freunde kehrten mit Wolf hierher zurück. — Jetzt kam ich abermals und großer Jubel war im Lande, daß Kabassu-Babu zurückgekehrt sei zu seinen Freunden. Ich war hier zu Hause, jedes Gesicht der Hunderte von Negern, die in dem großen Dorfe nahe der Station wohnten, erkannte ich, jeder der mich Umdrängenden freute sich, daß ich ihn erkannte.

Als wir am Abend mit Bugslag unter der zierlichen, mit Flußpferdschädeln, Antilopenhörnern und Seltenheiten aus der Wildnis geschmückten Veranda des Wohnhauses saßen, hörte ich, daß auch hier in Luluaburg trotz der größten Sparsamkeit die Waren ausgegangen seien. Der sehr gewissenhafte Bugslag hatte mit blutendem Herzen seine Schätze hinunterschicken müssen nach dem Luebo, wo der Bau der Station viel gekostet hatte. Auch am Luebo war in dieser Richtung Ebbe eingetreten, und ich sah mich in der unangenehmen Lage, zwei Stationen mit einem großen Troß von Leuten zu besichtigen, ohne über Mittel zur Erhaltung derselben zu verfügen. Die Früchte der vielversprechenden Plantagen in Luluaburg waren noch nicht reif. Ich beschloß somit dem schon oben erwähnten portugiesischen Händler Saturnino das Nötigste an Waren abzukaufen und mich hiermit so lange durchzuschlagen, bis der Steamer

Stanley mir mit den belgischen Offizieren meine neuen Waren bringen würde.

Am nächsten Tage nahmen wir die Pflanzung in Augenschein. Schon nach der ersten Ernte hatte Bugslag viele Trägerlasten von Reis hinabgesandt zum Luebo. Wie erstaunte ich, als ich auf den mir noch als Wildnis in Erinnerung schwebenden Plätzen wohlbebaute Felder sah. In den Niederungen der drei am Stationsberg sich hinwindenden Bäche waren Reisplantagen angelegt, die nach der Erfahrung Bugslags bequem Luluaburg und die Luebostation auf ein halbes Jahr, das ist bis zur nächsten Ernte erhalten konnten. Mais, Hirse und Maniok standen, die sanften Hänge des Stationsberges bedeckend, gut. Die Erdnußernte bot infolge allzugroßer Feuchtigkeit keine große Aussicht. In den drei Gärten, die je nach ihrem Zwecke oben an der Station, an den Hängen oder im Grunde lagen, wurden Tomaten, Gurken, rote Rüben, Kohl, Kopfsalat, Yam, Bohnen, Eierfrüchte, Ananas, Tabak, Gimboas (ein Fuchsschwanz und sehr angenehmes Gemüse) und vieles andere kultiviert. Bananen und Melonenbäume faßten überall die Wege ein, Limonen und manche andere vom Congo oder aus Angola mitgebrachte Früchte waren angepflanzt.

Auch der Viehstand hatte sich unter Bugslags sorgsamer Pflege entsprechend vermehrt. Das Rindvieh war in gutem Zustande, wenigstens im Verhältnis zu der Jahreszeit: in den Ländern, in denen nach der Regenzeit die Gräser zu schilfartiger Höhe und Stärke emporschießen und dadurch zu Futterzwecken unbrauchbar werden, sind die Verhältnisse trotz großer Sorgfalt nicht so günstig, man hilft sich dann durch Brennen der Gräser, worauf überall Halme sprossen.

Nirgends in Afrika, außer wo in Urwäldern die genannte schwarze Hornisse auftritt, oder in nächster Nähe derselben (die Hornisse scheint den Schatten der Urwälder nur auf kurze Strecken zu verlassen), oder wo — scheinbar nur in ganz bestimmten kleinen Strichen Südostafrikas — die Tsetsefliege, die ich nie zu Gesicht bekommen, vorkommt, steht der Rindviehzucht etwas im Wege. Im Osten des Kontinentes, wo die Regenzeit kürzer ist, als in der westlichen Hälfte, sind die Gräser feiner und längere Zeit weich. Im Westen muß sorgfältig für kurzes Gras gesorgt werden, was durch Brennen möglich ist. Es wird aber selbst bei verhältnismäßig noch saftigem Grase durch mehrfach angelegte Feuer gelingen, die schon zu starken Halme zu verbrennen und dann schießt überall sofort das junge Gras hervor. Wo große Rindviehherden weiden, halten sie sich selbst den Stand des Grases kurz; man muß dann derart hüten, daß man die Schläge, auf denen die Gräser die dem Vieh angenehmste Stärke erreicht haben, abweiden läßt. Man hüte sich, das Vieh in sumpfigen Niederungen stehen zu lassen; dort wächst, wie viele Reisende zu ihrem Nachteile erfahren mußten, unter Anderen Pogge, der auf seiner ersten Reise neun Reittiere am Rotlauf kurz hintereinander verlor, eine äußerst gefährliche Pflanze. Man wechsele, wenn man das Vieh nicht aus einem größeren Wasserlauf tränkt, so oft als möglich das Wasser. Man wähle hochgelegene Stellen zum Stande des Rindviehs über Nacht, wo freier Luftzug und ein gewisser Abstand von feuchten Niederungen die Zahl der quälenden Muskitos verringert. Aus diesem Grunde ist es auch besser nur ein an den Seiten offenes Schutzdach zu verwenden, keine Ställe, damit an den dem Winde möglichst ausgesetzten Stellen der Zug die genannten Insekten fortweht. Am eifrigsten weidet das Rindvieh des Morgens und des Abends und wird es zuträglich sein, wenn man es während der heißesten Stunden des Tages schattige Bäume aufsuchen läßt. Bei dem Versuche, auf der Station am Luebo Reittiere zu halten, waren uns mehrere gefallen durch Kampf der Stiere miteinander oder andere Zufälligkeiten und verfügten wir nur noch über drei gute Stiere. Die Kühe hatten mit unfehlbarer Regelmäßigkeit geboren, waren jedoch noch nicht zum Melken erzogen worden. 98 Schafe und 30 Ziegen trieben sich während des Tages in der Umgebung der Station umher und wurden des Abends am Schlusse der Arbeitszeit eingetrieben. Es ist eigentümlich, daß das Kleinvieh des Negers nicht wie bei uns Herdenvieh ist; in Ermangelung von Hirtenhunden müßte man fast eben so viele Menschen anstellen, als man Stück Vieh hat, um sie zusammenzuhalten. Zahlreiche Enten, Hühner, Tauben, Papageien und Perlhühner bevölkerten die Station; ich zweifle nicht, daß auch alles andere Federvieh hier fortkommt. Einen beträchtlichen Stand an Schweinen hatten wir der Bequemlichkeit wegen einem der benachbarten Häuptlinge übergeben.

Am meisten gelitten hatten unsere kleinen Hunde; von den 15 eingeführten, meist Teckeln und einem Foxterrier, lebten nur noch fünf. Einige hatten sich in der Zeit des hohen Grases und bei starker

Hitze verjagt, oder waren einem Schlangenbiß zum Opfer gefallen; zwei waren von Leoparden, deren einer vor kurzer Zeit über die Pallisaden der Station ins Innere gesprungen war, zerrissen worden. Wunderbarerweise waren nur die Hunde Krankheiten unterlegen, während wir die Hündinnen durch äußere Einflüsse verloren hatten. Die noch lebenden Exemplare, deren eines mit nicht unbeträchtlichen Wunden dem Leoparden entkommen war, ein anderes mit gebrochenem Beine einem angeschossenen Wildschweine, hatten sich mehrfach mit eingeborenen Hunden gekreuzt und war der Erfolg der Züchtung ein in ganz Lubuku von den Häuptlingen begehrtes Geschenk geworden.

Die meteorologischen Beobachtungen der Station waren leider durch falsche Aufstellung einiger Instrumente nicht so vollkommen, wie es wohl erwünscht wäre. Das am meisten überraschende Resultat derselben, welches auch den Reichtum der Gebiete des centralen Afrikas begründet, war die Beobachtung, daß in keinem Monate des Jahres Regen fehlte. Es überrascht dies ganz besonders in den drei Wintermonaten Juni, Juli und August. Im Juni war dreimal, im Juli zweimal und im August häufig Regen gefallen und wenn dies auch in den beiden erstgenannten Monaten nicht ausreichte, um die Pflanzen bei der intensiven Hitze vor dem Verdorren zu schützen, so kam gerade in dieser Zeit ein derartiger Tau, wie man ihn bei uns nicht kennt, zu Hülfe. So ist es denn auch möglich, daß Mais drei-, ja an einigen Stellen viermal zu ernten ist, Hirse zwei- bis dreimal und Reis zweimal.

Nach einem Ruhetage machten wir uns auf, Kalamba zu besuchen. Als wir uns dem Dorfe näherten, hatten sich Tausende von Menschen zu beiden Seiten des Weges angesammelt und von überall tönte mir der Begrüßungsruf „Moiio Kabassu-Babu" entgegen. Auf der Kiota, dem Markt- und Versammlungsplatze saßen zu beiden Seiten in langen Reihen die Männer; die Hanfpfeife ging feierlich von Hand zu Hand, unter wildem Husten, Dampfblasen in die weiten Öffnungen der Pfeifen und betäubendem Geräusch der großen Trommeln. Zwanzig meiner neu eingekleideten Soldaten gaben drei Begrüßungssalven ab, die mit einem wilden Schießen von den ringsum verteilten Eingeborenen beantwortet wurden. Bald öffnete sich der dichte Kreis der wohl mehr als

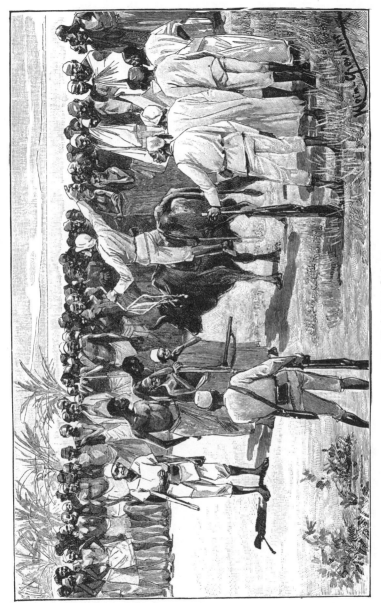

Ein Moiol bei Kalamba.

5000 Köpfe zählenden Menge und unter allgemeinem Jubel und
Händeklatschen näherte sich, die Menge an Haupteslänge überragend,
der alte Kalamba mit seiner Schwester Sangula. Ich brauche mich
der Rührung nicht zu schämen, die mich ergriff, als ich den beiden
bewährten Freunden, denen ich schon so vieles verdankte, in herz=
lichem Empfange die Hände schüttelte. Des Fragens ward kein
Ende und der Jubel ringsum geradezu betäubend. Ich stieg in
den Sattel, um besser gesehen zu werden und durch mein mit aller
Kraft der Stimme mehrfach wiederholtes, zur Ruhe aufforderndes
„Bantue" brachte ich bald den Lärm zum Schweigen. Ich gab
hierauf ein Moio, in dem ich sagte, daß mir das Meer meine Ge=
sundheit zurückgegeben hätte und daß ich dann dem Drange meines
Herzens folgend zu meinen Freunden hier zurückgekehrt sei. Kalamba
antwortete, indem er seine Freude aussprach, daß er seinen Kabassu
Babu wieder habe. An sein mit weit schallender Stimme gegebenes
„To wola" (ich habe gesprochen) schlossen sich Freudenschüsse, der
Lärm der Trommeln und Gejauchze, sodann trat man zur Feier
dieses Tages zum großen Tanze an. Ich ging mit Kalamba,
seiner Schwester Sangula und Kalamba=Moana, dem Thronfolger,
in das während meiner Abwesenheit hübsch und zierlich angelegte
Haus des Häuptlings und besprach mit ihm meine nächsten Ab=
sichten. Schon jetzt versprach er mir, daß, wohin ich auch meine
Schritte lenken wollte, er seine Söhne (Unterthanen) mir stets zur
Begleitung geben würde, wenn er auch selbst als alter Mann keine
großen Reisen mehr machen könne.

Bevor ich nach herzlichem Abschiede zur Station zurückritt,
traf ich Katende, den Häuptling der Baschi Lamboa, den ich mit
Kalamba vor Jahresfrist geschlagen und gefangen hatte. Er war
hier, um Kalamba Tribut zu entrichten und beklagte sich über die
Höhe der Forderung. Nach kurzer Besprechung mit Kalamba nor=
mierte ich den rückständigen Betrag und erwirkte ihm die Erlaubnis,
nach seiner Heimat zurück zu kehren. Von einem Becher Hirse=
bieres erfrischt, trat ich schon bei eintretender Dunkelheit den
Rückweg an mit einigen fetten Schafen und einer nur mit drei
Beinen geborenen Ziege, die mir Kalamba geschenkt hatte.

Schon am 5. Mai brach ich auf, um den nördlich des Lulua
zur Zeit bei Kapussu Dschimbundu wohnenden Kaufmann Saturnino
zu besuchen, bei ihm für die Station einige Waren einzukaufen

und von da nach der Luebostation zu marschieren. Wolf sollte von Luluaburg direkt hinabgehen und Vorbereitungen treffen, da ich mit ihm zusammen in dem bewährten Stahlboot „Paul Pogge" den Kassai aufwärts der Luluamündung zu erforschen beabsichtigte. Ich setzte dicht bei der Station über den Lulua, wo, wie am Muieau, ebenfalls eine ständige Patrouille eingesetzt war, die wegen des besonders sich eignenden Bodens nur Reis und Zuckerrohr für die Station kultivierte, passierte viele große Dörfer wie im Triumphzuge und nächtigte im Dorfe des Kapussu, eines Häuptlings, der halb Albino war. Die Hautfarbe desselben war kupferrot, das Haar jedoch nicht hell, wie bei den vollständigen Albinos, während wiederum das hellbraune Auge lichtscheu war, wie bei jenen.

Am nächsten Tage geriet ich auf falsche Wege und verirrte mich derart, daß ich bis gegen Abend querfeldein marschierte. Nur wer die verwachsene Wildnis jener Länder mit ihrem jeden der häufigen Wasserläufe begleitenden Gallerie-Urwald kennt, kann sich einen Begriff machen von der ermüdenden Arbeit eines solchen Marsches. Erst gegen Abend trafen wir auf ein kleines Dorf, dessen Insassen uns am nächsten Tage bis zum Moansangomma führten. Dieser wurde auf einem von den bis 10 Meter langen Rippen der Raphia vinifera gebauten Floß passiert und bald darauf erreichte ich das Lager, wo Saturnino und sein Gehülfe Carvalho hausten. Nach kurzer Zeit hatte ich die wenig angenehmen Verhandlungen mit den Herren, die meine Lage nach Möglichkeit ausnutzen wollten, hinter mir und reiste nach eintägigem Aufenthalte am 7. ab, um Wolf am Luebo zu treffen. Ich betrat hierbei für einige Tagemärsche den Weg, den Wolf, als ich ihn zu dem Bakubafürsten Luquengo sandte, genommen hatte. Die hiesigen Baschilange, die noch kaum mit uns in Berührung getreten waren, waren meist Tschipulumba, das heißt Leute, die sich weigerten, den Hanfkultus anzunehmen und ihre alten wilden kriegerischen Sitten nicht ablegen wollten. Auch handelnden Bakuba, die Sklaven und Salz kaufen wollten, begegnete ich mehrfach.

Als ich bei den Bena-Mbala den Lulua passieren wollte und hierzu vom Ufer nach einer Insel herüberrief, auf der die Fährleute wohnten, verweigerten dieselben, echte Tschipulumba, mir die Passage. Drohungen und Versprechungen halfen nichts und ich war gezwungen, den für den Reittier wegen seiner Steilheit nur mit größter Schwierigkeit zu passierenden Abhang wieder hinauf zu marschieren und weiter oberhalb den Flußübergang zu versuchen. Als ich kaum den Uferrand verlassen hatte, vernahm ich einen Schuß und erfuhr, daß einer der mich begleitenden fünf Soldaten zwischen die uns höhnenden Tschipulumba geschossen habe, wofür ich ihm thätlich meine Mißbilligung bewies.

Der Tschirilu-Fall.

Am 9. kreuzte ich den Fluß bei den Baqua-Kasch, an einer Stelle, wo sich ein Nebenflüßchen, der Tschirilu, in einem 6 Meter hohen reizenden Wasserfall in den Lulua stürzt. Mitten im Strome kam mein Reitstier, dessen Kopf von einem Manne im

Heck des Kanoes gehalten wurde, so aufgedrängt, daß das Boot nicht mehr zu steuern war. Es gelang dem Stier, einen Fuß über den Rand des Kanoes zu schlagen, dasselbe kenterte und wir erreichten, da auch die beiden Schwarzen, die ich bei mir hatte, schwimmen konnten, lange nach dem Stiere schwimmend das Ufer. Seit vor 5 Jahren in demselben Lulua an einer Stelle, wo ich lange täglich gebadet hatte, ein erwachsener Neger von einem Krokodile weggerissen war, waren mir derartige Schwimmpartien recht peinlich; dies Mal noch besonders, da wir kurz vorher mehrere der scheußlichen Echsen beobachtet hatten. Ich darf hier erwähnen, daß man am Krokodil die von Darwin „Mimikri" genannte Anpassung des Aeußeren zu der umgebenden Natur recht auffallend beobachten kann. Auf hellen Sandbänken sah ich stets gelb=grüne Tiere, auf dunklem, morastigem Grunde dagegen braun=dunkle, und selbst auf Steinen ruhende Krokodile ähneln in ihrer Farbe meist dem Stein.

Ich folgte nun dem Lulua abwärts und hielt mich, um auch diesen Weg kennen zu lernen, stets dicht am Flusse, obwohl ich hierdurch zu ununterbrochenem Urwaldmarsch gezwungen war. In diesen Wäldern leben Baschilange, die, klein und mager, besonders an die zwerghaften Batua erinnern. Scheues, wildes Mißtrauen und Unzugänglichkeit sind ihre, wie überhaupt der meisten Urwald=bewohner auffallendsten Eigenschaften.

Am 11. abends bei vollständiger Dunkelheit und strömendem Regen durchwanderte ich den letzten Urwald und traf in der Luebo=station ein, wo ich Wolf schon vorfand. Am nächsten Tage waren Vorbereitungen zur Reise zu treffen, sowie Rechtsprechungen und Bestrafungen zu erledigen. Es hatten unsere Soldaten, die an ihrer kleidsamen Uniform im ganzen Lande bekannt waren, unsern Einfluß dazu benützt, Erpressungen vorzunehmen. Es stellte sich heraus, daß auf Botengängen unsere Leute durch Drohungen, ja durch Gewalt sich Ziegen, Hühner, ja sogar Sklaven zusammen=geraubt hatten. Da nichts unsern Einfluß mehr schädigen konnte, als ein solches Vorgehen, so ließ ich die strengsten Strafen eintreten und sandte Eingeborene ab, die die Exekution, Prügel mit der Flußpferdpeitsche, und deren Grund den geschädigten Häuptlingen mitteilen und sie zur Normierung des Schadenersatzes, der dem Gehalte der Plünderer abgezogen wurde, auffordern sollten.

Nachdem Herr Bateman instruiert war für den Fall, daß
während unserer Abwesenheit das Dampfboot „Stanley" ein=
treffen oder daß unsere Abwesenheit sich unverhältnismäßig lange
ausdehnen sollte, bestiegen wir den für eine Monatsreise aus=
gerüsteten „Paul Pogge", das Stahlboot, mit 6 Leuten aus
Sansibar, 3 Angolanegern und einem Eingeborenen und fuhren
den Lulua abwärts. Nach einer ungestörten Nacht auf einer
Sandbank befanden wir uns am 14. morgens wieder auf dem
sehr langsam strömenden Lulua, dessen Mündung wir schon
mittags erreichten. Der Kassai, den wir nun aufwärts gingen,
war 1000 Meter breit, von einigen Inseln und Bänken, auf deren
einer wir Lager machten, unterbrochen. Während meine Leute
das Zelt aufschlugen, fand ich ein großes Nest mit Eiern, die
denen des Kiebitz glichen, und verbesserte, da sie noch unbebrütet
waren, dadurch das Mahl. Auch Wolf, der mit dem Boote hinüber=
gegangen war zum Ufer, um Brennholz zu holen, versuchte dies,
indem er auf einen Trupp vorüberstreichender Gänse schoß, fehlte
jedoch und hätte beinahe uns statt der Gänse zur Strecke geliefert,
da die Schrotkörner uns sausend um die Ohren flogen.

 Weiter ging es am 15. stromauf. Die Ufer waren hoch,
von Urwald strotzend, und weiter rückwärts zeigten sich bis zu
100 Meter ansteigende, dicht bewaldete Berge; wir wußten ja
bereits von Pogge, daß zwischen Lulua und Kassai auf Tagesreisen
nichts als mächtiger Urwald stand. Die Sandbänke teilten in
einer eigenthümlich sich genau in der Mitte des Stromes haltenden
langen Reihe den Kassai. Auf einer wohl 2000 Meter langen
Bank heulte ein verlassener Hund seine ergreifenden Weisen; es
hatte ihn wohl ein Eingeborener, der vor uns geflüchtet war, zurück=
gelassen. Bei unserer Annäherung und dem Versuche, ihn zu
retten, floh er und warf sich plötzlich in die Fluten, wurde jedoch
so weit abgetrieben, daß wir nicht mehr bemerken konnten, ob er
das Ufer erreichte.

 Die Ufer schienen unbewohnt, wir sahen während des ganzen
Tages kein Kanoe, keine Menschen, keine Fischfalle, keinen Weg,
der zum Ufer führte, nur Spur von Büffeln und Elefanten.

 Eine im höchsten Grade peinliche Qual bildete eine kleine
Biene ohne Stachel, die mit einer so unangenehmen Konsequenz in
die Augen, Ohren und Nasenlöcher flog, daß man in unausgesetzter

abwehrender Bewegung blieb. Es war buchstäblich gar nicht
möglich zu essen, denn sie ließen sich in solchen Massen auf jeden
Bissen nieder, den man zum Munde führte, daß wir den Versuch
bald aufgeben mußten. Erst als die Sonne niederging ver=
schwanden die kleinen Quälgeister wie mit einem Schlage.

Am Vormittage des 16. bemerkten wir am linken Ufer vier
große Kanoes, dieselben schlanken schönen Fahrzeuge des Kassai
weiter abwärts, denen man sofort ansieht, daß sie für weitere
Fahrten eingerichtet sind, als zum Passieren des Flusses. Wir
fanden einen Landungsplatz und von ihm strahlenförmig ausgehend
drei Wege und sandten auf zwei derselben Patrouillen aus mit
Waren und der Anweisung, sich Eingeborenen vorsichtig nähernd,
zu versuchen, Lebensmittel einzukaufen. Bald kehrten unsere
Leute auch zurück und brachten Angehörige des Stammes der
Baschi=Bombo, Maniokmehl, Hühner und Palmwein mit sich.
Die Bombo (Baschi bedeutet dasselbe wie Baqua, Bena und Ba,
d. h. Leute) ähnelten im Äußeren mit ihrem muskulösen, schweren
Körper, den schnittartigen Tätowierungen auf Bauch und Rücken
den Bakuba des anderen Ufers.

Einer unserer Sansibariten war, als wir unsere Fahrt fort=
setzen wollten, verschwunden. Er hatte in einem Dorfe sich am
Palmwein gütlich gethan und war im Walde eingeschlafen. Schon
war ich mit 5 Mann bereit, nach dem Dorfe zu gehen um die Ein=
geborenen verantwortlich zu machen für das Ausbleiben unseres
Mannes, als derselbe angetaumelt kam und durch eine wohlverdiente
Tracht Prügel ernüchtert wurde.

Der Fluß erweiterte sich bis zu 200 Meter Breite und zeigte
zu beiden Seiten Urwald ohne Zeichen von Bevölkerung, sowie Sand=
bänke, und erst gegen Abend kam eine üppig bewaldete Insel in
Sicht. Da keine Weideplätze in der Nähe waren, fehlten auch die
Flußpferde. Das einzige Leben zeigten Schwärme von Papageien,
kleine Trupps von Affen und ein aus dem Schatten der Uferbäume
aufgeschreckter Nachtreiher. Die Baschi-Bombo hatten uns erzählt,
daß wir bald einen großen Fall antreffen würden; oberhalb
desselben befinde sich die Mündung eines Flusses, wohl die Luvo=
mündung.

Am 17. sahen wir hier und da an den Hängen der hohen
Ufer dichte, weit ausgedehnte Ölpalmenhaine, ab und zu Kanoes

und gegen Abend . . . Felsgerölle an den Ecken der Biegungen des Flusses, ein untrügliches Zeichen, daß wir uns schwierigen Verhältnissen für die Schiffbarkeit des Flusses näherten. Am Abend, kurz bevor wir Lager machten, hielten wir an einem mäch=

Das Kreuz im Kassai.

tigen Felsblock, der mitten aus dem Strome wie ein gewaltiger Zuckerhut hervorschaute. Unsere Versuche, irgend welches Zeichen einzumeißeln, wurden durch die spröde Härte des Granit= blockes vereitelt. Derselbe hatte jedoch wunderbarerweise auf seiner Kuppe ein richtiges Kreuz gebildet durch zwei sich schneidende feine Narben aus dem Stein austretenden Quarzes.

In einer lieblichen, tief schattigen Bucht, in deren Grunde sich in kleinen Kaskaden ein Bach herniederstürzte, auf von Elefanten und Büffeln zertretenem Boden schlugen wir unser Lager auf, erfrischten uns an der süßen Frucht der gerade jetzt gereiften, hier einer Kegelkugel an Größe gleichkommenden Kautschukliane und schritten zur Bereitung unseres Mahles.

Am 18. morgens hatten wir nach Umfahren einer Biegung plötzlich eine über die ganze mächtige Breite des Flusses reichende Felsenbarre vor uns. Dieselbe war so niedrig, daß sie der Strom, über sie hinwegspringend oder sich durch Lücken zwingend, passierte.

Ganz dicht unter dem rechten Ufer gelang es uns, unsere 6 Ruderer zur höchsten Thätigkeit anspornend, uns durch einen Kanal hindurchzuzwängen. Nach Umfahren der nächsten Biegung entrollte sich vor unseren Augen ein wunderbares Bild, auf das wir schon durch ein seit 20 Minuten hörbares, brüllendes Rauschen vorbereitet waren. Der ganze mächtige Fluß stürzte 8 Meter tief herab in eine seeartige Stromerweiterung. Die Felswand, die den Fluß zu diesem Sprunge zwang, war durch vier üppig mit Palmen und an den Rändern mit Pandanus bestandenen Inseln gekrönt, die den Strom in 5 Kanäle, 5 Wasserfälle, teilte. Der am rechten Ufer war der mächtigste, der Vater, ca. 60 Meter breit, während die übrigen vier Kinder 10 bis 15 Meter maßen.*) Die spiegelblanke Flußerweiterung, umrahmt von finsterem Uferurwald, in deren Hintergrund sich die schäumende Wand der brüllenden Fälle, von reicher Vegetation geschmückte Inseln erhoben, dies alles bot ein überraschend schönes Bild.

Hier war also die Grenze für den Verkehr zu Wasser: von hier bis zu den Fällen des Vater Congo unterhalb des Stanley=Pools, den Congo aufwärts bis unterhalb der Stanley=Fälle, auf dem Sankurru und Lomami in direkt östlicher Richtung bis unweit von Nyangwe, vom Congo aus nach dem Mubangi und Uelle Schweinfurths und Junkers und auf den zahlreichen kleineren Nebenflüssen durchkreuzte ein viele Tausend Seemeilen sich ausbreitendes natürliches Kanalsystem das äquatoriale Afrika.

Wir gingen am rechten Ufer aufwärts, da ich versuchen wollte, das Boot über den Fall zu bringen, um die Bergfahrt, wenn möglich bis Kikassa und zum Pogge=Fall fortzusetzen und so eine Verbindung zu erhalten zwischen meinen früheren Reisen und jetzt. Oben angelangt bemerkten wir jedoch oberhalb des Falles noch weitere Schnellen sowie kleine Fälle und gab ich daher meine Absicht auf. In den gewaltigen Stamm eines Urwaldriesen, der hart am Ufer auf der Höhe des Falls dem Auge leicht bemerkbar stand, schnitten Wolf und ich zwei große W ein. Die Nähe des Falles war in eine Wolke von feinen Wasserstäubchen eingehüllt, alles war glatt und feucht und mit Moos bedeckt.

*) Die einige Tagereisen weiter oberhalb gelegenen 2 Wasserfälle des Kassai, die ich 1884 entdeckte und Pogge=Fälle nannte, heißen Mbimbi=Mukasch und Mbimbi=Mulume, d. i. Mbimbi=Fall, Mukasch=Frau, Mulume=Mann.

Der Wißmannfall.

Wir fuhren nun hinüber zum linken Ufer, wo wir im stillen Wasser bis direkt unter den Fall vordringen konnten. Eine große Zahl Überreste von zertrümmerten Kanoes waren im Sande der flachen Wasserstellen eingebettet. Die Form der Kanoes war eine durchaus andere, nicht mehr die schlanke, vorn und hinten in lange Schnäbel auslaufend, sondern eine mit abgerundetem Kopf. Die Uferbewohner oberhalb des Falles benutzten ihre Kanoes eben nicht mehr zum Reisen, sondern nur zum Überschreiten des Flusses und zum Fischen.

Ein Trupp von Weibern, die ganz gegen die Gewohnheit der bisher berührten Stämme den Körper mit einer Mischung von Öl und Rotholz gefärbt hatten und die wir beim Fischen trafen, flüchtete vor uns. Wir lagerten im Schatten der Uferbäume, um die von den Weibern voraussichtlich herbeigerufenen Eingeborenen zu erwarten. Nach wenigen Minuten näherten sich auch vorsichtig 5 Männer, die Pfeile mit dem Bogen in der Hand. Die wunderliche Haarfrisur, die angemalten Leiber, eine viel schlankere Statur als die der bisherigen Anwohner des Kassai ließ uns erkennen, daß wir es hier mit den Angehörigen eines neuen Volkes zu thun hatten. Es gelang uns, das Mißtrauen der Leute zu verscheuchen, so daß sie, nachdem ihre Zahl auf ca. 20 angewachsen war, zu uns traten und sich bei uns niederließen. Die Leute nannten sich Tupende, gehörten also demselben Stamme an, in dessen Gebiet ich den Kassai früher zweimal überschritten hatte. Von der Einmündung des Luvo, die ich in der Nähe vermutete, wollten sie nichts wissen; erstaunt zeigten sie sich bei meiner Kenntnis der Verhältnisse flußaufwärts, als ich vom Tschikapa und von Kikassa sprach. Sie erzählten von den Pogge-Fällen und daß oberhalb des Falles, an dem wir lagerten, der Fluß für eine weite Strecke unpassierbar sei. Wir kauften ihnen Palmwein und Fische ab, schifften uns dann wieder ein und ließen uns vom „Pogge" flußabwärts tragen. Bevor wir uns von dem schönen Anblick der Fälle trennten, nahm ich Wolfs Vorschlag an, ihnen den Namen „Wißmann-Fall" zu geben; erinnern doch nun die beiden sich folgenden Katarakte, die der größte Nebenfluß des Congo bildet, an mein Zusammenwirken mit dem hochverdienten Reisenden Paul Pogge, meinen unvergeßlichen verstorbenen Freund.

Einige Kilometer stromabwärts verlockte uns ein Brechen im Holze an Land zu gehen. Undefinierbare, kurze grunzende Laute ließen selbst dem Kenner afrikanischen Wildes Zweifel, ob das an einer sumpfigen Stelle im Dickicht brechende Wild Elefanten, Büffel oder Schweine seien. Alle drei Bewohner des Urwaldes haben Töne, die sich außerordentlich ähneln. Wir schlichen uns an und es gelang mir, einen den Rückzug eines ganzen Rudels deckenden Eber zu treffen, so daß er unterm Feuer blieb. Die Beute war

Ein willkommener Leckerbissen.

uns wegen des mehrtägigen Mangels an Fleisch sehr erwünscht. Auch unsere Sansibariten, die sich gern als strenggläubige Muhamedaner gerieren, waren hier durchaus nicht abgeneigt, von dem verbotenen Fleische zu essen. Sie meinten, auf der Reise sei so etwas erlaubt.

Die nächtliche Ruhe unseres Lagers wurde durch das imponierende Geräusch eines stürzenden Baumes unterbrochen. Zunächst vernimmt man ein vielfaches Brechen, das dem Geknatter einer schlecht abgegebenen nahen Salve ähnelt; der stürzende Koloß zerreißt die ihn haltenden Lianen oder bricht sich durch die ihn umstehenden niederen Bäume Bahn. Dann folgt ein schwerer dröhnender Schlag, der weit umher den Boden erzittern läßt: der gewichtige Stamm hat sich durchgeschlagen und zerschmettert am Boden seine starken Äste.

Da die Gegend äußerst wildreich schien, unternahmen wir einen Pirschgang, auf dem wir nur feststellen konnten, daß die Gegend sehr reich an Elefanten ist.

Am Abend des 19. schlugen wir unser Lager dicht vor der Einmündung des Lulua auf und gingen am nächsten Morgen diesen Fluß aufwärts. Fischer erzählten uns, daß eine Stunde vor uns dasselbe große eiserne Kanoe, das früher die Baluba zurückgebracht habe, den Strom hinaufgegangen sei. Diese Nachricht war uns äußerst ärgerlich, denn diese eine Stunde Zeitverlust zwang uns, die ganze Strecke bis zur Station gegen die Strömung anzurudern, während wir mit dem erwähnten Schiff, offenbar der "Stanley", schnell und bequem noch heute den Luebo erreicht hätten. Nur der dichte Morgennebel hatte uns verhindert, das Dampfboot zu sehen. Unsere Bergfahrt von der Luluamündung bis zum Wißmann-Fall hatte 22½ Stunde angestrengten Ruderns erfordert, die Thalfahrt deren nur 8. Wir schätzten die Entfernung auf ungefähr 58 Seemeilen.

Wolf litt sehr an schmerzhaften Furunkeln, die bei dem engen, höchst unbequemen Sitzen im Boot im höchsten Grade für ihn störend waren. Die Operation derselben, die ich durch einen tiefen Kreuzschnitt mit einem möglichst scharf gewetzten Taschenmesser vornahm, war wie erklärlich äußerst schmerzhaft.

Die Strömung des Lulua hatte unterdes zu unserem Nachteile sehr zugenommen und so erreichten wir erst am 22. nachmittags die Station. Die "Stanley" war längsseit des Ufers fest gemacht und die Station wimmelte von Europäern. Es waren eingetroffen der Kapitän de Macar und Lieutenant le Marinel, zwei zur Übernahme der Station Luluaburg vom Congostaate kommandierte Offiziere, ein schwedischer Professor von Schwerin, der Kapitän der "Stanley" Anderson, ebenfalls ein Schwede, sein Steuermann de Latte, ein Franzose, der Ingenieur, ein Schotte Namens Walker und Herr Stehlmann, ein Luxemburger.

Die „Stanley" hatte mir meine Waren mitgebracht, die mir erlaubten, Herrn Saturnino einen Teil der für viel zu hohe Preise angekauften Waren zurückzugeben. Der Genosse Saturninos, Herr Carvalho, hatte sich bei der Station am Luebo niedergelassen und war mit dem Bau von Kanoes beschäftigt, um mit Saturnino und dem Reste seiner Waren, durch unsere Angaben verlockt, den Kassai hinabzufahren bis zum Stanley-Pool und unterwegs Elfenbein aufzukaufen.

Da die „Stanley" nur wenige Tage blieb und Wolf mit ihr hinabgehen wollte nach der Küste, so übertrug ich ihm, da dies für mich, der ich gen Osten wandern wollte, vielleicht für Jahre die letzte Gelegenheit war, mit Europa in Verkehr zu treten, die Sorge für die Ausarbeitung unserer bisherigen Reisen. Wolfs Urlaub war schon fast abgelaufen, und wenn auch seine kräftige Konstitution dem Malariaeinflusse noch erfolgreich Widerstand leistete, so hatte er doch in letzter Zeit durch nervösen Kopfschmerz, peinigendes Zahnweh und fortgesetzte Furunkelbildung viel zu leiden und war auch aus diesem Grunde eine Erholung für ihn wohl geboten. Seitdem Wolf wußte, daß Deutschland im Begriff war, in die Reihe der Kolonialmächte zu treten, gedachte er nur so lange in Deutschland zu bleiben, als für die obengedachte Ausarbeitung unseres gemeinschaftlichen Werkes nötig war, um dann dem Vaterlande seine Erfahrung in africanis zur Verfügung zu stellen. Wie er dies später ausführte, ist bekannt.

Am 28. Mai war der Tag der Trennung gekommen und drückte ich dem Freunde, dem Genossen so mancher Gefahren und Strapazen zum Abschiede die Hand. Ich kam mir einen Augenblick, als ich die „Stanley" um die letzte Urwaldecke biegen sah, fast verlassen vor. Er war der letzte meiner Offiziere, mit denen ich vor drei Jahren diesen Kontinent betreten hatte.

Meine nächste Sorge war es, meine Warenlasten und die Effekten der mir kommandierten Herren nach Luluaburg zu bringen und hatte ich Boten zu Kalamba geschickt und um 200 Mann zu diesem Zwecke gebeten. Kalamba sandte mir die Leute so schnell, als es ihm nur irgend möglich war, so daß am 6. Juni alle Lasten, begleitet von meinen Offizieren, folgen konnten. Nur durch den Urwaldgürtel brauchten wir zu Fuß zu marschieren, dann trafen wir die von Bugslag zugesandten Stiere, von deren vorzüglicher

Leistung, die ich schon früher zu erproben oft Gelegenheit hatte, die Belgier überrascht und höchst befriedigt waren.

Unterwegs wurden uns zweimal von Häuptlingen, die an unserem Wege wohnten, Flüchtlinge ausgeliefert, die unsere Lasten bestohlen hatten und das gestohlene Gut zurückgegeben.

Ich zog mir eine langwierige Verwundung der rechten Hand zu, als ich meinen Stier das Springen lehren wollte. Ein schmaler tiefer Erdriß, den ich, da mein Stier noch nicht eingesprungen war, nicht im Sattel nehmen konnte, bewog mich, das Tier an einer Leine, an deren Ende ein Karabinerhaken befestigt war, vor mir her zu treiben. Da sich der Stier erst sträubte zu springen, so ermutigte ich ihn und war dann in dem Moment, als er den Sprung ausführte, nicht achtsam, die Leine los zu lassen. Der Karabinerhaken öffnete sich in meiner Hand und riß mir eine tiefe Wunde. Zum Glück griff das scharfe Ende des Hakens nicht hinter eine Sehne.

Die Patrouille am Muieau meldete mir, daß der benachbarte Häuptling Kassange einen meiner Soldaten vor kurzem gemißhandelt habe, als derselbe in Bugslags Auftrage in seinem Dorfe war. Drei von mir abgesandte Leute holten den Häuptling, der sich erst weigerte, aus seinem Dorfe und brachten ihn gebunden zu mir. Ich verurteilte Kassange zur Zahlung eines schönen starken Reitstieres, den er kürzlich von einer Kioquekarawane gekauft hatte und der mit den später von Kalamba geschenkten Tieren unseren Stall wieder auf die für meine Reise nötige Zahl brachte.

In Luluaburg, wo wir am Abend eintrafen, empfing uns Bugslag in der Veranda mit einem lukullischen Mahle. Entenbraten, sauer eingekochtes Schweinefleisch, Gurkensalat und andere für Centralafrika seltene Genüsse erregten unserer neuen Kameraden Erstaunen.

Es war während meiner letzten Anwesenheit in Luluaburg eine Balungukarawane angekommen von dem bekannten Häuptling Kassongo Dschiniama, der nördlich des Muata=Jamwo von Lunda wohnte. Die Balungu wußten von einem Weißen, der vor langen Jahren unweit ihres Dorfes, von Norden kommend, passiert war. Es konnte dies nur der Lieutenant Cameron gewesen sein.

Meine Aussichten für die Zukunft hingen davon ab, wann mein alter Dolmetscher Germano, den ich vor meinem Aufbruch zur Erforschung des Kassai nach der Küste gesandt hatte, um für den

Rest meines Kredits in Malange Waren einzukaufen, eintreffen würde. Wäre nicht irgend etwas vorgefallen, so hätte er längst zurück sein müssen. Was ich vom Congo mit der „Stanley" an Waren bekommen hatte, reichte gerade für die Erhaltung der Station auf ein halbes Jahr aus, also so lange, bis wieder voraussichtlich Verbindung war mit dem Congo. Da von Germano, den ich instruiert hatte, durch vorausgesandte Boten seinen Abmarsch von Malange zu melden, noch keine Nachricht da war, nahm ich an, daß bis zu seiner Ankunft noch Monate vergehen würden. Ich beschloß daher, Kassongo Dschiniama im Lande der Balungu zu besuchen und mir Gewißheit zu verschaffen über das obere Flußgebiet des Lubilasch Sankurru, über das die verschiedensten Angaben sich widersprachen, gleichzeitig wollte ich die Stämme zwischen den Baschilange und den Lunda aufsuchen.

Sobald Germano angekommen sein würde, beabsichtigte ich Luluaburg zu verlassen und meiner Instruktion gemäß nach Osten zu gehen, um den Oberlauf des Lualaba zu erforschen. Während dessen wollte ich die beiden belgischen Offiziere derart in die Verhältnisse einweihen, daß ich ihnen dann definitiv Luluaburg und die Station am Luebo übergeben konnte. Ich hoffte mit der Ordnung der politischen Verhältnisse bis dahin so weit zu sein, daß die neuen Herren nur noch mit Kalamba als dem von ihnen abhängigen Oberhäuptling zu verhandeln brauchten.

Es war bis dahin in Lubuku, dem Lande der hanfrauchenden Baschilange, meine Taktik gewesen, die Eingeborenen in zwei Parteien getrennt zu erhalten, um eventuell eine gegen die andere ausspielen zu können. Ich hatte Kalamba und Tschingenge zu Häuptern der beiden Parteien gemacht. Die Erfahrung hatte mich gelehrt, daß diese Taktik, die immerhin die Leitung der Eingeborenen erschwerte, nicht mehr nötig sei; dies war mir durch die beiden großen Reisen, die ich mit dem Häuptlinge der Baschilange von Lubuku gemacht hatte, so klar geworden, daß ich mich für eine einheitliche Leitung der Eingeborenen entschied. Wer der natürlich von mir oder meinem Nachfolger abhängige Oberhäuptling sein sollte, darüber konnte ein Zweifel nicht bestehen. Kalamba war der mächtigste, der angesehenste, vor allem der uns ergebenste aller Fürsten von Lubuku und noch mehr als er hing seine Schwester Sangula Meta, die Hohepriesterin des Niambakultus, die einen bedeutenden Einfluß

übte auf ihren Bruder, an mir, an uns. Die Geschwister hatten
schon so viele Proben von einer für den Neger seltenen Zuver-
lässigkeit und Anhänglichkeit an den Tag gelegt, daß ich irgend
welche Bedenken, Kalamba könnte uns untreu werden, zurückweisen
mußte. Dazu kam, daß der älteste Sohn Kalambas, Kalamba
Moana, der Thronfolger, der intelligenter war als sein Vater, ebenfalls für uns gesichert schien. Er hatte sich während der Abwesenheit
Kalambas gegen Bugslag in jeder Weise lobenswert benommen.

Da ich Luluaburg mit seinen ringsum wohnenden Baschilange
als den Punkt ansah, von dem aus der Congostaat die weitere Erforschung und Civilisierung seiner südlichen Länder vornehmen müsse,
und hierzu der bequemste und billigste Weg der war, daß man nur
mit einem Faktor, den man von einer Station aus überwachen
und dirigieren konnte, rechnen müsse, so begann ich jetzt zunächst
im engeren Umkreise der Station, im wirklichen „Lande der Freundschaft", d. h. Lubuku, die größeren Häuptlinge, die Ältesten einer
mit Baqua oder Bena bezeichneten Familie, in dem ihnen zuge-
sprochenen Gebiete zu wirkliche, verantwortlichen Herren zu machen.
damit die vielen sich als unabhängig gerierenden Dorfältesten bequem
zu leiten seien. Beispielsweise machte ich die Häuptlinge der Baqua
Tschirimba, Baqua Kambulu, Bena Kussu, Bena Tschitari ꝛc., zu
deren jedem 5 bis 15 Dörfer zählten, in ihrem Bereich zu wirklichen Herrschern. Auf etwa 50 solcher Familien wollte ich meine
Maßnahmen ausdehnen, jeder der Häuptlinge erhielt eine Sternenfahne und nach Gelingen dieser Arbeit sollten alle diese Fahnen der
großen Sternenfahne Kalambas unterstellt werden, dieser aber, der
einen bestimmten, nicht zu hohen Tribut (Mulambo) nehmen sollte
und zwar nur von den Häuptlingen, hatte sich verpflichtet, stets
Krieger zu einem etwa nötig werdenden Feldzuge, Begleiter zu einer
Reise, Arbeiter zu stellen, die Wege frei zu halten, an den Fluß-
übergängen ausreichende Verkehrsmittel zu unterhalten, die Bevölkerung zum Anbau von Reis zu veranlassen und vieles andere
auszuführen, worauf ich noch später zurückkommen werde.

Es gingen, um die 50 Familienhäuptlinge, wie ich sie von nun
an nennen will, zu benachrichtigen, strahlenförmig nach allen Seiten
Patrouillen aus und zwar als Führer jeder derselben einer meiner
Veteranen von der Küste, begleitet von vier bis fünf angesehenen
Kriegern des Kalamba. Die Häuptlinge wurden zur Station ent-

boten, sollten afrikanischer Sitte gemäß je nach der Größe ihres Stammes Geschenke bringen und in Luluaburg Fahnen und einen würdigen Häuptlingsanzug erhalten. Man kann sich denken, welche Bewegung bei den lebhaften, geschwätzigen Baschilange diese Botschaft hervorrief.

Schon zwei Tage nach dem Abmarsch der Patrouillen erschienen, meist mit großem Gefolge, die gerufenen Häuptlinge, dieser mit vier Schafen oder Ziegen, ein anderer mit einem kleinen Elefantenzahn, einer mit einem kleinen Eber, der nur mit größter Mühe von 12 Mann geleitet wurde u. s. f. Jeder hatte Bedenken, die zu zerstreuen waren, Anliegen, die wenn irgend möglich berücksichtigt wurden, Beschwerden über Unterhäuptlinge, denen abgeholfen werden mußte, und am Ende Bitten um dies und jenes. Jeder ging stolz zurück mit entfalteter Sternenflagge, dem neuen Signum des Congostaates, in papageienartig buntes Gewand gehüllt und mit dem besten Willen, ein Stab zu sein in dem Liktorenbunde, den nun Kalamba führen sollte, als Trabant des neuen Staates.

Nur drei Häuptlinge verweigerten das Kommen und wurden auf die schwarze Tafel geschrieben, um, sobald es die Zeit erlaubte, gezwungen zu werden, sich zu fügen, denn daß dies geschehen mußte, war schon dadurch bedingt, daß das schlechte Beispiel nicht gelitten werden durfte.

Die Station glich während dieser Zeit einem Taubenschlage. Trupps von Eingeborenen kamen und gingen ununterbrochen, Boten wurden ausgesendet mit Drohungen oder Versprechungen, ein jeder Häuptling setzte seinen Stolz darein, mit möglichst vielen Dorfältesten zu erscheinen. Wo in nächster Nähe der Station Unregelmäßigkeiten vorkamen, ging ich selber hin, so z. B. zu Kongolo Mosch, der nördlich der Station jenseits des Lulua große Dörfer hatte.

Es fehlte diesem schlaffen, dem Hanfrauchen sehr ergebenen Häuptling an Autorität seinen Dorfältesten gegenüber und waren dadurch oft der Station Schwierigkeiten erwachsen, wenn sie Arbeiter oder Träger brauchte. Ich hatte alle Ältesten der Dörfer, die zu Kongolo gehörten nach dem Hauptorte berufen, hörte ihre Klagen und zwang sie dann vor ihrem Oberhäuptling das Zeichen der Unterwürfigkeit zu machen, nämlich Haupt und Brust mit Sand zu reiben und ihm als Zeichen der Vergebung und des Friedens Pemba zu geben, eine Ceremonie, die darin besteht, daß der Ältere dem Jüngeren, wie es auf afrikanisch heißt der Vater dem Sohne, auf Stirn und Brust mit Schlemm=kreide ein weißes Zeichen macht.

Ein einziger alter Tschipulumba, der von dem friedlichen Treiben der jüngeren Generation, von einem geordneten Verhältnis nichts wissen wollte, weigerte sich standhaft, sich zu unterwerfen und es blieb mir nichts anderes übrig, als ihn als Gefangenen mit mir zu nehmen zur Station. Einem der Häuptlinge, die dem Rufe nach Luluaburg nicht folgen wollten, ließ ich sofort Krieg ansagen, da er in einem Tagemarsche zu erreichen war. Dies genügte: er sandte 10 Ziegen zum Geschenk und kam dann selbst. Andere Untergebene eines der größten Fürsten Tschilunga Messo wurden gefangen nach der Station gebracht und so lange eingesperrt, bis sie sich fügten. Es zeigten uns diese für Lubuku aufregenden Tage eklatant, wie ehrgeizig unsere Baschilange waren und mit welcher Eifersucht sie auf die ihnen gebührenden Ehrenbezeugungen hielten.

Es wird den Leser erstaunen, wenn er erfährt, mit welchen Machtmitteln wir die beschriebene Umwälzung mit einem Volke, das nach vielen Tausenden zählte, vornahmen. Die Stärke meiner Truppe auf Luluaburg schwankte zwischen 25 und 30 Mann. Es waren dies meist Küstenleute und fast ausschließlich solche, die schon größere Reisen mit mir gemacht hatten, meine Elite aus den vielen Hunderten von Trägern, die ich in meinen Diensten gehabt hatte. Die Soldaten trugen einen roten Fez, weiße Blouse, ein weißes Hüftentuch, Seitengewehr und Patronentasche am Leibriemen und einen Karabiner. Ich konnte durch Zusammenrufen von ca. 60 Küsten= leuten, die in der Umgebung der Station bei den Eingeborenen wohnten, besonders Leute aus dem kriegerischen Stamme der Ginga, die Truppe auf fast 100 Mann verstärken und hätte natürlich stets eine Partei der Eingeborenen für mich gehabt. Immerhin war meine größte Stütze das Vertrauen, daß nach nun schon vier Jahre langer Bekanntschaft die Baschilange in mich setzten, ein Vertrauen, wie es selbst dem Kenner des Negers wunderbar erscheinen wird und welches nur durch die abnorme geistige Befähigung der Baschi= lange zu erklären ist. Ich gehe hier nicht auf die nähere Betrach= tung dieses Vorzuges ein, da ich dies wiederholt in meinen früheren Werken gethan habe.

Am 21. Juni kam Kalamba mit seiner Schwester, seinem Sohne, allen seinen Großen und einer Begleitung von wohl

500 Kriegern zur Station. Er brachte 14 Schafe zum Geschenk und überlieferte mir einige Leute, die sich Verbrechen oder Vergehen hatten zu Schulden kommen lassen und deren Bestrafung, wie er glaubte, ich als mein Recht beanspruchte. Die Verbrecher sandte ich in Ketten zur Arbeit nach dem Luebo, doch die Vergehen bat ich Kalamba selbst zu bestrafen und setzte ihm auseinander, wie wir Weiße Übertretungen ahnden.

Ich verabredete mit Kalamba, daß ich den Häuptlingen von Lubuku Zeit geben wolle, innerhalb ihrer Sphäre die Verhältnisse zu ordnen, während dessen ich Kassongo Tschiniama am Lubilasch besuchen wolle, — daß ich nach meiner Rückkehr in einer großen Versammlung aller Häuptlinge ihm dieselben unterstellen und dann, wenn unterdes, wie ich hoffte, Germano eingetroffen, zur großen Reise aufbrechen wolle. Es war vor einigen Tagen mit Kioques ein Brief von Germano angekommen, in dem er mir meldete, daß er auf dem Wege zur Küste 30 Mann, ein Drittteil seiner Karawane, an den Pocken verloren habe, wodurch sich die Reise auf 4 Monate hingezogen habe; in Angola wären aus Furcht vor den Pocken, die, wie man wußte, weiter im Innern auf der Straße zum Lulua grassierten, schwer Träger zu haben gewesen und würde er im Mai aufbrechen. Ich konnte ihn also vor Ende August nicht erwarten.

Kalamba Moana sollte mich auf der Reise zu den Balungu begleiten und während er Vorbereitungen traf und Begleiter sammelte, lag es mir und meinen Offizieren ob, auf der nun wieder stiller gewordenen Station uns für unsere späteren Geschäfte vorzubereiten. Kapitain de Macar, der mich auf der Balungureise begleiten sollte, mußte nach meiner definitiven späteren Abreise die Station übernehmen, während le Marinel die große Reise nach Osten so weit mitmachen sollte, wie ich die Baschilange mit mir führen würde, um dann dieselben in ihre Heimat zurückzubringen. Die beiden Herren waren damit beschäftigt, sich für ihre späteren Pflichten vorzubereiten, sie trieben Sprachstudien und übernahmen die meteorologischen Beobachtungen auf der Station, die ich mit einiger Mühe durch Reparieren etlicher Instrumente wieder ermöglicht hatte.

Neben den laufenden Arbeiten der Station beschäftigte uns besonders Brückenbau, der wegen der durch ungeheure Regengüsse oft gewaltig anschwellenden Wasserläufe uns manche Schwierigkeiten

machte. Wir konnten rings um die Station im Radius einer Tage=
reise bald alle Wasserläufe selbst im Sattel auf Brücken passieren,
nur auf dem Lulua ward der lebhafte Verkehr mit einer Anzahl
geräumiger Kanoes bewerkstelligt. Zum Bau einer Brücke benutzten
wir als Streckbalken Palmstämme, die gerade, lange, feste Balken
abgaben und in der Nähe der Wasserläufe zu schlagen waren.

Unangenehme Überraschung.

Ich kam eines Tages dazu, als man von einer gefällten
Palme die Blätterkrone wegzuschlagen im Begriffe war. Einen der
Arbeiter, der sich im Handhaben der großen Axt ungeschickt erwies,
wollte ich im Gebrauche unterweisen dadurch, daß ich die Axt selbst
zur Hand nahm und einige Hiebe führte. Beim dritten Schlage

stießen die mich Umstehenden einen Warnungsruf aus und im selben Moment schossen zwei große dunkle Schlangen mit weit aufgeblähtem Halse aus der Blattkrone hervor, zum Glück an mir vorbei ins Dickicht. Ich hatte mit einem Axthiebe einer derselben das äußerste Ende des Schwanzes, der anderen ein fast 2 Spannen langes Stück des Hinterleibes abgeschlagen und war es wohl diesem Umstande zuzuschreiben, daß die Reptilien mich nicht bissen. Soviel ich unterscheiden konnte, waren es Uräusschlangen (Haja=Haje), mit der Puffotter fraglos die giftigste und gefährlichste der afrikanischen Schlangen.

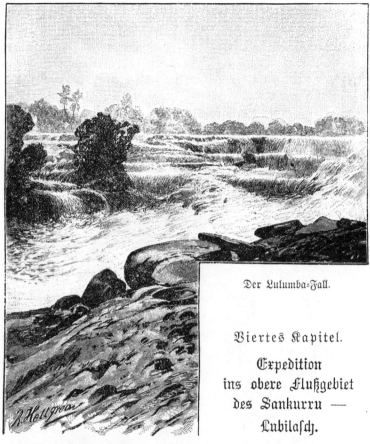

Der Lulumba=Fall.

Viertes Kapitel.

Expedition ins obere Flußgebiet des Sankurru — Lubilasch.

Sammeln der Reisebegleitung. — Ein guter Schuß. — Ein Dachshund versucht ein Flußpferd zu apportieren. — Meine Leute plündern. — Aeolsglocken. — Die wilden Balungu. — Falsche Wegangaben. — Die Kanjoka. — Weiber= Tanz. — Grenze der reinen Baluba. — Drohungen. — Starke Bevölkerung. — Am Buschi Maji. — Frechheit der Eingeborenen. — Krieg. — Wirkung eines Schusses. — Verräterische Baluba. — Lügen der Balungu. — Verhandlungen resultatlos. — Kriegszug zur Bestrafung unserer frechen Feinde. — 100 Gefangene und viel Beute. — Munition knapp. — Mein Entschluß zur Rückkehr. — Das ungastliche Land der Baluba. — Gefahr in einem Rückmarsch. — Markt. — Schlimmer Gesundheitszustand. — In Luluaburg. — Feuersbrunst. — Le Marinel schwer krank.

Am 26. Juni marschierte ich mit Kapitän de Macar, 20 Küstenleuten und 15 Baschilange aus unserem Dorfe ab, um bei

Kalamba und weiter auf dem Wege die Eingeborenen aufzunehmen, welche uns zu den Balungu begleiten sollten. Am ersten Tage blieben wir bei Kalamba, wo Kalamba Moana mit ca. 100 Männern zu uns stieß. Der berüchtigte Kioquehäuptling Mona Ngana Mukanjanga, der, bevor Pogge und ich hierher gekommen waren, die ersten Feuerwaffen nach Lubuku gebracht und einen großen Einfluß bei Kalamba hatte, war mit einer Karawane eingetroffen. Nach unserer ersten Reise hatte dieser Häuptling mit Recht befürchtet,

Capitain de Macar.

daß wir ihm seinen Einfluß schmälern würden und uns Feindschaft geschworen. Mehrfach hatte er Kalamba gegen uns einzunehmen versucht und gedroht, uns mit soviel Kioques, „als Gras in der Savanne sei", zu vertreiben. Jetzt erzählte mir Kalamba lächelnd, daß der große Mukanjanga in den nahen Bach-Urwald geflohen sei, aus Furcht vor mir.

Auf unserm Weitermarsche nach Osten hielten wir in jedem Dorfe an, um hier fünf, dort zehn und mehr Begleiter aufzunehmen. Überall war der Empfang ein freundlicher, überall erhielten wir soviel Geschenke, daß wir fürstlich leben konnten. Tschingenge, bei dem sich uns 25 Krieger anschlossen, brachte vier Schafe, eine Ziege, ein Schwein, eine Ente, einen Papagei, Ananas, Bananen, Tomaten Zwiebeln und Hirsebier. Er, mein ältester Freund, war wie immer schnell bereit; er wäre vielleicht in mancher Beziehung noch geeigneter gewesen zum obersten Häuptling von Lubuku, jedoch wäre seine Wahl bei zu vielen Häuptlingen auf harten Widerstand gestoßen, denn da er energischer war als Kalamba, hatte er mit den meisten Großen von Lubuku ernstliche Streitigkeiten, manches Gefecht gehabt. So mußte er sich denn, so leid es mir auch that, Kalamba unterstellen, wurde indes von mir ausdrücklich als erster Vasall Kalambas aufgestellt.

Von hier bog ich nach Süden ab, um den Fürsten der Baschilamboa, Katende, zu besuchen. Auch hier war der Empfang ein denkbar guter: es war vergessen, daß ich vor einem Jahre den Baschilamboa im Kriege die Dörfer hatte niederbrennen müssen. Die Baschilamboa, die mit ihrem Oberhaupte Katende den Häuptling Kalamba nicht hatten als ihren Oberen anerkennen wollen, waren zum Lulua gegangen und hatten sich dort in versteckten Tschipulumba= dörfern angesiedelt. Ihren unbeugsamen Sinn lernte ich am Abend des Tages meiner Ankunft bei Katende kennen. Ich war mit de Macar zum Flusse hinabgegangen, um Flußpferde zu jagen und traf bei dieser Gelegenheit ein Kanoe, das ich anrief und auf= forderte, mich nach einer Insel zu bringen, von der aus mir die Jagd erleichtert wurde. Die Insassen des Kanoes, die Katendes Leute Tschipulumba nannten, verweigerten mir meinen Wunsch und ruderten dem anderen Ufer zu. Von da aus höhnten sie mich mit dem Namen Toka=Toka*), forderten mich auf, hinüberzukommen und mir das Kanoe zu holen oder zu zeigen, wie weit meine Feuer= waffe trage. Ich schoß, um ihnen dies zu zeigen, nach dem Bug des Kanoes, das sie an einen Baumstamm angebunden hatten und mein Geschoß schnitt den Palmstrick durch, mit dem es befestigt war, so daß es vom Strom erfaßt abwärts glitt. In dem Glauben, daß ich diese Wirkung beabsichtigt habe, flohen sie, erstaunt über die Sicherheit meiner Waffe. Die Breite des Lulua betrug hier 200 Meter.

Ich besuchte dann den prächtigen Lulumba=Fall,**) den Pogge vor 4 Jahren gefunden und irrtümlicherweise Kangonde=Fall ge=

---

*) Albino. — **) Siehe Seite 75.

Ein Teckelheld.

nannt hatte. An dieser Stelle hatte ich, bevor ich zur Erforschung des Kassai schritt, einst ein Flußpferd geschossen, welches brüllend und tobend meinem Kanoe sich näherte. Ich hatte damals einen unserer Teckel im Kanoe; das kleine Tier sprang nach dem Schusse über Bord und schwamm nach der Stelle, wo das Flußpferd aufgetaucht war. Der tödtlich getroffene Dickhäuter kam noch zweimal mit den Beinen schlagend über Wasser; beim letzten Male war der Teckel, der apportieren wollte, so nahe, daß das vom Fuße des Flußpferdes aufgeregte Wasser über ihm zusammenschlug. Der Teckel ließ jedoch nicht nach und schwamm, als die Beute nicht mehr sichtbar wurde, im regsten Eifer heulend im Kreise herum, ja er versuchte, den Kopf unter Wasser steckend, zu tauchen. Wenn schon im allge=

meinen europäische Hunde im afrikanischen Gleicherklima leicht ihren Jagdeifer verlieren, so ist nach meiner Erfahrung der Teckel diejenige Rasse, die immer noch am besten dem Klima widersteht. Es giebt kein Wild, dem ein guter Teckel nicht zu Leibe geht. Leider war es gerade die Furchtlosigkeit der kleinen Helden, die ihren Verlust herbeiführte.

Am 2. Juli passierten wir den Lulua und schlugen unser Lager beim Häuptling Tschimbao der Bena Lokassu auf. Ich schloß jetzt die Rekrutierung für meine Reise. Ich hatte fast 200 Mann, von denen ca. 150 mit Gewehren bewaffnet waren.

Ausgedehnte, wohlgepflegte Felder, von breiten Wegen durchschnitten, zeigten uns bei unserem Weitermarsche, daß wir bei wohlgesitteten Baschilange, den Bena Dschionga, nicht bei Tschipulumbas lagern würden. Wir wurden freundlich aufgenommen, und wie überall hier im Lande wurde meinen Leuten die Benutzung der Felder frei zur Verfügung gestellt. Nur Fleisch, das heißt auf Baschilangisch „Hühner, Heuschrecken, gedörrte Raupen, Ziegen ꝛc." mußte gekauft werden. Aus diesem Grunde genügte auch die Höhe der Ration, die ich den Leuten zahlte, die für 8 Tage in einer Elle Zeug oder derem Werte bestand. Es reist sich mit den Baschilange äußerst billig. Sie finden überall etwas zu essen, wo die Küstenneger ratlos sind. Sie sind allerdings auch schwer abzuhalten da, wo sie sich stark genug fühlen, zu nehmen, was sie finden, und trotz aller Warnungen mußte ich einige Leute Kalamba Moanas, die Hühner genommen hatten, in Ketten legen. Viel Waren hatte ich nicht mitgenommen und konnte ich auch nicht geben, denn da ich mir eine ungefähre Rechnung machen konnte von dem, was Germano von der Küste bringen mußte, war ich zu dem Resultat gekommen, daß ich meine große Reise nach dem Osten sparen müsse. Bei den Verhältnissen, wie sie im Innern Afrikas im allgemeinen lagen, wäre ich mit dem Warenvorrat, den ich besaß und erwartete, reichlich ausgekommen; der Aufenthalt meiner Expedition am Stanley=Pool jedoch hatte ein gewaltiges Loch in meine Reichtümer gemacht. Es war dort unverhältnismäßig teuer, obgleich ich während der Erforschung des Kassai aufgekauftes Elfenbein an den Congostaat für Waren verkauft hatte und meine Baschilange für Löhnung hatte in Leopoldville arbeiten lassen. Es kam dazu, daß sich Wolf während meiner Abwesenheit hatte bewegen lassen, unseren Küsten=

leuten höhere Löhnung auszuzahlen, um dieselben, die am unteren
Congo gesehen hatten, daß dort die Soldaten ein bedeutend höheres
Gehalt bezogen als sie, zu befriedigen. War es mir auch schon
gelungen, den Lohn etwas herabzudrücken, so stimmte dies alles
doch noch immer nicht in meine Rechnung. Ich war von meiner
ersten Reise her gewohnt, nur das Notwendigste zu geben und
Nachforderungen der Neger, die sich mit dem Nachgeben immer
weiter steigern, nur im äußersten Notfalle zu bewilligen. Auch die
Gegengeschenke, die ich gab, hatten niemals einen höheren Wert als
die Geschenke der Häuptlinge.

Im Dorfe der Bena Witanda.

Es ist nicht leicht, besonders für den Neuling, sich an afrika=
nische Sparsamkeit zu gewöhnen. Der junge Europäer ist zu leicht
geneigt, durch Bewilligung einer Zugabe sich langem Feilschen zu
entziehen oder den Neger freundlicher zu stimmen; der Nachteil
einer solchen Handlungsweise liegt nicht in der einen, selbst mehr=
maligen Zulage, er liegt darin, daß der Neger sieht, daß er durch
Quälen und Betteln mehr erhalten kann und nutzt er dies in höchst
gewandter Weise aus. So sagte mir z. B. Wolf, daß der Lieu=
tenant Bateman die Gabe habe, äußerst schnell bei den Eingeborenen
beliebt zu werden. Ich fragte Wolf damals nur, was dies koste,
und sah auch später, daß ich nicht im Unrecht war. Für mich war

meine erste Reise mit Dr. Pogge, der außerordentlich sparsam zu reisen verstand, eine gute Lehre.

Seitdem wir den Lulua überschritten, hatten wir ein landschaftlich schönes und fruchtbares Gebiet betreten. Fast alle Kuppen waren mit Ölpalmenhainen, den früheren Dorfplätzen, bedeckt. An ihren Hängen breiteten sich ertragreiche Felder aus; die zwischen dem reichen Gewirr von Wasserläufen langgestreckten Rücken zeigten Grassavanne und die dreißig Meter tiefen Hänge zu den Bächen waren mit Urwald bewachsen.

Aeolsharfen.

Am 4. betraten wir das mit zahlreichen Dörfern besäete Gebiet der Bena Witanda. Der Moiio, ein Flüßchen von 20 Meter Breite und 2 bis 3 Meter Tiefe, wurde auf einer Hängebrücke passiert, die infolge sinnreicher Vorrichtungen sehr solide war. Die Häuser hatten noch die Giebelform, die allen Bena Riamba vorgeschrieben war.

Bei den Bena Witanda trafen wir eine Aeolsglocke, die ebenso einfach, wie recht wohlklingend war. An einer langen, oben gebogenen Stange hing der glockenförmige Abschnitt einer trockenen Kürbisschale. Rings am Rande der Glocke waren an

feinen Bastfädchen spannenlange Stücke ganz trockenen Grases
angehängt, die, vom Windhauch aneinander geschlagen, ein melo=
disches Geräusch erzeugten. Schattenlos, der Vorschrift gemäß,
waren auch diese Dörfer; in ihrer Mitte die stets peinlich rein ge=
fegte Kiota mit ihren langgestreckten Brennholzhaufen. Um ein jedes
Häuschen war ein kleiner Garten angelegt, bepflanzt mit wildem Hanf,
Tabak, Zwiebeln, Kürbis, Tomaten und rotem Pfeffer, welch letzterer
reichliche Verwendung bei den Gerichten der Baschilange findet.

Unsere Balunguführer, die von Kassongo Dschiniama mir zu=
geschickte Gesandtschaft, gab häufig Veranlassung zu Unzuträglichkeiten.
Die Balungu waren derartig hitzköpfig, daß sie bei der geringsten
Gelegenheit in hellen Zorn gerieten, wobei sie sich jedoch nicht, wie
die Baschilange, auf Worte beschränkten, sondern sofort und zwar in
energischster Weise vom Stock Gebrauch machten. Da sie an
Körperkraft und Gewandtheit den Baschilange durchschnittlich weit
überlegen waren, war die Folge eines jeden Streites meist für jene
ungünstig.

Schon jetzt begann ich, den Nachrichten unserer Führer sehr
zu mißtrauen. In ihren Angaben über Entfernungen wider=
sprachen sie sich häufig. Zuerst sollte es nur sieben kleine Tage=
märsche sein von der Station zu ihrem Häuptling. Seit wir
jedoch den Lulua überschritten hatten, nahm die Zahl der Tage=
reisen, trotzdem wir im Marsche blieben, täglich zu, statt ab.
Ich hatte jetzt schon Bedenken, ob ich zu der Tour genügend vor=
bereitet sei, die Balungu beschwichtigten jedoch meine Bedenken damit,
daß sie sich verschworen, Dschiniama würde es sich nicht nehmen lassen
die Karawane stets umsonst zu ernähren und uns Lebensmittel für
den Rückweg zu geben und meine Bedenken über die geringe
Masse von Munition ließen sie nicht gelten, denn am Wege,
sagten sie, wohnten nur „Ziegen", ein Ausdruck für feige, nicht
kriegerische Leute.

Ziemlich sicher war schon anzunehmen, daß wir nach der
Passage des Lubi noch zwei größere Quellflüsse des Lubilasch
passieren mußten, um an den Ufern des dritten das Residenzdorf
Kassongos zu finden. In der Sprache der Balungu bedeutet Lubi=
lasch, Lubilanschi oder Lubiranzi gleichmäßig Fluß.

Südlich unserer Route wußten die Balungu einen anderen
Weg durch die Länder der Bakete. Das Gebiet dieser überall ver=

ächtlich Tubindi oder Tubintsch genannten Eingeborenen lag 2 bis 4 Tagereisen südlich unseres Weges; ein Teil der Bakete soll Akauanda heißen und mit Lunda grenzen.

Am 6. erreichten wir den Gau der Baqua Kanjoka, der einer der bevölkertsten in dem Gebiete der Baschilange ist. Es zeigt sich hier im Osten des Stammes der Baschilange der Übergang zu den reinen Baluba deutlicher, als irgendwo anders. Die kunstvollen Tätowierungen sieht man nur noch selten; dieselben waren hier und da wie bei den reinen Baluba durch Farbenschmuck ersetzt; der Menschenschlag ward größer, kräftiger, vor allem plumper in seinen Formen, als man ihn bei den fast zierlich gebauten Baschilange findet.

Es wird den Leser überraschen, daß wir hier überall nicht nur freundlich, sondern sogar unterwürfig begrüßt und empfangen wurden, während der von mir vor mehr als Jahresfrist hierher gesandte Lieutenant von François über die Wildheit dieser Stämme klagt und oft mit seinen Leuten hart bedrängt zu sein glaubt. Es ging diesem Herrn, der damals ein Neuling in afrikanis war, wohl wie vielen anderen: er sah den geräuschvollen Empfang, das tobende, unstät wilde Benehmen dieser Leute als ein Zeichen von Feindseligkeit an, während es wohl mehr Aufgeregtheit war, durch Staunen und Freude hervorgerufen. Die Leute, die Herrn von François begleiteten und die ich ausfragte, um eventuell unartiges Benehmen der Häuptlinge jetzt zu ahnden, waren ebenfalls der Meinung, daß sich die Häuptlinge vielleicht in etwas wilder Weise geradezu darum gerissen hätten, den Weißen bei sich zu haben und daß der Reisende die Mittel, die sie diesem Wunsche entsprechend angewendet hätten, ihnen als Feindseligkeit ausgelegt hätte, daß sie, die Träger, aber keineswegs besorgt gewesen wären.

Der Oberhäuptling der Kanjoka, Tenda oder Tenda Mata, ein Mann mit weichen Zügen und sanfter Stimme, der in seiner ausgeprägten Unbestimmtheit und Schlaffheit manches Mal den Eindruck eines schwachsinnigen Menschen machte, jedoch in Wirklichkeit sehr pfiffig war, brachte zum Empfange eine kleine Herde Ziegen und zog sich, da er zuerst Kalamba Moana sein Mutullu, das ist Empfangsgeschenk gab, von mir eine deutliche Zurechtweisung zu, die die vor Freude um uns tobenden Kanjoka plötzlich sehr still und ängstlich machte. Tenda war, große Tributforderungen erwartend,

in einiger Aufregung, aber es wäre falsch von mir gewesen, dieselbe
zu besänftigen, denn ein großer Häuptling muß eben entsprechende
Geschenke verlangen und wer dies nicht thut, wird infolgedessen nicht
als voll anerkannt.

Das Land der Kanjoka ist außergewöhnlich reich an Eisen
und es giebt hier ausgezeichnete Schmiede. Auch Salz wird ge=
wonnen, so daß die Kanjoka mit den Produkten ihres Landes und
Erzeugnissen ihrer Eisenindustrie nach Süden bis zu den Lunda
Handelsreisen machen. Ich kaufte innerhalb einer Stunde 125 sehr
schöne Beile, die ich mit je einem bunten Taschentuche bezahlte.
Tenda hatte schon seit Jahresfrist fast in jedem Monate einige
Hacken und Beile nach Luluaburg gesandt.

Kalamba Moana bat mich, mit 100 Mann 1 bis 2 Tage=
reisen von hier den im Kriege mit den Baluba liegenden Häuptling
Kassongo Luaba, der hart bedrängt sei, unterstützen zu können, was
ich jedoch, da nähere Erkundigungen ergaben, daß letzterer vollständig
Herr der Situation sei, nicht erlaubte. Kassongo Luaba war der
unternehmendste Häuptling der Baschilange, ihr größter Reisender.
Man erzählte von ihm, daß er weit über Lunda hinaus bis zu
großen Seen gewesen sei, um dort Kupfer einzukaufen (Bangueolo
im Lande Katanga). Er kannte auch Muata Jamwo und sollte
dort schon einen Weißen gesehen haben, vielleicht Dr. Pogge.

Nach Erledigung des Tributs und entsprechender Gegengeschenke
sagte ich drei Ruhetage an, damit sich meine Leute verproviantieren
konnten für die, wie es hier heißt, armen Gegenden weiter östlich.
Tenda erhielt auf seine Bitte Erlaubnis mich mit 20 Mann
begleiten zu können. Er brachte mir auch einen Führer, den
Häuptling Kasairi Pambu, einen Mukwa Kalosch, der zwei Tagereisen
östlicher wohnte.

Kasairi war ein großer, schön gebauter Mann von etwa
60 Jahren, mit grauem Haar, stark entwickeltem Schnurrbart und
vornehmer Haltung. Der Häuptling führte einen 8 Fuß langen
Speer und eine meterlange schwere Keule. Ein Büschel Papageien=
federn war im Haar des Hinterhauptes befestigt, zwei Häute von
Zibethkatzen bildeten, vorn und hinten durch die Gürtelschnur zu=
sammengehalten, die Bekleidung.

Am Abend vor dem Abmarsche näherte sich eine lange Reihe
von Weibern, mit leichten Hüftendrehungen den eintönigen Gesang

Eine Ovation der Kanjokadamen.

begleitend, meinem Zelte. Jedes Weib trug eine mit Palmenwein oder Hirsebier gefüllte Kalabasse und setzten sie der Reihe nach eine respektable Batterie von Kürbisflaschen vor mir nieder. Es wurde dann ein Kreis um mich gebildet und hielt der Tanz so lange an, bis ich die Schönen, Tendas Harem und seine weiblichen Verwandten, mit einigen Perlen erfreute. Das dargebrachte Geschenk veranlaßte mich einen Kneipabend zu veranstalten, zu dem ich alle Honoratioren des Dorfes und meiner Karawane einlud.

Die letzten Baschilange, ein kleines Dorf der Bena Kaschia, passierten wir am nächsten Tage und betraten mit dem Überschreiten des Lukalla, der sich in den Lubi ergießt, die östliche Grenze des Landes der Baqua Kalosch, einer großen Familie des Volkes der Baluba. Die Baluba repräsentieren den größten Stamm des äquatorialen Afrika; sie reichen südlich der Baschilange, die sich, wie bemerkt, auch selbst Baluba nennen, obgleich sie offenbar mit anderen Stämmen stark vermischt sind, vom Kassai bis weit über den Lualaba, ja bis zum Tanganyka nach Osten. Ihre nördliche Grenze ist ungefähr der sechste Grad südlicher Breite, und noch südlich des Bangueolo wohnen Baluba. Ein großer Teil des Reiches des Muata Jamwo sind Baluba und wenn man die Baqua Lunda nicht Baluba nennen kann, so sind sie doch jedenfalls ein diesen nahe verwandter Stamm, vielleicht eine Mischung von Baluba und vom Süden eingewanderter Kaffern, zu welcher Annahme Beobachtungen Pogges auf seiner Reise zu Muata Jamwo Veranlassung geben.

Es hörten jetzt die Dörfer auf; die Kalosch wohnten in Gehöften zerstreut. Die Hütten waren auf einem viereckigen Unterbau von gestampftem Lehm gebaut. Im Viereck eingepflanzte starke Ruten waren in der Höhe von 2 bis 3 Meter zusammengebogen, mit parallel laufenden Ruten durchflochten und mit Gras gedeckt. Die mit einem Vorsatz aus Baumrinde oder Palmenrippen zu verschließende Thür war niedrig, so daß man nur gebückt die Hütte betreten konnte.

Selten markiert sich der Unterschied zweier Völker so scharf, wie es hier mit der Passage des Lukalla, dem östlichsten von Europäern (v. François) erreichten Punkte der Fall ist. Die Kalosch sind schwere, muskulöse, man kann sagen hühnenhafte Leute, unter denen Riesen über 6 Fuß hoch häufig sind. Die breiten, stark entwickelten Kinnbacken geben dem Gesicht etwas Bullenbeißerähnliches.

Das Benehmen der Kalosch ist laut und roh, ihre Stimme wie die
der Bakuba tief tönend, der Gang schwer und wuchtig; das Haupt=
haar wird in dichten Wusten durch Palmenöl mit Thon vermischt
zusammengehalten und bietet jedenfalls einen guten Schutz gegen die
Lieblingswaffe der Kalosch, die Keule. Bogen sah ich nie; lange
Speere, deren der Krieger meist 2 bis 3 bei sich führt, mit Eisen=
spitzen versehen, sind die Fern=Waffen. Brusthohe Schilde von
Weidengeflecht bilden die plumpe Schutzwaffe. Hier und da sah
ich Lundamesser, in der Achselhöhle getragen, oder kleine Baschilange=
messer im Gürtel. Das Zeichen des Häuptlings bestand in einem

Gehöfte der Kalosch.

kurzschaftigen Beile mit unförmlich großer, breiter Klinge. Statt
der Tätowierungen war hier und da das Bemalen mit roter, gelber
und weißer Farbe im Gebrauch. Die Weiber salbten sich den
ganzen Körper mit Öl und rotem Thon, die reicheren mit Öl und
geriebenem Rotholz; das Rotholz kauften sie, wie es hieß, vom
Norden.

In einem der größten Gehöfte, dem des Häuptlings Kaschama,
machten wir Halt. Kaschama, ein schön gebauter, schwerer Mann,
der einen starken Vollbart trug, vom Kinn ab mit kleinen Perlen
durchflochten, und dessen Arme mit Eisen= und Kupferringen fast
bedeckt waren, brachte mir ein fettes Schaf zum Geschenk.

Ein Kalosch.

Beim Weitermarsche am nächsten Tage waren wir erstaunt über die immense Bevölkerung. So weit das Auge auf der übersichtlichen Prairie reichte, war alles mit Gehöften übersäet. Hunderte von Menschen begleiteten uns schreiend und tobend, die seitwärts neben der Karawane rennenden Krieger hieben dröhnend mit den Keulen den Boden oder zeigten ihre Künste im Speerwurf.

Wir wurden von uns entgegengesandten Boten aufgehalten, die uns anzeigten, wir sollten nicht weiter marschieren, bevor wir nicht den anwohnenden Häuptlingen Geschenke gesandt hätten: es sei dies

Sitte und man würde uns gewaltsam anhalten, wenn wir nicht folgten. Ich ließ zurücksagen, daß wir Krieg nicht brächten, aber soweit marschieren würden, wie es uns gefalle. Ich fügte die Warnung bei, mit Drohungen vorsichtig zu sein, da mir dies zu Ungunsten der Kalosch die Laune verderben könnte und die Geschenke hierdurch knapper werden möchten. Das Auftreten der Baluba= boten war derart, daß eine energische Antwort geboten war und das Benehmen der Kalosch offenbar darauf berechnet, meine Baschi= lange einzuschüchtern.

Kasairi Pambu, der uns am nächsten Tage in sein Bereich führen wollte, gab sich viel Mühe, einen ernsten Zusammenstoß, den das Benehmen der Eingeborenen jeden Augenblick hervorrufen konnte, zu verhindern. Er trieb die sich zu frech unseren Reittieren Nähernden zurück, ja zerbrach mehrfach, wo ein Lärm entstand zwischen seinen Stammesgenossen und meinen Leuten, — wobei erstere sofort eine drohende Haltung annahmen, — den Tobenden die Speere. Wie es nicht anders zu erwarten war, wurde sein Benehmen, nach= dem er sein Ziel erreicht hatte und wir bei seinem Gehöfte lagerten, ebenso frech und unverschämt, wie das der ganzen, nach Tausenden zählenden, uns umstehenden Menge. In diesem öden, schattenlosen, nur wellige Prairie mit einigen Bäumen zeigenden Lande schien alles frech zu sein, selbst die Fliegen, die sich mit Vorliebe auf die Augen= lider setzten. Ganz gegen afrikanische Sitte brachte Kasairi Pambu keine Geschenke, sondern erwartete solche zuerst von mir: er wartete vergebens.

Die Haltung der Eingeborenen wurde immer drohender. Ein Häuptling zieh den mich begleitenden Mona Tenda einer alten Schuld und ließ mir sagen, daß er uns nicht fortlassen würde, bevor Tenda nicht bezahlt habe. Kasairi kam am Abend mit großem Gefolge und forderte mich, gegen meine ausgesprochene Absicht am nächsten Tage weiter zu marschieren, auf, noch hier zu bleiben, ja drohte, als ich dies kurz abschlug, mit Krieg. Ich sagte ihm darauf, daß wenn er sich erlaube, mir in meinem Lager zu drohen, ich ihn peitschen lassen würde, worauf er uns entrüstet verließ. Meine Baschilange waren etwas gedrückter Stimmung, aber das Verhalten meiner wenigen Veteranen von der Küste, das sich nach mehrjähriger Gewöhnung stets nach meinem Auftreten richtete, hob ihren Mut einigermaßen. Um Zweifeln vorzubeugen, gab ich bei eingetretener Dunkelheit ein Moiio, in dem ich sagte, daß wir morgen aufbrechen würden. Ich schloß mit einem Hohngelächter über die Kühnheit der Kalosch, die sich erdreisten wollten, uns den Abmarsch zu verwehren. Das Gelächter wurde von der Karawane aufgenommen und hatte den Erfolg, daß Kasairi Pambu zwei Ziegen sandte und uns morgen weiter als Führer zu dienen versprach. Der Abmarsch fand denn auch ohne jede Störung statt.

Immer weiter ging es zwischen den Hunderten von Gehöften durch die wellige Prairie, deren Höhenunterschiede höchstens 100 Meter betrugen. Der Boden war so schlecht, daß nicht einmal der Rand der Gewässer von Baumwuchs eingefaßt war. Unter dem vorherrschenden Laterit stand harter Sandstein an.

Wir betraten nun das Gebiet der Baqua Discho, die sich äußerlich in keiner Weise von den Kalosch unterscheiden. Ein großes Kartoffelfeld gab uns Platz zum Lager und gleichzeitig unseren Leuten Nahrung.

Südlich der Discho wohnten die Baqua Tembo, ebenfalls Baluba.

Ein weiterer Marschtag führte uns auf eine Strecke von zwei Stunden durch Buschsavanne, die unbewohnt war. Dann jedoch stiegen wir in ein Thal hinab, das wieder nur Prairie, bevölkert, ja bevölkerter war, als die, welche wir an den vorigen Tagen durchzogen hatten. Mehrfach versuchten uns dicht gedrängte Massen aufzuhalten und zum Bleiben zu bewegen. Es hielten dann die drei vor mir her marschierenden Soldaten an und öffnete mein unbekümmert um das Getobe ruhig dahinschreitender Reitstier, vor dessen breiten Hörnern die Menge zur Seite wich, den Weg.

Wir näherten uns der Sohle des Thales, in welcher der erste der drei Quellflüsse des Lubilasch uns zwang zu halten. Der Buschi-Maji oder Kischi-Maji hatte eine Breite von etwa 100 Meter und eine Tiefe von 1,25 Meter jetzt in der trockenen Zeit; die Anwesenheit von Kanoes zeigte jedoch, daß er in einem großen Teile des Jahres zu Fuß unpassierbar ist. Ich ritt durch den Fluß und ging, nachdem ich de Macar zugerufen hatte, daß er die weitere Passage überwachen sollte, auf die Uferhöhe, um einen zum Lager sich eignenden Platz zu suchen. Kaum hatte ich auf 10 Minuten den Fluß verlassen, als der Führer meiner Küstensoldaten, der mutige und verschlagene Humba, angelaufen kam und mir meldete, daß an der Übergangsstelle Unordnung eingetreten sei und die Eingeborenen sich feindlich zeigten. Ich eilte nach dem Flusse zurück und fand, daß der größte Teil der Karawane, alle Soldaten und die meisten Männer schon diesseits waren und drüben nur noch einige Weiber und die Kranken auf die Passage warteten. Um sie herum standen auf dem Uferabhange amphitheatralisch viele Hundert Eingeborene, die wohl darüber empört, daß wir nicht in ihrem Gebiet geblieben waren, meine Leute mißhandelten und ihnen Stücke ihrer Lasten entrissen.

Es legte gerade in dem Moment, als ich den Fluß erreichte, ein Kanoe diesseit an. Ich sprang hinein, mein Diener Sankurru folgte mir und ebenso drei meiner besten Leute, Humba, Simão und Kataraija. Die eingeborenen Führer des Kanoes sprangen erschreckt über Bord und flohen stromabwärts; da sie die Ruder weggeworfen hatten, ergriff ich einen kurzen Stock und stieß das Kanoe nach dem andern Ufer zu; mein Knüttel erwies sich jedoch für die Tiefe des Wassers als zu kurz, wir trieben ab und wurden von den jenseits stehenden Baluba laut verhöhnt. Wir sprangen nun ins Wasser und wateten hinüber. Die große Menge der Baluba, nur Männer, drängte sich nach dem Punkte, wo wir das Ufer erreichen wollten, und als wir uns demselben auf ca. 35 Meter genähert hatten, warfen sie nach uns mit großen Steinen. Immer größer wurde der Jubel der Kalosch. Da plötzlich flog ein Stein mir dicht am Gesicht vorbei, einige Speere folgten und sogar ein Schuß aus einem der wenigen Gewehre, die im Besitze der Baluba waren, zeigte uns, daß wir jetzt handeln mußten. Ich schoß mit der Büchse den vordersten der Steinschleuderer zwischen die Augen in den Kopf, daß er vornüber fiel und streckte mit dem zweiten Laufe einen anderen Mann, der im Begriffe war, seinen Speer nach mir zu schleudern, zu Boden. Auch meine Begleiter und die vom anderen Ufer die Vorgänge Verfolgenden, die uns bedroht sahen, begannen auf die Baluba zu feuern. Die dichte Masse wich vom Fluß zurück und ich benutzte mit meinen drei Begleitern den Moment, um das Ufer so weit zu erklimmen, daß wir vom Absturz bis an den Kopf gedeckt waren. Die ganze Masse der Baluba flüchtete und meine Leute jagten jubelnd über den überraschenden Erfolg hinter der Menge her.

Eine erstaunliche Wirkung meines ersten Schusses war an einem dicht am Ufer liegenden Eingeborenen zu konstatieren. Die Kugel war zwischen den Augen in den Kopf gedrungen und hatte

Gefecht am Bufchi Maji.

die ganze Hirnschale ziemlich gleichmäßig rings abgesprengt. Unter Zurücklassung von 5 Toten war die nach Abrechnung der Weiber sicher 500 Mann zählende Menge nach allen Seiten entflohen.

Als wir wieder zu unserer Karawane zurückgekehrt waren, erschienen einige Eingeborene von weiter flußaufwärts und riefen uns zu, wir möchten bei dem Kriege einen kleinen uns gegenüber mündenden Bach als Grenze der Feindseligkeiten betrachten; die südlich desselben Wohnenden hätten sich am Angriff nicht beteiligt. Natürlich wurde ihnen Neutralität zugesichert.

Ich wählte nun zum Lagerplatz dicht am Rande des Buschi=Maji eine kleine Landzunge, vom Fluß und einer Lagune gebildet, die nur in einer Breite von 10 Metern vom Lande Zutritt gewährte. Die Seiten der Lagune waren durch dichte Dschungel geschützt und die Verbindung mit dem Festlande ließ sich schnell durch einen starken Verhau schließen. Alle Kanoes, die in der Nähe gefunden wurden, befestigten wir am Ufer des Lagers und stellten Wachen aus, da von Patrouillen die Annäherung einer großen Zahl von Baluba auf unserem Ufer gemeldet war. Ein riesenlanger Häuptling näherte sich gegen Abend, von nur wenigen Leuten begleitet, durch Klatschen in die Hände seine friedliche Absicht anzeigend und. un=bewaffnet unserem Lager. Ich rief ihn heran und nachdem er sein Staunen über den ersten weißen Mann, den er zu Gesicht bekam, überwunden hatte, bewies er seine freundliche Gesinnung dadurch, daß er Eingeborene von drüben unweit des Lagers wie zum Verhandeln dicht ans Ufer rufen wollte, damit ich Gelegenheit erhielte, hinter einem Baum versteckt, auf sie zu schießen. Er war über die Entrüstung, mit der ich seinen verräterischen Vorschlag zurückwies, höchst erstaunt. Es zeigte mir sein Benehmen, daß mit den Baluba Vorsicht nötig sei.

Kaschawalla brachte in Erfahrung, daß man den Luilu, den mittleren der Quellflüsse des Lubilasch, wenn man bei Sonnen=aufgang abmarschiere, am Nachmittag erreiche und es von da nur eine große Tagereise bis zum Lubiranzi sei. Beide Flüsse sollten die gleiche Größe und Tiefe haben wie der vorher beschriebene Buschi=Maji. Zwischen ihm und dem Luilu wohnten die Baqua Mukendi, jenseits des Luilu ebenfalls Baluba. Um zu Kassongo Tschiniama zu gelangen, müsse ich, so wurde mir mitgeteilt, zwischen dem Luilu und Lubiranzi noch drei Tagemärsche nach Süden gehen, eine Nachricht, die von meinen Balunguführern bestätigt wurde und sie abermals falscher bisheriger Angaben überführte. Mein pfiffiger Humba meldete mir, daß er nach seinen Erkundigungen überzeugt sei, daß unsere Balungu gar nicht von Kassongo abgesandt, sondern ein Teil einer Handelskarawane seien, der sich dadurch, daß er uns zu ihrem Häuptling führe, bei diesem beliebt und bezahlt machen wollte. Kassongo Tschiniama sollte vom Süden, aus Lunda, viele Gewehre haben und dem nur eine Tagereise von ihm entfernten Mona Kanjika tributär sein, Mona Kanjika aber wieder dem Muata Jamwo von Lunda. Die Balungu, jetzt scharf ins Verhör genommen und überzeugt, daß sie uns nicht mehr täuschen konnten, gaben nun noch manche interessante Nachricht. Sie erzählten von einem Europäer, der vor vielen Jahren vom Osten kommend ihr Land passiert habe mit einem Mukalanga, einem Araber zusammen. Offenbar war dies der Lieutenant Cameron gewesen. Ein anderer Weißer sei mit Kangombeträgern (Bihé=Leuten) vom Süden, Lunda östlich umgehend, bei ihnen gewesen und habe Kassongo einen Revolver geschenkt. Es war dies wohl ein portugiesischer Händler, der später mit dem Araber Famba in Krieg geriet und unter Verlust des größten Teiles seiner Waren fliehen mußte. Der erste Weiße, der vom Westen kam, war ich.

Wir hatten also in dieser Gegend einem Punkte uns genähert, an dem vom Osten, vom Süden und vom Westen die Reisen der drei ersten Europäer sich begegneten. Daß Pogge und ich weit nördlich von hier früher passiert waren, wußten die Leute ebenfalls. Sie kannten auch offenbar den westlichen der beiden Quellflüsse des Lualaba, den Kamorondo, denn sie erzählten, daß, wenn sie um Kupfer zu holen nach Katanga gingen, sie den Lomami und einen anderen großen Fluß, der fortwährend durch Seen fließe, passieren müßten. Später, als mir durch ungünstige Verhältnisse die Erforschung des Lualaba vereitelt wurde, machte ich mir Vorwürfe, daß ich nicht durch das Gebiet der Balungu vorzudringen versucht hatte.

Als die Nacht hereingebrochen war, begann in dem Gebiete der gezüchtigten Kalosch ein ununterbrochenes Lärmen von Trommeln und Rufen. Im Schutze der Dunkelheit kamen sie bis zum Rand des Flusses und höhnten uns. Ich ließ ihnen durch Vermittlung der Balungu sagen, daß ich am nächsten Tage die beiden Krieger ausgeliefert haben wollte, die mit Steinen werfend das Gefecht begonnen hätten und daß ich dann Frieden halten, andernfalls jedoch herüberkommen und ihre Gehöfte abbrennen würde. Man antwortete höhnend, daß ich nur kommen solle, man würde mir morgen früh in einer Zahl gegenübertreten, unermeßlich, wie das Gras der Savanne (ein beliebtes afrikanisches Gleichnis), die mich und meine Leute vernichten würde. Die Baqua Mukendi vor uns seien ebenfalls alarmiert und man wolle sehen, wohin ich mich wenden würde; ich wäre hierher gekommen, um das Land der Baluba nicht mehr zu verlassen. Meine Baschilange schliefen wenig in dieser Nacht, denn das unausgesetzte Geschrei von drüben, ein jauchzender schriller Ton, der durch die hohle Hand gerufen dem Gelächter der Hyäne gleicht, hielt sie in steter Aufregung.

Am nächsten Morgen mußte ich Patronen verteilen, da sich zu meiner nicht geringen Überraschung herausstellte, daß die Baschilange gestern über den Fluß feuernd fast ihre ganze Munition verschossen hatten. An Abmarsch war natürlich nicht zu denken, denn wir mußten gewärtig sein, daß uns die erzürnten Kalosch folgten und wußten nicht, wie die Stimmung der vor uns liegenden Stämme war. Es gab nur ein Mittel bei der Frechheit der Kalosch, uns von ihnen frei zu machen, und das bestand darin, daß ich sie in ihren Weilern angriff und derart zerstreute, daß sie sich bis zum Abmarsch nicht mehr sammeln konnten, wodurch zugleich die übrigen Stämme eingeschüchtert wurden. Mit 100 Mann passierte ich bei Tagesanbruch den Fluß und ließ de Macar zum Schutze des wohlbefestigten Lagers zurück, da wie gestern schon am frühen Morgen die Kalosch in endlosen Reihen zum Ufer hinabstiegen.

Die jenseits des erwähnten Baches wohnenden Eingeborenen riefen mir zu, daß ich noch warten möchte, sie wollten noch einmal den Versuch machen, durch die Auslieferung der verlangten Feinde oder wenigstens durch eine Zahlung von seiten der Kalosch den Frieden herzustellen. Ich gab ihnen Zeit bis zu einer von mir durch Zeigen mit der Hand bestimmten Sonnenhöhe und wartete am Ufer. Nichts ließ sich sehen von den Kalosch, und als die Sonne die von mir bezeichnete Höhe erreicht hatte, marschierte ich mitten durch die Hunderte von Gehöften, die in nächster Nähe schon verlassen waren. Seitwärts außer Schußweite begleiteten uns Trupps der Feinde mit ihren langen Speeren, auf die großen Schilde schlagend und uns höhnend. Ich verbot zu schießen und marschierte im scharfen Tempo immer weiter. Bald kam ich zwischen Gehöfte, die noch nicht geräumt waren und überall entstand ein Flüchten in äußerster Hast. Alles rannte mit seiner Habe hin und her, doch ich marschierte immer weiter bis zur Kuppe einer Höhe, die mir weite Übersicht gestattete.

Jetzt teilte ich Trupps von je 10 Mann ab und schickte diese strahlenförmig nach allen Richtungen, um Gefangene zu machen und über etwaige Ansammlungen von Kriegern zu berichten. Ich gab den Patrouillen die Grenze ihres Vordringens

Rückkehr vom Gefecht.

an und befahl, daß, wenn sie den Rauch von dem Gehöfte, bei dem ich hielt, aufsteigen sähen, sie die erreichbaren Gehöfte anzündend sich wieder bei mir sammeln sollten. Bald benachrichtigte mich lebhaftes Feuer, daß hier und da die Trupps auf den Feind gestoßen waren, nur von einer Seite kam die Meldung, daß die Stärke der Kalosch zu groß sei, als daß die Patrouille sie angreifen könne. In gestrecktem Laufe jagte eine Verstärkung der Stelle zu und heftiges Schießen in dieser Richtung, das sich mehr und mehr entfernte, zeigte mir an, daß auch dort der Feind geworfen sei.

Als überall das Feuern verstummte, ließ ich das Gehöft anzünden und bald antworteten überall im Halbkreise aufsteigende Rauchsäulen, daß mein Signal verstanden sei. Es näherten sich nun von allen Seiten meine Trupps, mit Hühnern geradezu überladen und Ziegen vor sich hertreibend, sowie mit Gefangenen. Langsam marschierte ich zurück und erreichte erst am späten Nachmittage den Buschi=Maji, wo ich aus den jubelnden Zurufen vom Lager schloß, daß auch dort alles in Ordnung sei. Im Lager angekommen wurde die Beute, einige dreißig Ziegen, mehrere Hundert Hühner sowie das Getreide verteilt und die Gefangenen, hundert und einige Köpfe zählend, zum besseren Überwachen besonders eingezäunt. Nach den Aussagen meiner Führer waren ca. 10 Baluba, die überall nach kurzem Widerstande geflohen waren, gefallen. Einer unserer Leute ward indes vermißt und am Abend zeigte uns ein Trupp der Kalosch seinen Kopf, der auf eine lange Stange gesteckt war.

Die Eingeborenen auf unserem, dem rechten Ufer, die in zahlreichen Haufen unweit des Lagers sich gesammelt hatten, waren durch den überraschenden Erfolg zuerst vollkommen eingeschüchtert; daß dies jedoch nicht lange dauern würde, davon war ein Zeugnis das Benehmen der Kalosch, die, sobald es dunkel war, abermals vom andern Ufer zu höhnen begannen. Ich mußte mich jetzt für die nächsten Schritte entscheiden.

Wir hatten noch 6 Tage ebenso bevölkertes Gebiet wie bisher zu passieren und an einem dieser Tage abermals einen Teil des Stammes der Kalosch, die, wie uns die Mukendi sagten, sicher uns mit Krieg empfangen würden. Dann wären wir zu Kassongo Tschiniama gekommen, über dessen Gesinnungen wir keineswegs im Sicheren waren und von dessen heißblütigen, kriegerischen Leuten wir an unseren Führern ein sprechendes Beispiel hatten. Der Bestand an Waren war, wie schon erwähnt, zu knapp, da wir über die Entfernung getäuscht waren und, was besonders ins Gewicht fiel, war die Munition derart reduziert, daß ich für jeden Mann höchstens noch 5 Patronen hatte. Es war den Baschilange nicht abzugewöhnen, selbst auf lächerlich weite Entfernungen zu schießen.

Der Weg zu Kassongo Tschiniama hatte uns weit über die südliche Grenze des Congostaates hinausgeführt, so daß ich ein weiteres Risiko auch aus dem Grunde, daß Kassongo Tschiniama

nicht mehr zum Congostaate gehörte, nicht übernehmen konnte.
So blieb mir denn nichts anderes übrig, als mich zum Rückmarsch
zu entscheiden, obgleich der Gedanke, daß ich zum ersten Male in Afrika
zurück mußte, mir äußerst peinlich war; indessen ich mußte für meine
Baschilange denken und Verluste an Menschenleben auch mit Rücksicht
auf meine beabsichtigte große Reise vermeiden. Hatte ich auch nicht,
wie ich wohl gewünscht hatte, den Luilu und Lubiranzi gesehen, so
waren doch die Auskünfte über diese beiden Flüsse so überein=
stimmend, daß ein großer Irrtum in der Lage derselben unwahr=
scheinlich war. Von Land und Leuten hatte ich genug gesehen;
die Gegend, hieß es, bleibe dieselbe, überall Grassavanne. Die
Bevölkerung bis zur Grenze der Balungu bestand aus Baluba und
bei diesen war nichts für mich zu holen.

Es ist wunderbar, wie wenig Sinn für Verbesserung oder
Verzierung ihrer Waffen und Geräte die Baluba haben. Die
Speere lange, zugespitzte Ruten von hartem Holz, die Schilde
grobes Weidengeflecht, die Keulen ohne jede Schnitzerei, die Töpfe
einfach in derselben Form wie weiter westlich, alles zeugte von
Roheit und gänzlichem Mangel eines Gefühls für Schönheit.
Die Hütten in der schon beschriebenen Form waren liederlich; was
irgend etwa von eisernen Waffen oder Gerätschaften vorhanden,
war Lunda=Arbeit oder kam von den Baschilange. Das Land selbst
ist trostlos einförmig. Nichts hat dieses Gebiet, was zum Handel
mit den Nachbarvölkern geeignet ist, außer Menschen, und alles,
was von auswärts hier eingeführt wird, wird mit Sklaven bezahlt.
Selbst an Brennholz ist empfindlicher Mangel. Wild giebt es
natürlich bei der übergroßen Menge der weit verstreuten Bevölkerung
auch nicht, ebenso ist der Reichtum an Ziegen nicht sehr groß,
Schafe und Schweine fanden sich überhaupt nicht. Nächst Ugogo
im fernen Osten Afrikas ist dieses Land das ungastlichste, für
spätere Kultur ungeeignetste, das ich kenne. Am meisten empörte
uns die kindische Frechheit dieses Volkes, das in großer Zahl
einem Reisenden wohl gefährlich werden kann.

Ich teilte meinen Leuten nichts von dem Entschlusse, um=
zukehren, mit, obwohl Kalamba Moana, Tenda und die übrigen
Häuptlinge äußerst begierig waren, zu wissen, was ich beginnen
würde. Kalamba Moana gab gegen Abend ein Moiio, in dem er
mir vorschlug, die Gefangenen zurückzugeben, wir würden dadurch

die Feindseligkeiten der Stämme besänftigen und ruhig unseres Weges weiter ziehen können. Wie wenig kannte selbst der Neger seine Rassebrüder! Es wäre bei der Art und Weise der Kaloſch die Rückgabe der Gefangenen uns zweifellos als ein Zeichen von Furcht ausgelegt worden. Ich verwies Kalamba Moana derartige Vorschläge, sagte ihm, daß die Gefangenen mir gehörten und daß nicht ein Mann zurückgegeben werde, ja, daß ich morgen abermals die Kaloſch angreifen und weitere Gefangene machen würde. Ich gab dies Moiio, weil ich überzeugt war, daß in der Nähe des Lagers Baluba wären, die die Rede Kalamba Moanas und die meine hören würden und hoffte dadurch für morgen die Baluba weiter einzuſchüchtern.

Tags darauf ließ ich wie immer das Signal zum Aufbruch geben und befahl der Spitze der Karawane, die ſtets aus meinen Veteranen beſtand, den Fluß zu paſſieren und auf demſelben Wege, den wir gekommen waren, zurück zu marſchieren. Es rief dieſer Befehl, deſſen wahre Gründe niemand kannte, eine große Bewegung unter den Baſchilange hervor und es ſprach zu ihren Gunſten, daß der größte Teil unter ihnen lebhaft bedauerte, daß ich die Reiſe nicht fortſetzen wollte. Natürlich ſchloſſen ſie ſich ohne Widerrede ihren Führern an und es wurde die Karawane derart rangiert, daß die Bewaffneten, die keine Laſten trugen, auf allen Seiten verteilt, die Träger, Weiber und Gefangenen ſchützen und überwachen konnten. Trotzdem alles wie geſtern vor uns flüchtete, benahm ſich meine Karawane recht ſchlecht und belehrte mich, daß ein unter noch ſo günſtigen Verhältniſſen nötig werdender Rückmarſch mit Negern immer eine heikele Sache ſei. Kleine Trupps von Eingeborenen liefen in ſicherer Entfernung neben unſerer Karawane her, bald drohend vor uns Stellung nehmend, bald ſich hinter der Karawane ſammelnd, ohne jedoch zu dem Entſchluß kommen zu können, einen Angriff zu wagen. Die Karawane machte den Eindruck einer Schafherde, die von Wölfen umſchlichen wird. Die Leute drängten ſich zuſammen und ſtürzten vorwärts mit einer Eile, die mir viel von dem Vertrauen, das ich in die Baſchilange geſetzt hatte, wieder nahm.

Nur einmal näherten ſich die Baluba ſo, daß einer meiner Leute auf ſie ſchoß. In Wirklichkeit war die Hauptaufgabe meiner vorn marſchierenden Soldaten, ein geradezu nach vorwärts Flüchten meiner eigenen Leute aufzuhalten. Es war dies dadurch nur möglich, daß meine Veteranen die allzuschnell vorwärts Stürzenden zurücktrieben und so einen wenigstens von weitem ruhig erscheinenden Rückmarsch bewerkstelligten. Bei dem Gedränge entkam denn auch eine Anzahl der Gefangenen. Hätten sich die Baluba näher überzeugen können, wie es in der Karawane aussah, so würden sie sicher einen Angriff unternommen haben. Ich ließ, um den Eindruck einer Flucht nicht aufkommen zu lassen, mehrfach halten und rangierte von neuem die Karawane.

Die Verfolgung oder vielmehr Beunruhigung von seiten unseres Feindes hörte erst auf, als wir den Rand der Höhe ersteigend das bevölkerte Thal des Buschi Maji verließen. Ich war, wie schon vorher erwähnt, um eine wichtige Erfahrung reicher. Ich würde jetzt mit Negern, die nicht nachhaltig diszipliniert sind, einen gewagten, tollkühn erscheinenden Angriff einem Rückmarsch unter scheinbar günstigen Verhältnissen vorziehen, wenn ich wählen könnte. Die moralische Überlegenheit, die im Angriffe liegt, wirkt so stark auf den Neger, daß er das Übergewicht des Feindes nicht beachtet; sie wirkt auch so frappierend und überwältigend auf den Angegriffenen, daß er nicht zur Kenntnis der Schwäche des Angreifers kommt. Es kam mir diese Beobachtung besonders in den ersten Kämpfen zu gute, die ich mit einer noch jungen Truppe im Jahre 1889 bei der Niederwerfung des Aufstandes in Ostafrika zu leiten hatte.

Wir lagerten an demselben Platze, der uns auf dem Hermarsche beherbergt hatte und bemerkten, daß die Baqua Discho, die doch zweifellos die Vorgänge der letzten Tage genau kannten, weniger eingeschüchtert waren, als man hätte annehmen können. Die Leute kamen zum Verkauf ins Lager, es verschwanden, offenbar mit ihrer Hülfe, mehrere der Gefangenen, ja es wurde sogar einer unserer Hunde gestohlen, jedoch zurückgegeben, als ich dem im Lager anwesenden Häuptling begreiflich machte, daß er nicht eher das Lager verlassen würde, bis der Hund wieder da sei. Man versuchte auch, augenscheinlich auf Betreiben der Kalosch, uns zum Bleiben zu veranlassen.

Der Gipfel eines Berges, der nach allen Seiten auf Meilen die dicht bewohnte Gegend überblicken ließ, bot am nächsten Tage ein günstiges Lager. Die Zahl der Kranken, die schon eine große war, vermehrte sich in bedenklicher Weise, besonders viel Lungenentzündungen traten auf, die durch die heftigen Winde, die über die offene Prairie der Baluba fast ununterbrochen wehten, und durch

Der tanzende Kaschama.

die Kälte der Nächte veranlaßt wurden. Mein Chinin war bald zu
Ende und die verdorbenen Senfpflaster versuchte ich durch Umschläge
von warmem Mehlbrei mit rotem Pfeffer untermischt zu ersetzen.

Beim Weitermarsche stellte sich unser alter Führer Kasairi
Pambu ein mit anderen Häuptlingen, die, vor uns her marschierend,
jede Ansammlung von Bewaffneten zerstreuten. Am Lukalla, der
Grenze des Landes der Baluba, hielten wir und zwar noch im
Gebiete der Kalosch. Wir trafen dort einen der bei allen Baluba, ja
bei den meisten Völkern des äquatorialen Afrika gebräuchlichen
großen Märkte an, bei dem auf einem weiten Platze an 4000 Menschen
versammelt waren. Außer den gewöhnlichen Lebensmitteln, die aus=
geboten wurden, waren Töpferwaren, Palmenstoffe, Uruku (ein
dunkelroter Farbstoff) und Pemba (ein weißer Farbstoff) zu er=
wähnen. Unser Erscheinen störte die Versammelten durchaus nicht.
Es war der Markt durch ein besonders strenges Gesetz als neutrales
Gebiet gesichert und wir erfuhren, daß auch Leute aus feindlichen
Stämmen ungefährdet hier erscheinen durften. Der Häuptling des
Gebietes, auf dem der Markt abgehalten wurde, wachte in seinem
größten Staate mit einem halben Dutzend von Wächtern darüber,
daß kein Zank oder Streit die Ruhe des Marktes störte. Seine
Gehilfen waren alle kenntlich an der schon erwähnten breiten
Axt, die sie auf der Schulter trugen, und wo auch nur ein etwas
lauter Wortstreit sich entwickelte, waren sie sofort zur Stelle. Der
Häuptling Kaschama, hier der Wächter, trug einen schön arrangierten
Schmuck, von den Federn des Helmvogels (Corythaix) und Papa=
geien auf dem Haupte. Um Hals und Nacken war ein Überwurf
gelegt, der mit Streifen langhaarigen Ziegenfells benäht war, und
um die Hüften ein krinolinenartig abstehender Schurz von einer
großen Zahl weißer Häute. In der Rechten hielt er ein großes
Fetischhorn, in der Linken eine weitschallende Klapper, eine mit
Steinen angefüllte, verzierte Kalabasse. Die Fußgelenke waren mit
vielen Schnüren, an denen eiserne Glöckchen aufgereiht waren, um=
wunden, die bei jedem Schritte des Riesen ein klirrendes Geräusch
erzeugten. Hinter ihm hockte einer seiner Wächter mit dem großen
Richterbeile, daneben ein Mann, der ab und zu die meterlange Holz=
trommel schlug. In Unterbrechungen führte Kaschama vom Geschrei
der Menge begleitet auf dem für ihn gewahrten freien Platze seine
Tänze auf, bei denen groteske Sprünge und indecentes Rollen in den

Hüften sich abwechselten. Es näherte sich nach jedem Tanze, ebenfalls tanzend, ein Weib und stellte vor den Platz des Häuptlings ihre Marktabgabe nieder. Jede Gemeinde, deren Vertreter zum Handel hier erscheinen, muß dem Marktobersten einen Tribut entrichten.

In der Nacht fiel das Thermometer bis auf 8° Celsius, so daß de Macar und ich alles Zeug aus unseren Koffern nahmen, um es über den wollenen Decken auszubreiten. Selbst am nächsten Morgen hatte ich bis gegen 9 Uhr vor Kälte steife Finger, die mir das Schreiben außerordentlich erschwerten.

Am 17. trafen wir wieder im Dorfe Mona Tendas ein und es war die höchste Zeit meinen Leuten Ruhe zu gewähren, denn Krankheiten hatten auffallend um sich gegriffen. Am Abend fanden sich 42 Leute ein, von denen die Hälfte schwer krank zu nennen war. Lungenentzündungen und Fieber grassierten, auch wurde über Rückenschmerzen und Flimmern vor den Augen geklagt, was mich, da mit diesen Anzeichen oft die Pocken auftreten, beunruhigte; waren doch schon 10 Pockenkranke im Dorfe Mona Tendas.

Die mich begleitenden Häuptlinge, denen ich mitgeteilt hatte, daß ich nur bis hierher zurückgehen und den Marsch zu Kassongo Dschiniama wieder antreten wollte, sobald von der Station Waren und Munition gekommen wären, kamen vereinigt zu mir und baten mich, die Reise aufzugeben. Die Kalosch hätten sich gerächt; sie hätten uns verzaubert, denn nur dem sei es zuzuschreiben, daß wir so viele Kranke hätten. In Berücksichtigung dessen, daß Germano bald von der Küste zu erwarten war, entschied ich mich denn auch für den Rückmarsch zur Station, sagte jedoch vorher drei Ruhetage an und sandte Baluba, die uns begleitet hatten, mit der Nachricht zurück, daß ich bereit sei, die Gefangenen von ihren Verwandten einlösen zu lassen; man sollte durchschnittlich vier Ziegen für einen Gefangenen bringen. Es wurde denn auch ausgiebig von dieser Erlaubnis Gebrauch gemacht. Immerhin nahmen wir noch eine Anzahl Gefangene mit nach der Station, um sie bei einer späteren Gelegenheit zurückzusenden. Einigen Baluba, Verwandten des Kasairi und Kaschama erlaubte ich, mich nach Luluaburg zu begleiten, denn es konnte das nur dazu beitragen, für später ein besseres Verhältnis zwischen uns und den Kalosch herzustellen.

Der Kaufmann Saturnino, der mir abermals gefolgt war und jetzt zu dem oben schon erwähnten Kassonga Luaba wollte, be=

suchte mich bei Mona Tenda; auch zu ihm waren Balungu gekommen, um ihn einzuladen. Durch seine Führer gelang es mir festzustellen, daß meine Erkundigungen über die Quellflüsse des Sankurru auf Richtigkeit beruhten. Die Leute fügten noch hinzu, daß der östlichste, der Lubilascha 20 Tagemärsche südlich aus einem See entspringe.

Höchst bemerkenswert war es, daß sich zwei Baluba bei mir einfanden, die gegen uns am Buschi Maji gefochten hatten. Beide Leute hatten eine Anzahl Schrotkörner im Rücken und auf der Brust. Sie baten mich, dieselben zu entfernen, indem sie angaben, nur der Weiße vermöge Wunden durch die Feuerwaffe zu heilen. Sie meinten, es seien noch viele Leute verwundet worden, die jedoch nicht gewagt hätten, zu mir zu kommen. Natürlich half ich ihnen, so gut ich konnte und entließ sie, um ihr Vertrauen zu belohnen, mit einem kleinen Geschenk.

Bevor wir unseren Weitermarsch nach Luluaburg antraten, waren drei Baschilange ihren Krankheiten erlegen; eine Anzahl, die noch nicht marschfähig war, übergab ich Mona Tenda und ließ einige meiner Soldaten bei ihnen zurück, um sie nach ihrer Genesung nach Hause zu begleiten. Die Balungu nahmen ihren Heimmarsch auf dem südlichen Wege der durch das Baketeland führt.

Der Charakter der Gegend war der gleiche wie beim Hermarsch. Durch das Land der Baqua Mulenda und Baqua Tschia ziehend begegneten wir einer kleinen Karawane von Mukenge, an deren Spitze die Sternenflagge wehte. Wir hatten denselben Weg zum Rückmarsch gewählt, wie damals von François und hatten wie er große Schwierigkeiten beim Passieren der sumpfigen Pandanusdschungeln, die die Bäche begleiteten. Der Oberhäuptling der Baqua Kassassu, einer der Renitenten, zahlte Strafe für sein Nichterscheinen und mußte mich nach Luluaburg begleiten.

Wir passierten die Quelle des Moansangomma, der in den Lubudi, dessen Mündung Wolf am Sankurru gefunden hatte, fließt. Die Zahl der Kranken und Schwachen war so groß, daß wir fortwährend Ruhetage zu machen gezwungen waren.

Wenige Stunden vor Eintreffen in Luluaburg erfuhr ich, daß auf der Station eine große Feuersbrunst gewesen sei. Als ich am 25. dort eintraf, sah ich, daß die große, 21 Räume haltende Kaserne niedergebrannt war. Die Wände, aus starken, mit Lehm verstrichenen Bäumen bestehend, hatten drei Tage lang gebrannt. Sonst war nichts vorge=

Pandanusdschungeln.

fallen, auch Germano war noch nicht angekommen, wohl aber Briefe aus Angola, die mir über die zu erwartenden Waren Nachricht gaben.

Es kam nun die Zeit heran, in der ich Kalamba die Häuptlinge, welche die Fahne des Congostaates erhalten hatten, unterstellen mußte. Ich verabredete mit ihm daher, daß dies auf der Station geschehen solle. Nur die im nächsten Umkreise der Station liegenden Dörfer unter ihrem Häuptlinge Dschiniama sollten direkte Unterthanen der Station werden, für alle übrigen Häuptlinge Lubukus Kalamba haftbar sein. Der 10. September wurde als Versammlungstag der Fürsten von Lubuku anberaumt, und abermals gingen Patrouillen nach allen Seiten ab, um die Einladungen zu überbringen.

Vom Lieutenant Bateman am Luebo war die Meldung eingelaufen, daß er mit den Bakuba ein Gefecht gehabt habe, in dem die letzteren mit einem Verluste von 5 Mann sich zurückgezogen hätten. Ich sandte daher den Befehl hinab, dem großen Häuptlinge Luquengo die Sache anzuzeigen und ihn zu bitten, seinem Wolf gegebenen Versprechen gemäß sich zu uns gut zu stellen, widrigenfalls wir mit einigen Tausend Baschilange ihn besuchen würden.

Mit dem Beginne der Regenzeit stellte sich wie gewöhnlich bei den Europäern viel Fieber ein. Lieutenant Le Marinel wurde von einem schweren perniciösen Fieber heimgesucht, das ihn bald so mitnahm, daß wir ernstlich um sein Leben besorgt wurden. Da er in keiner Weise Chinin bei sich behalten konnte, machte ich ihm Injektionen unter durch Mangel an geeigneten Medizinen sehr beschwerlichen Umständen. Ich hatte nur schwefelsaures Chinin und löste dies zur Injektion mit Essigsäure auf. Die Folge war, daß nach der Einspritzung große und tiefe Wunden entstanden. Trotzdem wirkte das Chinin und da die hochgradige Erregung durch Morphiuminjektionen beseitigt wurde, hatte ich die große Freude, ihn nach fast zweitägigem Schlafe, der so tief war, daß er nur ganz kurz durch die schmerzhaften Einspritzungen von Chinin unterbrochen wurde, vom Fieber frei zu sehen. Von ausgezeichneter Wirkung war hierauf als Nahrungs= und Anregungsmittel ein sogenannter Lock=tail, ein aus Cognac, Zucker, Ei, Magenbitterem und Muskatnuß hergestelltes Getränk. Lange Zeit noch brauchte der furchtbar mitgenommene, sonst äußerst kräftige junge Offizier, bis er wieder im Vollbesitze seiner Gesundheit war.

Zwischen Lulua und Moansangomma.

Fünftes Kapitel.
Ordnung der politischen Verhältnisse in Lubuku. — Aufbruch nach Nord-Ost, Reise bis zum Sankurru.

Versammlung der Häuptlinge von Lubuku. — Schwerer Hagelfall. — Ich suche Germano umsonst. — Dr. Sommers. — Endlich kommt Germano. — Aufbruch zur großen Reise nach Nord-Ost. — Lagerbau. — Räubereien und Gefecht. — Prairien. — Dörfer werden niedergebrannt. — Friedlicher Empfang. — Der Menschenhandel der Bihé-Händler. — Urwälder. — Ungastliche Wilde. — Am Lubi. — Simão's kühne Schwimmtour. — Bestrafung der räuberischen Bena Ngongo. — Ein Dieb wird durch einen Pfeilschuß bestraft. — Am Sankurru.

Es folgte nun eine ich möchte fast sagen Sisyphusarbeit, die erst nach 2 Monaten zu dem erstrebten Ziele führte, nämlich Kalamba zum von uns abhängigen Oberhäuptling von Lubuku zu machen. Es war nicht schwer gewesen, die Ältesten der Dörfer unter ihre Oberhäuptlinge zu zwingen, aber diese, deren jeder sich

fast für den Größten hielt, unter einen Hut zu bringen, erwies sich
schwerer, als ich es mir vorgestellt hatte.

Die zurückkehrenden Patrouillen, die den Häuptlingen von
der anberaumten Versammlung Kenntnis gegeben hatten, brachten
gleich einige derselben mit. Andere hatten sich krank melden lassen,
waren verreist, ja verweigerten direkt ihr Kommen. Der hart-
näckigste war Kilunga Messo, der stets, wenn ich zu ihm ging,
alles versprach, Strafe zahlte und sich bereit erklärte, mir zu
gehorchen, jedoch sich nicht Kalamba unterstellen wollte. Da ich
nach reiflicher Überlegung zu dem Resultat gekommen war, daß die
Baschilange nur durch einen der ihren gut zu regieren seien, gab
ich nicht nach, sondern beschloß, eventuell mit Gewalt meinen Vorsatz
durchzuführen. Endlich waren einmal 36 Häuptlinge in Luluaburg,
unter ihnen auch Kilunga Messo. Da spielte mir der alte, zuweilen
recht starrköpfige Kalamba den Streich, nicht zu kommen, denn er
fürchtete, wie er mir sagen ließ, von Kilunga Messo fetischiert zu
werden und könne denselben nicht eher zu Gesicht bekommen, als
bis derselbe auf seiner Kiota Hanf geraucht habe. So war ich
denn gezwungen, in Kalambas Dorf oder vielmehr Stadt, denn es
hatte der Ort zum mindesten 10000 Einwohner, den letzten
noch widerspenstigen Häuptling, Kilunga Messo, zur Unterwerfung
zu bewegen.

Der Empfang bei Kalamba war, als ich ihm den letzten
renitenten Häuptling selbst zuführte, ein großartiger. Aus wohl
5000 Kehlen wurde donnernd mein Moiio wiederholt. Kilunga
Messo mußte inmitten der Kiota, um die sich die unzählbare
Menschenmasse gelagert hatte, dreimal um das heilige Feuer des
Hanfes herumgehen und dabei aussprechen, daß er keine bösen
Gedanken gegen Kalamba hege; dann mußte er, zwischen Kalamba
Moana und einem anderen Häuptling sitzend, Hanf rauchen und wurde
hierauf in Kalambas Haus geführt, wo dann die Aussöhnung der
beiden alten Feinde und die persönliche Unterwerfung Kilunga
Messos unter Kalamba stattfand. Groß war der Jubel überall,
daß nun in Lubuku Friede sei und die außerhalb der Grenzen der
hanfrauchenden Baschilange wohnenden Völker, schwach im Verhältnis
zum nun vereinigten Lubuku, nicht mehr zu fürchten seien. Kriegs-
spiele, unaufhörliches Schießen, Hanfrauchen, Tänze und Gesänge
beschlossen das Fest der Einigung Lubukus.

Bevor ich zur Station zurücktritt, schenkte mir Kalamba einen prachtvollen Reitstier, den er von Kioques gekauft hatte und versprach, alles zu halten, was ich als Bedingung zur Wahrung seiner Oberherrschaft von ihm gefordert hatte.

Die Hauptbedingungen waren folgende: Alle alten Streitigkeiten sollten vergessen sein. Die Häuptlinge sollten ihren Untergebenen gegenüber allein die Gewalt behalten. Der Tribut von ihnen sollte regelmäßig, indes nur einmal im Jahre, nicht übertrieben hoch entrichtet werden. Es sollten die Häuptlinge sich über Kalamba beim Chef der Station beschweren können. Kriege durften nicht ohne Übereinstimmung mit dem Chef von Luluaburg geführt werden. Verbrecher, denen die Todesstrafe drohte, waren der Station auszuliefern. Das Juramentotrinken (ein Gifttrunk, der den Streit zwischen Zweien als Gottesgericht entscheiden soll) war verboten. Zu Reisen, Kriegen oder besonders wichtigen Arbeiten stellte Kalamba Leute, zum Kriege unentgeltlich, zu Reisen und zur Arbeit für eine festgesetzte Taxe. Die Marktpreise sollten in ganz Lubuku die gleichen sein. —

Bis Ende September hatten mich diese politischen Arrangements beschäftigt, deren Bestand natürlich von der steten Überwachung seitens der Station abhängen wird.

Die meteorologischen Verhältnisse der Monate August und September waren ganz außerordentlich befremdliche gewesen. Die Regenzeit hatte nur schwach eingesetzt, dabei war aber der Himmel stets bedeckt und mehrfach fielen Sprühregen oder kurze Landregen ohne Gewitter, eine hier äußerst seltene Erscheinung. Kalte Winde die sich oft zu Wirbeln entwickelten, waren häufig. Gradezu ein Phänomen fand am 14. August statt. Schwarze Wolken türmten sich im Nordosten auf und näherten sich mit überraschender Schnelligkeit. Aus derselben Richtung fuhr in sturmartigen Stößen ein wie es uns schien eiskalter Wind über die von der Mittagssonne heißgebrannte Savanne; das Thermometer fiel von 33° auf 19° C., Bananen wurden niedergebrochen und im benachbarten Dorfe viele Häuser abgedeckt. Dann, als das drohende dunkle Gewölk über den Lulua herangezogen war, fielen glasig durchsichtige Eiskrystalle, meist in regelmäßigen Würfeln von 1 bis 2 Centimeter Seitenlänge prasselnd nieder und Vieh und Menschen suchten vor Schmerz schreiend Deckung. Sieben Minuten lang währte der Hagel, dessen

Stücke allmählich kleiner wurden, dann abgerundeter und endlich weiß,
den bei uns bekannten Graupeln gleichend. Die Baschilange waren über
diesen Vorgang ebenso erstaunt wie wir. Erst mit Anfang Oktober
setzte die regelmäßige Regenzeit ein mit ihren täglich 1 bis 2 Gewittern,
die meist zwischen 5 Uhr nachmittags und Mitternacht stattfanden.

Zur selben Zeit erhielt ich Nachricht, daß Karawanen im
Anmarsch seien und mit ihnen auch der sehnlichst erwartete Germano.
Da Gerüchte von einem Kriege zwischen den Bangala und den
Kioques, deren Länder Germano hatte passieren müssen, zu uns ge=
drungen waren, so war ich recht besorgt gewesen.

Ich brach am 1. Oktober mit Le Marinel auf, um Germano
bis zum Kassai, wo Schwierigkeiten für die Karawane vorauszu=
sehen waren, entgegenzugehen. Mit dem Passieren des Luebo be=
traten wir das Land der Tschipulumba. Diebstähle von seiten der
Eingeborenen, Bestrafungen und Drohungen und tausenderlei Un=
annehmlichkeiten machten uns diese Stämme, die Pogge und ich
schon auf der ersten Reise nach Lubuku mit dem Namen „die
Diebischen" bezeichnet hatten, noch verhaßter als bisher.

Die Pluralform „Tu" statt „Ba" haben die östlichen Baschi=
lange von den Tupende übernommen.

Es ist höchst wunderbar, welch ein Unterschied zwischen den
hanfrauchenden Baschilange von Lubuku und diesem diebisch frechen,
lügnerischen Gesindel besteht. Es verging im Lager nicht eine
Stunde, in der nicht durch Raub, Diebstahl oder irgend welche
Gewaltthat mein Dazwischentreten zum Schlichten oder Strafen
nötig wurde.

Als wir den Luebo überschritten hatten, trafen wir eine
Karawane, die nichts von Germano wußte, obgleich sie auffallend
langsam marschiert war und sich lange am Kassai aufgehalten hatte.
Ich mußte jetzt annehmen, daß Germano durch den vorher erwähnten
Krieg zum Rückmarsch zur Küste gezwungen sei oder daß ihm seine
Waren abgenommen seien und kehrte sehr enttäuscht und niederge=
schlagen nach Luluaburg zurück. Da ich ohne neue Waren nicht
daran denken konnte, den weiteren Teil meiner Aufgabe in Angriff
zu nehmen, so entschloß ich mich, im Stahlboot mit einer ausge=
suchten Bemannung nach dem Congo hinabzugehen und von da mit
dem Dampfschiff zurückkehrend, mir Waren zu verschaffen. Schon hatte
ich die besten meiner Veteranen, natürlich Humba und Simão und

einige Sansibarleute von der Luebostation bestimmt und das Notwendigste für die ziemlich gewagte lange Reise mit dem kleinen leichten Boot vorbereitet, als plötzlich am 17. Oktober die Nachricht einlief, Germano und ein Weißer seien nur noch drei Tagereisen weit entfernt.

Ich machte mich am nächsten Morgen auf und begegnete schon um 8 Uhr einer kleinen Karawane, an deren Tete ein mir unbekannter Europäer marschierte. Dr. Sommers, der sich von der Expedition des amerikanischen Missionsbischofes Taylor in Angola getrennt hatte, war mit Germano zusammen hierher gekommen, um selbständig missionarisch zu arbeiten. Er hatte Germano vor drei Tagen verlassen und war vorausmarschiert, um ihn anzumelden. Am nächsten Tage traf ich denn auch am Muieau Germano, der tausend Entschuldigungsgründe für sein unerhörtes Zögern angab. Er hatte 200 Träger bei sich und 100 Stück Rindvieh. Ein großer Teil der Karawane gehörte einigen schwarzen Händlern, die sich Germano angeschlossen hatten. Von den von mir bestellten Waren war ein großer Teil mit Geschenken an Häuptlinge, die wegen des vorher erwähnten Krieges Schwierigkeiten gemacht hatten, daraufgegangen. Immerhin war meine beabsichtigte Reise jetzt gesichert. Der Viehstand der Station wurde auf erfreuliche Weise vermehrt; auch hatte Germano auf meine Bestellung Truthühner und Hauskatzen, die ich hier einzuführen versuchen wollte, mitgebracht.

Wie ich befürchtet hatte, hatte die Expedition am Kassai Schwierigkeiten gehabt. Dr. Sommers und Germano waren gezwungen gewesen, den frechen Forderungen einiger Kioquehäuptlinge durch eine kriegerische Demonstration entgegenzutreten.

Von nun ab ging es mit aller Macht an das Organisieren der Expedition nach dem Osten. Annahme von Trägern, Packen der Lasten, Übungen und Scheibenschießen der Soldaten und sonstige Vorbereitungen nahmen uns voll in Anspruch. Kalamba wünschte weiteren Aufschub von einem Monat, den ich abschlug, so daß es mir gelang in 10 Tagen mit den Arrangements zum Aufbruch fertig zu sein.

Ein mehrtägiges Fieber zwang mich jedoch abermals zum Aufschub. Endlich waren die Stationen an Kapitain de Macar übergeben, bei dem Dr. Sommers, sowie der Lieutenant Bateman, letzterer als Chef der Luebostation, blieben, und am 16. November verließ ich Luluaburg mit Lieutenant Le Marinel, Bugslag, Humba, Simão, sowie 15 Soldaten, 42 Küstenträgern, 38 frei gekauften Baluba= sklaven und 250 Baschilangeträgern, denen sich Sangula Meta, Kalamba Moana und Tschingenge mit ca. 600 Begleitern, unter denen ca. 100 Weiber waren, anschlossen. Die Karawane war demnach 900 und einige Köpfe stark und mit 500 Gewehren, meist Vorderladern, bewaffnet.

Ich fühlte, daß mir Luluaburg, wo ich so lange gearbeitet hatte, fast zur Heimat geworden war. Besonders als ich als Letzter aus dem Thore reitend, einigen meiner alten Veteranen, die zurück= blieben ein herzliches Lebewohl zurief und der älteste derselben, ein Greis mit weißem Haar und Bart, vor mir her Asche als Reise= fetisch streuend, mir zum Abschied sagte: „deus guarda vossa excellencia!", konnte ich meiner Rührung kaum Herr werden.

Bei Tschingenge passierten wir den Lulua und marschierten Nord=Nord=Ost, d. h. in einer nördlicheren Richtung, als ich sie damals mit Pogge eingeschlagen hatte. Die Gegend blieb zunächst dieselbe wie bei Luluaburg: Palmenhaine wechselten mit kleineren Beständen dichten Urwaldes, in der Niederung dichte Baum= savanne. Waldblößen zeigten Dickichte von Ananas, die schmalen Sohlen der steil eingeschnittenen Bäche und deren Hänge waren mit Urwald bestanden. An den Rücken der leicht gerundeten, abge= waschenen Teile des Plateaus, die zwischen zwei Senkungen sich befanden, stand oben Laterit an. Der Humus war hier wegge= waschen und mehr nach tieferen Stellen, wo er ziemlich mächtig lag, geschwemmt. Die Wasserläufe hatten die Lateritschicht und die dann folgende ungefähr 30 Meter starke Sandsteinlage durchge= waschen bis auf die harte Sohle von plutonischem Gestein. Erst als wir uns dem Moansangomma näherten, fehlte die Sandstein= schicht und wurden die Bachthäler flacher, weiter und versumpft.

Der Fortgang der Regenzeit störte uns nur wenig, da die Gewitter mit großer Regelmäßigkeit erst abends oder gar erst in der Nacht einsetzten, nur waren die Leute gezwungen, ihre Hütten sorgfältiger zu decken, als sie dies sonst zu thun pflegten. Ich ließ es mir anfangs angelegen sein, die Ordnung der Hütten selbst vor= zunehmen, um die Baschilange daran zu gewöhnen, das Kilombo (Lager) in einem festgeschlossenen Kreise aufzubauen. Die Gegend war reich an Perlhühnern, Savannenhühnern und besonders Tauben,

Übergang über den Lubudi.

von welch letzteren unter vier Arten, die in Flügen von 10 bis 15 lebende schöne goldgrüne Papageientaube zu erwähnen ist.

Ohne bemerkenswerte Abwechselung ging es durch die Dörfer der uns ergebenen Bena Riamba. Überall erhielten wir die üblichen Geschenke und lebten aus dem Vollen, da die Benutzung der reichen Felder unseren Leuten frei gegeben wurde und sie nur die Zuthaten zu den vegetabilischen Gerichten sich durch Kauf anzuschaffen hatten.

Sobald wir am 26. die Grenze von Lubuku überschritten und zu den Tschipulumbastämmen, zuerst den Bena Moanga kamen, begannen Streit und Gewaltthätigkeiten. Hier artete meist der Handel, bei dem man sich nicht einigen konnte, in eine Schlägerei aus, die uns in ihren Folgen zwang, an Wunden unsere medizinischen Kenntnisse zu üben. Die Schuld lag nicht allein auf seiten der Tschipulumba, sondern vielfach ließen sich unsere Baschilange im Gefühle ihrer Übermacht und ihres Hasses gegen jene zu Gewaltthätigkeiten hinreißen. Bugslag, der mit einem Teile der Soldaten stets die Karawane schloß, war im Lande der Baqua

Lussabi gezwungen, mit einem blinden Schusse die uns hartnäckig
folgenden Tschipulumba zu verjagen; die Leute wollten für angeblich
ihnen entwendete Gegenstände sich selbst durch Raub bezahlt machen.

Es stellte sich im Lager auch heraus, daß einer unserer Leute,
der zurückgeblieben war, von den Lussabi ergriffen und festgehalten
worden war, so daß ich 20 Mann zurücksenden mußte, um nach ihm zu
forschen. Die Eingeborenen empfingen meine Soldaten mit Schüssen,
räumten jedoch, als das Feuer von den Andringenden erwidert wurde,
das Dorf und ließen einen Knaben und ein Mädchen in den Händen

Grassavanne.

der Meinigen zurück. Am Abend wurde mir dann mein Mann
ausgeliefert nebst einigen Ziegen als Geschenk, worauf ich die ge=
fangenen Kinder ebenfalls zurückgab. Zwei Baschilange, einen
meiner frei gekauften Balubasklaven und einen Küstenträger ließ ich
mit je 50 Peitschenhieben bestrafen, weil sie mit Gewalt den Ein=
geborenen Hühner abgenommen und dadurch zu den Streitigkeiten
Anlaß gegeben hatten.

Den Lubudi mit 20 m Breite und 1 m Tiefe passierten wir
bei äußerst starker Strömung watend. Hier verteilte ich auch
auf nachhaltiges Bitten meiner Leute an jeden Muschilange zwei

Pulverladungen und an jeden der Soldaten und Träger 5 Patronen. Nördlich des Lubudi betraten wir weite reine Grassavanne, wie wir sie bei den Baluba angetroffen hatten. Es scheinen diese welligen Prairien westlich des Gebietes des Lubilasch sich in der Längsrichtung zwischen dem 7. und 5. Grade auszudehnen, ja wie es heißt bis in die Kalundaländer. Wie früher in dieser Grassavanne mit ihrem dunkelroten porösen Laterit, so fanden wir auch hier großen Eisenreichtum und bei dem ausgedehnten Dorfe der Bena

Ein Schmelzofen der Bena Lukoba.

Lukoba, das an einem dem Mukambasee ähnelnden großen Teiche lag, eine Menge schön gebauter Schmelzöfen. Ein mächtiger Cylinder aus hartgebranntem Thon von fast 2 m Durchmesser diente zur Aufnahme von hartem, trockenen Brennholz, zwischen welches schichtenweise das Eisengestein gepackt wurde. Das Abbrennen der festen, große Hitze gebenden Hölzer konnte durch Verminderung des Zuges verlangsamt werden. Die aus dem Eisengestein herausgeschmolzenen, schweren Eisenteile fielen auf die Sohle

des Cylinders und flossen, da der überall stark erhitzte Bau sie
noch nicht zum Abkühlen kommen ließ, durch eine gleichzeitig von
unten Zug zuführende Röhre geläutert, in ein Sammelbecken.
Die Häuser nahmen mehr und mehr die Form der östlicheren
Balubahäuser an und gleichzeitig nahm die Tätowierung ab und trat
das Bemalen mit den drei hier nur bekannten Farben Schwarz, Weiß,
Rot ein. Der Teich beim Dorfe, ca. 500 m lang und 150 m
breit, bei durchschnittlich 1,6 m Tiefe mit schlammigem Boden, zeigte
26 ° C. Temperatur und war von großen Wildenten bevölkert; um
seine flachen, grasigen Ufer hockte der stets auf freien Ebenen oder
am Wasser sich aufhaltende Schildrabe. Der Trappe, der Koor=
hahn der holländischen Bauern im Süden, fand hier ein ihm zu=
sagendes Terrain und war äußerst häufig.

Am 30. näherten wir uns einigen Dörfer, deren Bewohner,
Baqua Kajinga, vor Monatsfrist eine Karawane Tschingenges
überfallen und beraubt hatten. Zwei Leute Tschingenges waren
von vergifteten Pfeilen getroffen, getödtet und hier begraben worden.
Die Kajinga, Strafe fürchtend, waren geflohen und bat Tschingenge
zur Strafe ihre Dörfer abbrennen zu dürfen, was ich ihm, da sich
sein Bericht als thatsächlich herausstellte, auch gestattete. Als
die Stelle der drei kleinen Dörfer der räuberischen Kajinga nur
noch an qualmenden Überresten kenntlich war, ging Tschingenge
mit seinen Kriegern nach dem Orte, wo seine Stammesgenossen
begraben waren, und gab, wie er es von uns gelernt hatte, mit
seinen Leuten drei Ehrensalven ab. Bei einer dem Abbrennen
vorhergegangenen Untersuchung der Dörfer waren Pfeile gefunden
worden, die vergiftet waren; das Gift schien jedoch sehr alt zu
sein, denn ein an einem Huhn angestellter Versuch erwies sich als
sehr wenig wirksam.

Ein ganz auffallend schmaler, meilenweit reichender Urwald=
strich, der wunderbarerweise nicht durch einen Wasserlauf, sondern
nur durch eine leichte Senkung bedingt wurde, d. h. seine Existenz
wohl dem in der Rinne sich sammelnden Grundwasser verdankte,
trennte das Land der Räuber von den Baqua Sekelai, aus deren
Dörfern uns, mit Palmenzweigen winkend, eine Gesandtschaft ent=
gegenkam. Der an der Spitze derselben marschierende Häuptling
versicherte uns, daß er bei dem obenerwähnten Raubanfalle nicht
beteiligt gewesen sei, aber von den Kajinga beauftragt worden sei,

als Sühne für ihr Verbrechen Strafe zu zahlen. Nachdem ich ihm versichert hatte, daß wir gegen ihn nichts im Schilde führten, machten wir inmitten seiner zahlreichen Dörfer, deren Bewohner viele Gewehre besaßen, unser Lager. Als die üblichen Geschenke ausgetauscht waren, erschien der Häuptling abermals, 30 Balubasklaven, 6 Gewehre, 3 Ziegen und eine Leopardenhaut zur Sühne des begangenen Verbrechens und als Bezahlung für das Tschingenge geraubte Elfenbein mit sich führend. Ich entschied, daß in Anbetracht der durch Abbrennen der Dörfer bereits eingetretenen Bestrafung die Zahlung ausreiche und verteilte dieselbe nach afrikanischem Gebrauch unter mich, den Richter, die Geschädigten und deren Häuptlinge.

Mehrfach nahm ich Zahlungen oder Geschenke, auch wenn sie in Sklaven bestanden, an. Zunächst entspricht dies afrikanischer Sitte und wäre das Zurückweisen des Geschenkes eine Beleidigung, dann aber auch hatten die Sklaven in den Händen der Lubukulente oder in den meinigen ein weit besseres Los als bei den wilden Eingeborenen. In Luluaburg war schon eine große Anzahl solcher Leute, die eine bestimmte Zeit für die Station arbeiten mußten und dafür Kleidung und Unterhalt erhielten. Nach einer Zeit, die sich nach den Leistungen der Leute richtete, bezogen sie volle Arbeitslöhnung und waren selbstverständlich frei. Meist bauten diese Freigelassenen im Schutze der Station sich ihre Dörfer und machten nie von der Erlaubnis, in ihre Heimat zurückzukehren, Gebrauch.

In dem außerordentlich bevölkerten Gebiete der Baqua Tschameta gab ich meiner Karawane einen Ruhetag und verteilte, den Wünschen der Eingeborenen nachgebend, Messingdraht und kleine Perlen zum Ankauf von Lebensmitteln. Unsere alte Sangula fand hier einen Mann, den sie sich in früheren Jahren einmal zum Gemahl erkoren hatte, der sich aber der etwas herrischen Gattin nach wenigen Flitterwochen durch die Flucht entzogen hatte. Die alte Dame vergab dem früheren Geliebten seine Schuld und zeigte mir ihre Absicht an, ihn als Begleiter auf die Reise mitzunehmen. Zunächst schien der ehemalige Gatte über diese Aussicht sehr erfreut zu sein, als wir jedoch zwei Tage später aufbrachen, war er nicht mehr zu finden und Sangula über die Undankbarkeit desselben, denn sie hatte ihn auch aus ihren Schätzen schön gekleidet, höchst empört.

Empfang bei den Baqua Seselai.

Ein Teil einer Karawane von Bihé-Leuten war hier anwesend, die ich nicht wenig Lust hatte, wegen Sklavenhandels festzunehmen, mußte es jedoch unterlassen, da ich nicht wußte, was ich mit ihnen anfangen sollte. Von ihnen wird der infamste Handel mit Menschen getrieben, den man sich denken kann. Schwarze Händler aus Angola oder Benguela rekrutieren sich in Bihé-Träger und Begleiter, die zwar diebisch sind, jedoch verhältnismäßig furchtlos und kriegerisch und weitere Reisen unternehmen, als irgend ein anderer Neger der Westküste. Sie suchen Länder auf, in denen das Gewehr noch nicht bekannt ist, schließen mit den Häuptlingen Verträge über Lieferung von Sklaven, ja schließen sich selbst den Sklavenjägern an. Die Gefangenen und Erhandelten bringen sie dann zu den Bakubastämmen und verhandeln sie dort gegen Elfenbein weiter, mit dem sie auf dem nächsten Wege, meist über Kabao und den Lulua nach Hause reisen.

Die Bakuba kaufen männliche Sklaven lediglich zum Abschlachten bei Begräbnisfeierlichkeiten. Je höher der Rang des Verstorbenen war, um so mehr Sklaven müssen ihm ins Grab folgen.*) Der Chef der Luebo-Station war schon über dieses Unwesen instruiert, und es war ihm auch mehrfach gelungen, vorüberziehenden Bihé-Karawanen Sklaven abzutreiben oder ihnen das Elfenbein wegzunehmen, um ihnen das Wiederkommen zu verleiden. Ich sandte auch jetzt nach Luluaburg und machte dem Kapitain de Macar Anzeige vom Aufenthalte einer solchen Karawane in diesen Gegenden.

Viele Schwierigkeiten bereiteten mir meine Beobachtungs-Instrumente. Beim Gebrauche des Prismenkreises versagte der künstliche Horizont, dessen Quecksilber durch irgend eine Unvorsichtigkeit unrein geworden war, ja sich scheinbar sogar zersetzte, so daß eine Reinigung desselben fast unmöglich war. Auch meine Aneroide, die schon lange im Innern waren, (Wolf hatte sie mir bei seiner Abreise übergeben) zeigten große Abweichungen.

Nach dem Verlassen der offenen Prairie betraten wir wieder dichte Waldsavanne mit vielen Urwaldparzellen. Bäche waren sehr häufig und so tief eingeschnitten, daß die Wege sich, in unaufhörlichen Schlangenlinien dieselben umgehend, durch Sättel und über Rücken dahinwanden und die Aufnahme des Weges sehr erschwert war. Die Eingeborenen begannen auch schon in der Anordnung

---

*) Siehe „Im Innern Afrikas", Wolfs Besuch bei Luquengo.

ihrer Wohnstätten mehr den Baluba zu ähneln. Eine große Anzahl kleiner Dörfer mit 10 bis 30 Hütten krönte die Sättel oder Kuppen. Gewehre fanden wir bei den Bewohnern nur noch selten und da hier noch nie ein Europäer war und auch wohl die Nachricht von dem Kriege mit Katende uns einen gefürchteten Namen gemacht hatte, herrschte zuerst überall Furcht bei unserem Erscheinen. Bei den unstäten und wilden, schnell aus einem Eindruck in den andern fallenden Gemütern der Baluba verschwindet jedoch die Furcht bald.

Da sich die Eingeborenen gegen Einquartierung meiner Leute, d. h. Benutzung ihrer Häuser durch meine Leute, verzweifelt wehrten, so ließ ich wieder außerhalb der Dörfer Lager bauen.

Es war hier für ethnologische Sammlungen nichts zu erwerben. Denn diese Stämme waren gerade in das Stadium getreten, in dem die ersten Gewehre und die ersten europäischen Stoffe die Freude an der eigenen Industrie verderben.

Als wir das Gebiet des großen Stammes der Baqua Putt, der nordöstlichsten Baschilange, betraten, begannen die größeren zusammenhängenden Urwälder, die viele Elefanten und Wildschweine beherbergen. Es muß ein Irrtum sein, wenn Stanley in dem von ihm im Werke „Im dunkelsten Afrika" beschriebenen mächtigen Urwalde Büffelspuren konstatieren will und doch erst nach vielen Tagereisen ihm seine Leute jubelnd das erste Büschel Gras vorzeigen als Zeichen der Annäherung an das Ende der Wälder. Wo kein Gras wächst, kann kein Büffel stehen und bei der Langsamkeit dieses Tieres sind weite Wechsel ausgeschlossen.

Auch hier wie in den Kassaiwäldern war die kleine stachellose Biene, die fortwährend in Augen und Nase flog, eine Plage. Man hüte sich eines der kleinen Insekten auf der Haut zu zerdrücken: es wird dadurch der Honig, den die Biene bei sich trägt und der außerordentlich aromatisch ist, sofort zur Lockspeise für hundert andere Bienen.

Die kühlen Bäche, deren krystallklares Wasser über reinen weißen Sand strömte, boten uns im tiefen Schatten des dichten Waldgewölbes täglich ein erfrischendes Bad, das der Gesundheit am zuträglichsten abends vor dem Essen genommen wird.

Wir konnten uns nicht erklären, warum wir während einiger Tagemärsche Dörfer passierten, die schon vor längerer Zeit geräumt sein mußten, bis wir endlich in einem derselben durch einen furchtbaren Leichengeruch, der von an den Pocken Verstorbenen herrührte, diese Epidemie als Grund zur flüchtigen Räumung der Wohnsitze erkannten.

Am 5. Dezember trafen wir wieder Leute an, welche die Spitze unserer Karawane mit auf den Bogen gelegten Pfeilen anhielten, nach Empfang einiger Perlen aber sich beruhigten und uns als Führer dienten. Es waren rohe, wilde, bettlerische Burschen, wie alle Urwaldbewohner scheu und unstät. Da unsere Führer alle 10 Minuten anhielten, und zwar stets da, wo sich Fußsteige kreuzten, um als Bedingung uns weiter zu führen, mehr zu erbetteln, jagte ich sie endlich davon und wir erreichten, dem breitesten Wege folgend, bald ein großes Dorf, vor dem die Eingeborenen uns kampfbereit erwarteten. Freundliche Zurufe öffneten die Phalanx bald und, ein altes Lager einer Bihé-Karawane benutzend, fanden wir bequeme Unterkunft und Nahrungsmittel vor. Bald legten die erregten Bena Luwulla ihre Bogen und dicken Bündel Pfeile ab, wurden zugänglicher und vertraulicher. Bei unserem Anmarsche hatten sich diese Eingeborenen wild wie bissige Hunde gezeigt, so daß die äußerste Geduld von nöten war, dann wurden sie schnell zutraulich, ja freundlich, so daß wir den häßlichen Empfang schnell vergaßen.

Unser nächstes Lager schlugen wir am Lubi an derselben Stelle auf, an der ich im Jahre 1881 mit Pogge den Fluß passierte; diesmal aber am linken Ufer, dem ich weiter abwärts bis zur Mündung des Flusses in den Sankurru folgen wollte. Vom entgegengesetzten Ufer kamen Bassonge, die sich schon äußerlich als Angehörige eines anderen Stammes zu erkennen geben. Ich konstatierte hier, daß Wolf sich auf der Bergfahrt dieses Flusses in der Entfernung geirrt haben mußte: hier war er nicht passiert, und die Bassonge sagten, daß der Weiße, den sie seines großen Vollbartes wegen für Pogge gehalten hatten, mit dem Feuerboot weiter abwärts umgekehrt sei. Der Fluß ist, abgesehen von den scharfen Biegungen, die wie bekannt fast den Verlust von Wolfs Fahrzeug herbeigeführt hatten, 40 Seemeilen oberhalb schiffbar. Dort bei den Bena Tschikulla soll ein Fall sein, bis dorthin sollen auch die Bena Lussambo, Bewohner des Sankurru, mit ihren Kanoes zum Handel hinaufgehen.

Ich fand hier eine Ursprungsstelle des schwimmenden Salates, einer kleinen Pflanze, die man auf hoher See viele Meilen vor der Congomündung in großen Massen antrifft. Es war der Quellsumpf eines kleinen Baches, in dem die einem Miniatursalatkopfe äußerst ähnelnden Gewächse aufschießen; sie trennen sich dann durch Lösung der ins Wasser hängenden Wurzeln von ihrem Geburtsplatze und der Strömung folgend erreichen sie nach Monate langer Reise die hohe See.

Der Pfad führte uns auf den Rand des linken Lubithales nach Norden. Es öffnete sich uns von Zeit zu Zeit ein reizender Blick in das schmale, 150 Meter tiefe Thal des Flusses. Zwischen Palmendickichten und Feldern wand sich in Schlangenlinien der Lubi durch seine üppig reiche Niederung. So einladend das Betreten der tropischen Vegetation des Flusses auch erscheint, so froh ist der, der das Gewirr, welches die dichte, reich bewässerte Humusschicht emportreibt, kennt, daß er es von weitem bewundern kann, denn „da unten ists fürchterlich", unwegsam, dumpfig, von tausenderlei Insekten wimmelnd.

Bei dem uns von früher bekannten Häuptlinge Mukeba hielten wir und fanden bei den hiesigen Baqua Putt, daß sie manche gute Sitte von ihren Nachbarn, den Bassonge, angenommen hatten; so z. B. ruhte die Bestellung der Felder hier ganz gegen den Gebrauch der Baschilange in den Händen der Männer, während die Frau nur im Hause wirkte.

Zum ersten Male sah ich hier Töpferwaren mit Glasur und ließ mir dies durch folgende Prozedur erklären. Die dunkelrote Rinde eines Baumes wird zerstampft und mit heißem Wasser angerührt; mit diesem Brei wird der fertig gebrannte Topf, so lange er noch heiß ist, überstrichen. Nachdem er erkaltet, giebt es eine rotbraune Glasur, die auch bei längerem Gebrauch über dem Feuer nicht vergeht.

Am 8. Dezember schlugen wir unser Lager auf einer Blöße dicht am Lubi, gegenüber den Dörfern der verräterischen Bena Ngongo auf. Dieser Stamm, bei dem im Jahre 1881 Pogge und ich uns über freche Diebstähle zu beklagen hatten, hatte den Dr. Pogge auf seinem Rückmarsche überfallen und beraubt. Pogge hatte im Gefecht vier seiner Leute verloren, die Räuber aber geschlagen. Auch Wolf hatten sie beim Passieren mit der „En avant" ans Land zu locken versucht, jedenfalls in schlechter Absicht.

Bald stellten sich denn auch an der Fährstelle am jenseitigen Ufer einige Bena Ngongo ein und riefen fragend zu uns herüber, wieviel sie für ihr Vergehen von damals zu bezahlen hätten, denn sie seien überzeugt, daß ich gekommen sei, um sie zu bestrafen. Ich normierte meine Forderung auf zwei Elefantenzähne und zehn Ziegen, die sie am nächsten Morgen zu überbringen versprachen. Vor allem forderte ich ein Baschilangeweib, das noch von damals her hier gefangen gehalten wurde.

Am nächsten Tage erschien auch ein Häuptling am Ufer und zeigte uns zwei junge Sklaven, die er in Ermangelung von Elfenbein als Zahlung anbot, aussagend, daß das geraubte Weib nicht mehr bei seinem Stamme sei und er Elfenbein nicht besitze, beides nach der Behauptung der Eingeborenen unseres Ufers Lügen. Ich wies infolgedessen die angebotene Zahlung ab und drohte am nächsten Tage „Krieg zu machen", falls nicht bis zum Abend das geraubte Weib zur Stelle sei. Die Bena Ngongo schienen sich indes sicher zu fühlen, da unser Suchen nach Kanoes am diesseitigen Ufer bisher fruchtlos gewesen war.

Da ich in dem Schilfe des anderen Ufers genau die Spuren erkannte, wo man Kanoes hineingezogen hatte, stellte ich die Frage, wer von meinen Leuten bereit sei, gedeckt von unseren Büchsen, hinüberzuschwimmen und zunächst ein Kanoe zu holen. Es war dies Unternehmen höchst gefährlich, weil der dicht bewachsene Rand am Wasser drüben mit den Bogenschützen der Bena Ngongo besetzt war und der Fluß an Krokodilen reich sein sollte. Wie stets bei solchen Gelegenheiten traten Humba und Simão vor und erklärten das Wagnis unternehmen zu wollen. Ich wählte Simão als besseren Schwimmer aus und instruierte ihn, am Ufer aufwärts zu gehen, hinüberzuschwimmen, sich dicht am Rande des Schilfes bis zu einer Öffnung in dasselbe treiben zu lassen und in dieselbe einschwimmend, ein Kanoe zu suchen. Le Marinel, Bugslag und ich wollten unterdes mit den Büchsen bereit stehen, um wo sich auch drüben in den Büschen etwas zeigen würde, Simão durch unser Feuer zu decken.

Simão that wie ihm geheißen und kam von den Bena Ngongo unbemerkt bis vor die Öffnung. Mit dem Messer in den Zähnen arbeitete er sich vorwärts in das Schilf hinein, um bald darauf mit einem Kanoe zu erscheinen, welches er, wenn auch weit unter=

halb, glücklich ans Land brachte. Die feindlichen Eingeborenen hatten unser Vorhaben erst bemerkt, als das Kanoe bereits in der Mitte des Stromes außerhalb der Tragweite ihrer Bogen sich befand, da das Schilf ihnen die Aussicht entzog.

Als vollkommene Dunkelheit eingetreten war, untersuchten wir mit dem Kanoe das andere Ufer und brachten, ohne daß auf uns ge-

Simão, der tapfere Schwimmer.

schossen wurde, noch zwei weitere Kanoes herüber. Am nächsten Morgen, noch bei vollständiger Finsternis, setzte ich mit Le Marinel und 200 Mann über und marschierte durch verlassene Dörfer nach dem 300 Meter hoch auf einem Berge gelegenen größten Dorfe. Nur auf einen Beobachtungstrupp stieß unsere Spitze, zwei Bena Ngongo fielen und einer wurde verwundet. Nachdem das Dorf niedergebrannt war, gingen wir in mehreren Abteilungen durch das bergige, dicht bewachsene Gebiet der Ngongo am Flusse entlang. An verschiedenen Stellen vernahmen wir Schüsse, doch sahen wir stets als Zeichen, daß der Feind in die Flucht geschlagen war, ein Dorf in Flammen aufgehen. Gegen Abend sammelten sich dem Befehle gemäß alle Trupps an der Fährstelle. Sechs Gefangene, einige Ziegen und viele Waffen waren genommen, unter letzteren die große Staatsaxt des Häuptlings und die große Trommel, deren Ton meilenweit zu hören war. Die Bena Ngongo hatten sich in einem großen Lager, das von zwei meiner Trupps entdeckt war, gesammelt, waren jedoch, durch unsere Übermacht bewogen, in den uns von früher in Erinnerung stehenden mächtigen Mukubu=Urwald geflohen. Ich hielt diesen Strafzug für besonders notwendig, da wir überall unterwegs gehört hatten, daß sich die Bena Ngongo mit dem an Pogge verübten Überfall gebrüstet und daß sie Pogges Güte, das Zurücksenden der Gefangenen, als Feigheit ausgelegt hatten.

Der Weitermarsch bis zu den Bena Dschileta war für unsere Träger äußerst anstrengend. Die mit dichtestem Urwald bewachsenen, tiefen Hänge während des unausgesetzten Marsches vom frühen Morgen bis gegen 4 Uhr Nachmittags brachten die Karawane weit auseinander, so daß die letzten, mit ihrer Kraft fast zu Ende gekommenen Leute erst beim Dunkelwerden im Lager eintrafen. Die Bena Dschileta grenzten schon nördlich mit den Bakuba und zwar mit den Bena Jkongo des Häuptlings Fumo Nkolle, den Wolf am Sankurru besucht hatte. —

Der Schlaf der nächsten Nacht wurde unterbrochen durch Unruhe im Lager. Einer meiner Leute wurde verwundet ins Lager gebracht. Ein Pfeil war ihm von oben 3 Zoll tief in die Brust gedrungen mit solcher Kraft, daß sich die Spitze auf einer Rippe krumm gebogen hatte. Man hatte sofort den Pfeil mit vielen Wiederhaken herausgerissen und dadurch eine weite Wunde verursacht, die heftig blutete, was aber wohl, da der Pfeil vergiftet schien, zuträglich war. Ich wandte der Vorsicht wegen noch innerlich und äußerlich Ammoniak an. Der Verwundete war nachts aus dem Lager in ein Kartoffelfeld gegangen und hatte dort gestohlen, als er plötzlich ohne jemanden zu sehen, den Pfeil erhalten hatte und geflohen war. Da der Diebstahl des Muschilange die Gewaltthat verschuldet hatte, machte ich die Eingeborenen dafür nicht verantwortlich. Dieselben meinten auch), es sei uns einer der Bena Ngongo, die wir tags zuvor bekriegt hatten, nachgeschlichen, um sich bei passender Gelegenheit zu rächen.

Am nächsten Tage stiegen wir die bewaldeten Höhen hinab zum Thal und schlugen unser Lager auf einer weiten Blöße auf, die dicht am Ufer des Einflusses des Lubi in den Sankurru war. Der dunkelbraune Lubi, der hier eine Breite von ca. 100 Meter hatte, vereinigt sich an dieser Stelle mit den gelbbraunen Wassern des Sankurru=Lubilasch, der in einer Breite von 500 Meter einen ruhigen majestätischen Eindruck macht und nach abwärts eine weite Aussicht öffnet, die dem Auge nach dem eintönigen Urwaldmarsche der letzten Tage wohlthut. Bald kamen die mächtigen schönen Kanoes der Bena Lussambo von drüben, stark bemannt, zu uns herüber. Der Bruder des Häuptlings Jlunga, Namens Mutomba, der mit Wolf Freundschaft geschlossen hatte, brachte uns Geschenke und versprach am nächsten Tage zum Übersetzen mit allen seinen Kanoes bereit zu sein. Der Sicherheit wegen behielt ich eins derselben auf dieser Seite und ließ eine Wache am Ufer.

Nachts näherten sich, aus dem Lubi kommend, einige Kanoes, welche mit bewaffneten Kriegern gefüllt waren, wahrscheinlich die Bena Ngongo, die sich rächen wollten. Sie ergriffen jedoch die Flucht, als die Wachen auf sie zu feuern begannen.

Wir waren hier an einem interessanten Punkte angelangt. Die Mündung des Lubi bezeichnet die nordöstliche Grenze der Baschilange, die nordwestliche der Bena Ngongo, die wir zu keinem der größeren Stämme zu rechnen wußten, da ihre Sprache sonderbarerweise von allen ringsum gesprochenen verschieden ist. Nördlich der Lubimündung wohnten die Bakuba und zwar zunächst, wie am Lulua, mit Bakete vermischt, und östlich des Sankurru die Lussambo, die vielleicht noch zu den Bassongo Mino zu rechnen sind. Interessant war es, hier abermals Bakete zu finden. Es muß dies Volk früher da gesessen haben, wo heute die Baschilange wohnen und von diesen, die nach gleichmäßiger Überlieferung vom Süden gekommen sein sollen, verdrängt worden sein. Ein Teil der Bakete wohnt im Südosten, nur wenig südlich von Katende am rechten Ufer des Lulua, ein anderer wohnt im Nordwesten der Baschilange, nördlich des Lulua dicht an der Mündung desselben in den Kassai, und hier fanden wir Bakete dicht am Sankurru.

Der Handel mit den Luſſambo war der horrenden Preiſe wegen, die ſie forderten, ſchwierig und gab zu manchen Streitigkeiten im Lager Anlaß. Am meiſten begehrt waren große, milchweiße Glasperlen.

Auch in der nächſten Nacht verſuchten die Bena Ngongo ſich in feindlicher Abſicht unſerm Lager zu nähern, wurden jedoch meiner Wache von den uns freundlich geſinnten Eingeborenen verraten und flohen, als ſie ſich entdeckt ſahen.

Übergang über den Lukalla.

Sechstes Kapitel.

Urwald, die Heimat der Zwerge und entvölkerte Länder.

Die Lussambo. — Prellerei. — Schöne Flußscenerie. — Erste Nachrichten von den Arabern. — Urwald. — Batetela. — Batua, die sogenannten Zwerge. — Verhandlungen mit den Batua. — Nichts als Urwald. — Weihnachtsfest im Dunkeln. — Bei den Bena Mona. — Ermordung mit giftigen Pfeilen. — Kritischer Moment. — Krieg. — Brückenbau. — Lukalla. — Hunger. — Eine Riesenschlange gefehlt. — Schlimme Nachrichten über die Länder voraus. — Zeichen des Wütens der Sklavenjäger. — Der Araber als Vernichter. — Pflichten der civilisierten Welt zum Schutze des wehrlosen Afrikaners. — Ein großes Volk vertilgt. — Bei Lupungu und Mona Kakesa. — Verkauf der Munition. — Die große Stadt der Peschi verödet.

Wie er versprochen hatte, erschien schon um 6 Uhr Mutomba mit Kanoes, die bis zu 20 Meter lang bei 1,2 Meter größter Breite und 0,4 Meter Tiefe sehr geschickt im Stehen mit den uns vom Kassai her bekannten langen Rudern gehandhabt werden. Ein günstiger Platz für eine hier bald wichtig werdende Station war die äußerste Landspitze zwischen der Mündung des Lubi in den

Sankurru. Man beherrscht von da aus beide Flüsse und die anscheinend stark frequentierte Fähre.

Das nächste Lager ließ ich hinter dem 50 Meter breiten Waldgürtel, der sich am Ufer entlang zog, schlagen. Während des Flußüberganges waren Bassonge im Auftrage der Bena Ngongo erschienen und hatten für Ziegen und Salz ihre Gefangenen ausgelöst.

Nördlich des Gebietes der Lussambo, die nur längs des Flusses wohnten, während weiter im Lande alles unbewohnter Urwald sein sollte, mündet, wie wir durch Wolf bereits wußten und hier bestätigt ward, der Lomami. Jenseits desselben wohnten die Bassongo Mino und im Osten hinter dem auf viele Tagereisen ausgedehnten, von Batua durchstreiften Wäldern die wilden Batetela. Alles traf mit Wolfs Beobachtungen überein. Ich kaufte eine Menge aus Holz sehr schön geschnitzter Gerätschaften, die später in Berlin die schon von Wolf erworbene Sammlung vervollständigen sollten. Mutomba verpflichtete sich, uns von nun ab bis zum Lande der Batetela zu führen und gab eine Masse Namen mit solch treuherziger Sicherheit an, daß mich mein Dolmetscher Kaschawalla bat, ihm den erbetenen Führerlohn pränumerando auszuzahlen.

Bei dem Abmarsche schlugen wir zu meinem Erstaunen längs des Sankurru die Richtung Nord-Nord-Ost ein, es mußte also der Fluß zwischen Katschitsch, wo ich ihn im Jahre 1881 passierte, und hier eine starke Biegung machen. In dem entsetzlichen Gewirr des Urwaldes — einen besseren Weg gäbe es nicht, behauptete der Führer — ging es, trotzdem die vorn marschierenden Leute fortwährend mit Axt und Buschmesser arbeiteten, nur langsam vorwärts. Auf kurze Entfernung schon weigerte sich Mutomba weiter zu gehen, er wolle uns indes zwei seiner Leute als Führer stellen. Mit erstaunlicher Frechheit log er uns ins Gesicht, er hätte nicht versprochen, uns zu begleiten, die Geschenke, die er erhalten habe, die für hiesige Verhältnisse ganz außerordentlich hoch waren, seien auch gar nicht dementsprechend gewesen. Le Marinel war hierüber so empört, daß er den Mann fast zu Boden geschlagen hätte; verdient wäre diese Strafe reichlich gewesen, aber wir mußten daran denken, daß die Baschilange denselben Weg zurückgehen wollten und mußte ich mir angelegen sein lassen, ihnen die Straße nach Möglichkeit frei zu erhalten. Le Marinels Empörung erinnerte mich lebhaft an meine Lehrjahre im afrikanischen Reisen; ich war

unterdessen meinem damaligen Lehrmeister, dem alten, erfahrenen
Pogge, schon ähnlicher d. h. ruhiger geworden.

Mitten im Urwalde machten wir ermüdet Halt und zwar
ganz dicht am Flusse, und jetzt wurde uns auch klar, warum uns
der verschlagene Mutomba diesen Weg geführt hatte, denn bald
erschienen die Kanoes der Lussambo; noch einmal war ihnen
Gelegenheit geboten, für schöne Perlen Lebensmittel zu verkaufen.
Auch der Häuptling selbst erschien und grüßte uns so freundlich,
als wenn nichts vorgefallen wäre, was mich ungemein erheiterte,
bei Le Marinel aber wiederum tiefe Entrüstung hervorrief.

Im Thale des Sankurru.

Nach zwei schweren Urwaldmärschen kamen wir zu den ersten
Bassongo oder Bassonje, einem großen Volksstamm, der sich bis
zum Lualaba ausdehnt und mit den weiterab wohnenden Wassonga
oder Wasongora verwandt zu sein scheint, so daß wir nördlich des
Balubavolkes wiederum ein weit ausgedehntes Volk konstatieren
können, bei dem allerdings wohl schwerer als bei den Baluba die
Stammeszugehörigkeit nachzuweisen ist, weil die Lubavölker überall
die Ureinwohner, die Batua, verjagt oder ausgerottet zu haben
scheinen, während unter den Bassongo und Wasongora noch viele
Reste der Zwergvölker zu finden sind, die sich an vielen Stellen
mit jenen vermischt haben.

Allerlei Ethnologisches.
Tragkorb, Trommel, Schild der Bassonge. — Beile und Speere der Baluba.

Von dem hochgelegenen Dorfe der Bena Wapambue hatten wir freie Aussicht über das weite Thal des Sankurru, der gerade hier ein Knie macht in einem Winkel von über 90°. Der breite schöne Fluß strömt gegen eine dunkelrote, fast 100 Meter hohe Sandsteinwand, deren Farbenpracht besonders leuchtend aus dem ringsum herrschenden, dunklen Tone des Urwaldes hervorsticht und die von der Abendsonne beschienen in tiefen Purpur getaucht erscheint. Zu welch wunderbarem Gemälde müßte in dieser Beleuchtung diese prachtvolle Scenerie ein Motiv geben! Bei dem Anblick bedauerte ich lebhaft, wie schon oft in diesem Kontinent, nicht einen Maler bei mir zu haben, der daheim einen Begriff geben könnte von der übersättigten Farbenpracht, die hiesige Abendbeleuchtung erzeugen kann.

Auf der spiegelglatten Fläche des wohl 200 Meter unter uns dahin fließenden Flusses war lebhafter Verkehr von Kanoes, jedenfalls durch unsere Anwesenheit hervorgerufen. Der alte freundliche Häuptling Soka Kalonda, der Pogge und mich im Jahre 1881 bei seinem damaligen Oberhäuptlinge Katschitsch besucht hatte, benahm sich, wie die starke Bevölkerung, die vollkommen unbewaffnet erschien, ausgezeichnet. Wir fühlten uns wieder einmal recht behaglich und konnten die stets die Stimmung einer Karawane herabsetzenden Sicherheitsmaßregeln ganz außer acht lassen. Freundschaftlich verkehrten unsere Leute in den umliegenden Dorfschaften und kauften für billige Preise Nahrungsmittel ein. Bescheiden und ruhig strömten Menschenmassen im Lager aus und ein, um uns zu sehen, und alle uns besuchenden Häuptlinge der Umgegend verließen uns befriedigt, da wir uns in der guten Stimmung, in der wir uns befanden, auch zu entsprechenden Gegengeschenken bewegen ließen. Viel hatte zu diesem freundlichen Empfange unser früheres Benehmen und die jüngste Bestrafung der Bena Ngongo beigetragen.

Der Boden ist hier außerordentlich reich, die Maniokpflanzen erreichten baumartige Dimensionen; wir sahen Maniokwurzeln von der Stärke eines Männerarmes. Alle Erzeugnisse, die auf dem gerodeten Urwaldboden wuchsen, zeigten eine gleichmäßige Üppigkeit. Auch der Fluß trägt viel zur Abwechselung in der Nahrung der Wapambue bei: eine große Anzahl verschiedener, recht guter Fische wurde uns zum Kauf angeboten.

Wir erfuhren, daß der Bassonge=Häuptling Zappu Zapp, den Wolf am Sankurru getroffen hatte, nicht wie dieser glaubte auf Sklavenjagd anwesend war, sondern sich schon seit dem Jahre 1882 niedergelassen hatte, aus seinem alten Wohnsitze weiter östlich durch die Raubzüge der Sklavenjäger Tibbu-Tibbs vertrieben. Auch Mona Kakesa und Mona Lupungu, hieß es, seien südöstlich ausgewandert und nur der Bassonge-Häuptling Zappu behaupte noch sein Gebiet. Es war dies die erste Nachricht von Streifzügen der Araber westlich des Lomami, deren verderbenbringende Ausdehnung wir bald erfahren sollten.

Auf dem Weitermarsche wurden wir zunächst in nordwestlicher Richtung geführt, bis ich, den scheinbar schwachsinnigen Führer entlassend, mich mehr östlich wandte, einem breiten Pfade folgend. Bald kamen uns auch Eingeborene mit Lebensmitteln entgegen, die uns nach ihrem mit dichten Palmenhainen und undurchdringlichen Hecken umgebenen Dorfe führten. Es waren Leute vom Stamme der Batempa, die ebenfalls Bassonge sind. Erst am späten Abend traf der Rest der Karawane ein, da die Passage eines 30 Meter breiten und 3 Meter tiefen Baches, der nur auf einem Baumstamm zu passieren, aufgehalten worden war. Auch hier konstatierten wir, wie schon früher bei den Bassonge, die Häufigkeit von Albinos, die mit ihrem rötlich-weißen, meist unreinen Teint, der zu dem Negertypus so gar nicht paßt, abschreckend häßlich sind.

Es führte uns nun unser Weg über wellige Prairie, die zur Linken durch unabsehbar weiten Urwald begrenzt wurde, von dem unsere Führer wußten, daß er sich ununterbrochen bis zum Lomami ausdehnt. Hinter uns war immer noch der Lauf des Sankurru an einer langgestreckten Nebelwolke erkennbar, die wie eine Riesenschlange, so weit das Auge reichte, von Süd nach Nord über dem Boden lagerte. An den tief eingeschnittenen Bächen stand weißer Sandstein an, das krystallklare Wasser war kühl und von reinem Geschmack.

Als wir einige elende Dörfchen der kleinen mageren Badingo passierten, hatten wir offenbar in der Bevölkerung eine Mischung von Batua vor uns. Die Batua sollen in dem großen Urwalde leben, vor dessen Betreten man uns warnte, weil die Wege, meist nur aus verbundenen Elefantenpfaden bestehend, sehr verwachsen seien und durch viele sehr schwer passierbare, tiefe Schluchten führen. Da ich mich jedoch nicht zu weit nach Süden nach meiner alten Marschroute drängen lassen wollte, nahm ich am 21. wieder eine

mehr nördliche Richtung, die uns allerdings in finstern, lianenreichen
Urwald führte, in welchem wir noch vor dem Antreffen einiger Dörfer
Wege öffnen mußten, die durch gefällte Bäume verschlossen waren.
Dicht hinter diesen Barrikaden vertraten uns einige Dutzend ganz
schwarz und rot beschmierte Eingeborene mit dem Bogen in Bereitschaft
den Weg. Da es mir darauf ankam, mit den scheuen Wilden in
friedlichen Verkehr zu treten und Führer zu erlangen, machte ich
noch vor den Dörfern Halt und schlug Lager. Die Leute nannten
sich Quitundu, auch Betundu und das Dorf hieß Backaschocko.
Die Bevölkerung gehörte schon zu den Batetela mit in die Wälder
geflüchteten Bassonge gemischt. Die Form der Hütten war die
der Batetela. In Spitzform roh zusammengestellte Stämmchen
waren in kunstloser Weise mit Geflecht verbunden und mit Gras
bedeckt. Häute und Rindenzeuge bekleideten die Hüften der Be=
tundu, deren Haar in zwei oder mehr steifen Zöpfen geflochten
wie Hörner vom Kopfe abstand.

Am Nachmittage erschienen auch zu meiner größten Freude
einige Batua und zwar in reinster, unvermischter Qualität, wahre
Prachtexemplare. Die Leute waren klein, von leichtbrauner, gelb=
licher Farbe oder besser lichtgelber Farbe mit bräunlicher Schat=
tierung, langgliedrig und mager, aber doch nicht eckig, ohne jede
Verzierung, Bemalung oder Haarfrisur. Am meisten fielen mir
die heller als bei den Batetela gefärbten, schönen, klugen Augen
auf und die feinen, durchaus nicht negerhaft aufgeworfenen, rosen=
farbenen Lippen. Das Betragen unserer neuen Freunde, die ich
mit ausgesuchter Güte behandelte, war nicht wild wie das der
Batetela, sondern mehr ängstlich bescheiden, ich möchte sagen
mädchenhaft scheu. Im ganzen erinnerten mich die kleinen Männer
auffallend an Abbildungen der Buschmänner des Südens dieses
Kontinents. Die Bewaffnung bestand in kleinen Bogen und
zierlichen Pfeilen, die sie vor dem Gebrauche in eine kleine, mit
Gift gefüllte Kalabasse tauchen, die im Gürtel befestigt ist.

Durch große Langmut und ein fortwährend freundliches
Lächeln gelang es mir, indem ich meine Stimme zu den mir
möglichen mildesten Lauten zwang, mit ihnen zu verkehren und
von ihnen einige Worte ihres durchaus von den Sprachen der
anderen Stämme abweichenden Idioms zu erhalten. Auffallend
unter anderem war es, daß sie hier zwischen den Batetela, die für

das Wort „Feuer" die Bezeichnung „Kalo" haben, das Wort „Kapia" hatten, dasselbe wie unsere Baschilange, mit denen sie auch die Weichheit der Sprache, die etwas von dem Singen unserer Sachsen hat, gemein haben. Weist dieser Umstand nicht auch auf meine Annahme hin, daß die Baschilange, die nördlichsten der Balubavölker, mit Batua stark vermischt sind? In gleicher Weise gab mir die Gleichartigkeit des Hautpigments, der zarte Körperbau, die etwas langen Glieder und anderes mehr zu obiger Vermutung Veranlassung.

Für jedes Wort, das mir die Batua sagten, gab ich ihnen eine Perle; bei dem Überreichen mußte ich mich vorsehen, daß ich nicht die Hand der Leute berührte, denn sie zuckten ängstlich zurück, wenn ich zu nahe kam. Nach Verabredung näherte sich ihnen Bugslag freundlich sprechend mit einer langen Stange, stellte dieselbe dicht hinter einem der Zwerge auf und ließ plötzlich die Hand bis zur Berührung des Kopfes niedersinken. Wie vom Blitze getroffen flog der berührte, kleine Wildling aus unserer Nähe, indes gelang es uns später bei uns besuchenden Batua weitere Maße zu erhalten, die alle zwischen 1,45 und 1,40 Meter schwankten. Weiber habe ich niemals zu Gesicht bekommen. Auffallend war der Unterschied zwischen jungen und alten Männern. Während die jungen mit ihren runden Formen, ihrer lebhaften Hautfarbe und ganz besonders mit ihren fast graziösen, abgerundeten Bewegungen, die ruhig und maßvoll waren, angenehm auffielen, konnte man die alten Leute geradezu abschreckend häßlich nennen. Die Ursache hierzu scheint die mangelhafte Ernährung und das wilde, aufreibende Urwaldleben zu sein. Infolge übergroßer Magerkeit erhielt die am Unterleibe in Falten liegende Haut eine stumpfe, pergamentähnliche Färbung. Die etwas langen Gliedmaßen waren abschreckend dürr, der Kopf erschien wegen des mageren Halses unförmlich dick. Die Leute sprachen unter sich schnell und accentuiert, die jungen respektierten sehr das Wort der älteren.

Die Batua waren hier und, wie ich stets zu beobachten Gelegenheit hatte, überhaupt bei den Bassongestämmen nicht so verachtet, wie bei den Baluba; sie waren sehr gefürchtet wegen ihres wie es heißt furchtbar wirkenden Pfeilgiftes. So sagte man uns, daß in nächster Zeit die Batua den mächtigen Häuptling Zappu Zapp, der sich allmählich hier weit und breit zum Herrn gemacht hatte, töten wollten.

Die eigentliche Heimat der Batua ist der finstere weite Urwald, der ihnen in allen Jahreszeiten eine große Zahl vielleicht

Mit Bugslag bei den Zwergen.

nur ihnen bekannter oder nur von ihnen gegessener Früchte, Wurzeln, Pilze oder Kräuter und ganz besonders Fleisch bietet, letzteres jedoch wohl hauptsächlich nur von kleineren und niederen Tieren, also von Ratten, Nachtaffen, Fledermäusen, einer Anzahl von Nagern, deren mancher vielleicht noch unbekannt ist, hier und da einem Wildschwein, einem Affen, im Glücksfalle sogar einem Elefanten. Anderes Wild kommt im Urwald nicht vor, aber das Leben der kleinen und der niederen Tiere ist um so reicher. Auch Raupen, Cikaden, Termiten und Larven bieten dem Mutua (Singularform) reiche Abwechselung.

Wir sahen von nun ab öfters Batua, ohne jedoch irgend wie besondere Beobachtungen anstellen zu können, da die Leutchen zu zurückhaltend waren, um in irgend welcher Weise aus sich herauszutreten. Erwähnenswert ist, daß am Morgen des Abmarsches einige Batua mit einem kleinen Geschenke von Maniokwurzeln sich mir näherten und mir, als ich das Geschenk lächelnd abwies, so lange um Annahme bettelnd folgten, bis ich ihrem Wunsche nachkam, worauf sie befriedigt zurückkehrten. Es waren dies Batua, die tags zuvor von mir zwecks Vermehrung meines Wortschatzes kleine Geschenke erhalten hatten und die offenbar in dem Glauben, daß meine Geschenke, wenn sie sie nicht erwiderten, mir irgend welche Macht über sie geben würden, derart handelten. Es ist ein solches Mißtrauen so recht bezeichnend für einen echten Wilden.

Kaum der Schrei eines Vogels unterbrach die tiefe Stille des uns ununterbrochene Arbeit und Mühe entgegensetzenden Ur=waldes. Ich entsinne mich nur selten am Abend den gellenden Ruf des Helmvogels und das durch die scharfen Schwingen des Nashornvogels hervorgebrachte Geräusch gehört zu haben. Nur die Termiten knisterten fast ununterbrochen bei der Arbeit. Von irgend welchem Versuch, astronomisch zu arbeiten, war unter diesem nie sich öffnenden Laubdache natürlich nicht die Rede.

Auf der Wasserscheide zwischen dem Lomami und Sankurru trafen wir bei den Eingeborenen eine andere Form der Hütten, obgleich sich dieselben noch Betundu nannten. Es war dieselbe Form, wie wir sie bei den Bassonge früher gesehen hatten und wies wohl darauf hin, daß hier vom Süden geflüchtete Bassonge in der Mehrzahl waren. In der Nacht verließen die Betundu ihre Dörfer, die in unserer Nähe lagen, einen Überfall von uns befürchtend. Das tierisch Wilde dieser Waldbewohner veranlaßte mich zu dem Befehl, daß jeder Mann der Karawane sein Gewehr

Marsch durch den Urwald.

in der Hand tragen und nicht, wie es die Baschilange vielfach
der Bequemlichkeit halber thaten, auf die Last binden oder dem
Weibe zum Tragen geben solle. Unsere braven Söhne des Hanses
gaben ein zu wenig kriegerisches Bild. Am liebsten zogen sie
unaufhörlich schwatzend ihres Weges, die große Hanfpfeife auf dem
Rücken und einen Stock in der Hand in dem für mich recht
schmeichelhaften Gedanken, Kabassu Babu werde schon für sie sorgen,
es könne ihnen unter seiner Führung nichts geschehen.

Der erste der bedeutenderen Bäche, der in den Lomami
münden sollte, war der Luidi, den ich mit Pogge nahe seiner
Quelle überschritten hatte. Für meine große Karawane begann
sich bei der geringen Bevölkerung dieses Waldes, die nur das für
sie notwendigste auf den mühevoll zu rodenden kleinen Lichtungen
kultivierte, Mangel an Nahrung fühlbar zu machen. Der Einkauf
der Lebensmittel ward ebenfalls durch die Wildheit der Betundu
sehr erschwert. Es dauerte unglaublich lange, bis sie sich entscheiden
konnten, für den angebotenen Preis etwas zu geben. Ein Stückchen
Zeug ging erst von Hand zu Hand. Es war geradezu unheimlich,
den Verkehr dieser Wilden untereinander zu beobachten. Wie Wölfe
rissen sie sich um ein Stück, das ihnen in die Augen stach. Heftig
war jede ihrer Bewegungen, scheu ihr Blick, alles erinnerte an das
Benehmen eines wilden Tieres im Käfige, und in Wahrheit waren
diese Leute auch im Käfige aufgewachsen, denn als etwas anderes
ist dieser mächtige Urwald nicht zu bezeichnen, der selten einen
Blick zum Himmel freigiebt, der den Gesichtskreis auf nur kurze
Entfernungen einengt. Einen Häuptling, der beim Handel gegen
einen meiner Leute den Speer zückte, warf der allzeit bereite
Simão, der kühne Schwimmer vom Lubi, nieder, zerbrach ihm
seinen Speer und ließ ihn erst nach einer ausgiebigen Tracht
Prügel wieder laufen. Es trug dies leider nicht dazu bei, daß
man uns mehr Lebensmittel brachte, ja man drohte, uns die Batetela
auf den Hals zu hetzen.

Immer weiter ging es im Dunkel durch die Dörfer der Bena
Piari Kai, der Balonda und Bakialo, bei welchen letzteren wir nach
Flucht der Eingeborenen gezwungen waren, zu nehmen, was wir in
den Hütten und auf den Feldern fanden. Aber auch dies in Verbindung mit den vielen Wurzeln und Früchten, die die Baschilange
aus dem Walde holten, reichte nur zu notdürftigster Ernährung.

Wir bogen nun weiter südlich, dem einzigen Wege folgend, und feierten am 25. Weihnachten, das Fest des Lichtes der Christenheit inmitten dunklen Urwaldes und dunklen Heidentums.

Bald wurde das Benehmen der Eingeborenen in einem solchen Grade scheu und wild, daß es nicht mehr möglich war, irgend welchen Namen zu erfahren. Obgleich sich die Befragten wie hungrige Hunde keifend und stoßend um ein Geschenk rissen, war aus ihnen nichts herauszubringen. Die wunderbarsten Gegenstände als Kopfschmuck trafen wir hier an; so einen, der mit dem Kannibalismus sehr gut in Einklang zu bringen ist, nämlich im zweiten Gliede abgehauene, vertrocknete Finger, die, an Holznadeln befestigt, aus dem dicken Haarwulst in die Höhe zeigten. Es ist, wie ich schon früher mehrfach erfahren hatte, die Sitte bei vielen Anthropophagenstämmen, die genannten Glieder, sowie die Zehen der Füße abzuschneiden und fortzuwerfen, bevor der ekle Schmaus beginnt.

Endlich am 26. unterbrachen hier und da Lichtungen den dichten Urwald. Jubelnd begrüßten wir an diesem Abend offenes Gelände nach dem 13tägigen Urwaldmarsche und lagerten an der Grenze des Stammes der Bena Mona, dicht beim Dorfe Kiagongo an dem wasserreichen Lobbobache. Seit langem hörten wir wieder einmal des Nachts die Stimme des Leoparden, seit 8 Tagen sahen wir die ersten Ziegen wieder, denn die Waldbewohner züchteten als einziges Haustier das Huhn. Es war nun zu Ende mit dem ewigen Festgehaltenwerden von Schlinggewächsen oder Wurzeln, mit dem unaufhörlichen Durchkriechen unter Bäumen, Durchzwängen zwischen Stämmen, Erklettern steiler Hänge und häufigen Aufenthalt zum Freischlagen des Weges mit der Axt. Unsere Kleidung und die der Leute bestand nur noch aus Fetzen, ja viele unserer Baschilange hatten sich Häute erstanden, da ihre Hüftentücher nicht mehr die notwendigste Bedeckung boten. Die entflohenen Eingeborenen kehrten nicht zurück, obwohl sie sich in der Nähe aufhielten.

Nach einem meiner Baschilange, der in eine Palme hinaufgestiegen war, um Nüsse herunterzuschlagen, hielten einige Eingeborene Scheibenschießen mit dem Bogen ab und wurden erst durch das Erscheinen mehrerer meiner in der Umgegend umherziehenden und Nahrung suchenden Leute vertrieben. Wir mußten überall Nahrungsmittel nehmen, da niemand da war, sie uns zu verkaufen

und da meine Leute von der Hungerkur des Waldes recht mit=
genommen waren. In der Nacht wurden wir durch Geschrei und
heftiges Schießen geweckt, und als ich nach der Stelle kam, um
nutzloses Feuern in die Dunkelheit zu verbieten, brachte man mir
zwei verwundete Baschilange. Der eine hatte einen Pfeil tief im
Kniegelenk, ein Weib war nur am Arme gestreift; letztere wurde
nach Anwendung von Ammoniak verbunden und glücklich wieder
hergestellt, der Mann jedoch starb, nachdem es Le Marinel noch
gelungen war, ihm den mit vielen Widerhaken versehenen Pfeil,
der sich auf dem Knochen krumm gebogen hatte, zu entfernen, kaum
5 Minuten nach der Verwundung und zwar unter Krampf=
erscheinungen, die die Wirkungen eines Pfeilgiftes konstatieren ließen.
Wir begruben noch während der Nacht ihn und einen Muschilange,
der an Lungenentzündung gestorben, mitten im Lager und
zwar derart, daß die Eingeborenen keine Spur vom Grabe, wie
wir hofften, finden würden, um ihnen nicht den Triumph zu gönnen,
daß sie einen der Unsrigen getötet hätten und andererseits die
Leichen davor zu bewahren, als willkommenes Mahl zu dienen.

In aller Frühe brachen wir zum Abmarsch auf und stießen
bald auf ungefähr 20 Bewaffnete, die uns, zum Wurfe und
Schusse fertig, den Weg verschlossen. Ich begann, trotz der Ver=
räterei der letzten Nacht, Verhandlungen mit ihnen anzuknüpfen,
da ich vor allem endlich zu erfahren wünschte, wo wir waren und
welche Richtung wir zu nehmen hätten, um nicht wieder in den
ringsum sichtbaren großen Urwald zu gelangen. Die Bena
Mona waren zu bewegen, vor uns her zu gehen und war es mir
möglich, wenn auch nur mit vieler Mühe, meine entrüsteten
Soldaten und die Baschilange abzuhalten, auf die vor uns her
Marschierenden zu feuern. Da uns unausgesetzt Bewaffnete entgegen=
kamen, wuchs unser Führertrupp immer stärker an.

Im Äußern erinnerten uns die Bena Mona an die Bassongo
Mino; sie waren groß, schlank und doch muskulös gebaut, trugen
wie jene meist schwarz gefärbte Palmstoffe*), auch eben solche kleinen
Tücher als Kopfbedeckung, waren meist mit starken Bogen und
großen Bündeln langer Pfeile, sehr selten mit dem Speer, dann

---

*) Eine schöne schwarze Farbe wird allen Stoffen, auch dem Holz,
dadurch gegeben, daß man den zu färbenden Gegenstand eine bestimmte Zeit
lang in den Quellmorast einiger Bäche eingräbt.

mit sehr schönen Messern und den uns von den Bassonge von
früher her bekannten Kriegsäxten bewaffnet. Die Leute waren
wild, unstät und offenbar als Krieger gefürchtet, denn ich entsinne
mich, daß oft mit Furcht von den wilden Bena Mona die
Rede war.

Bald sahen wir, daß unsere Führer uns vorausmarschierten
nach einem der größten Dörfer vor uns auf der Kuppe einer
Höhe, nach einer Stellung, die auch mir ganz günstig schien; denn
daß wir hier nicht ohne unsere Macht zu bethätigen fortkommen
würden, war mir nach dem Benehmen der wilden Mona und nach
der Aufregung meiner eigenen Leute klar. Bevor wir noch die
Dörfer erreichten, fielen denn auch schon an der Queue der
Karawane Schüsse, die mich jedoch zunächst nicht abhielten, den
Weg nach weiter oben fortzusetzen, bis Meldung von rückwärts kam,
daß Bugslag mit der Queue der Karawane abgeschnitten sei. Ich
ließ Le Marinel halten und die Karawane auflaufen und begab
mich mit einigen der Soldaten nach rückwärts, begegnete aber
sogleich Humba, der mir meldete, die Sache hinten sei schon vorbei
und Bugslag im Anmarsche. Gleichzeitig zeigten mir dunkle Rauch=
wolken an, daß meine den abgeschlagenen Feind verfolgenden
Soldaten die Gehöfte angezündet hatten. Wie ich später erfuhr,
hatte Bugslag selbst von einem am Wege stehenden Eingeborenen
ein Huhn kaufen wollen und während er mit ihm verhandelte, war
aus einem sich nähernden Trupp mit Pfeilen auf ihn geschossen
worden. Auf die nächste Entfernung hatten die Meinen sofort den
Angriff erwidert und die Eingeborenen hatten sich, nachdem sie 8 der
Ihren tödtlich getroffen hatten liegen lassen, in das Dorf zurück=
gezogen, wohin sie von meinen Leuten verfolgt worden waren.

Trotzdem an der Tete der Feind auf über 100 Mann
angewachsen war, marschierten wir auf meinen Wink weiter nach
vorwärts. Die Führer, die jetzt auch Meldung bekommen hatten
von dem, was hinten vorgegangen war, liefen stets vor uns her,
offenbar in der Absicht, einen weiteren Angriff auf uns so lange
aufzuschieben, bis ihre Anzahl unserer Macht, die sie jetzt übersehen
konnten, mehr gewachsen sei. Etwa 200 Krieger standen uns
erwartend vor dem Dorfe und als sich unsere Führer mit ihnen
vereinigt hatten, wurden uns unverständliche Unterhandlungen
geführt, ohne daß wir jetzt weiter vorwärts kommen konnten. So

Allerlei Ethnologisches.

(Götterbild der Baluba vom Lualaba. — Hüftschurz der Benecki. — Federbusch der Bassongo-Mino. — Pfeife und Tabak der Bena Riamba. — Kalabassen.

lief denn naturgemäß die Karawane allmählich auf und bildete einen Knäuel, an dessen Tete ich mit Le Marinel und an dessen Queue Bugslag, natürlich zum Gefecht bereit, auf unsern Stieren hielten. Die Weiber hatten sich von selbst wie eine furchtsame Hammelherde in der Mitte des Haufens zusammengedrängt, während die Bewaffneten ihre Lasten niederlegten und nach außen Front machten. Ich wollte wegen des hier ringsum nicht günstigen Terrains den Marsch noch weiter fortgesetzt wissen und unterhandelte diesbezüglich mit einigen Kriegern, die einen höheren Rang unter den übrigen einzunehmen schienen. Fortwährend kamen von allen Seiten Bewaffnete herbeigeströmt und in ganz kurzer Zeit waren wir dicht umringt, die Eingeborenen schon den Pfeil in der linken Hand auf den Bogen gepreßt und die Speere fertig, doch noch unentschlossen, und meine Leute auf die Erlaubnis wartend, zu feuern. Wer jetzt von den Parteien zuerst die Waffen brauchte, mußte großen Erfolg haben; es konnte kein Pfeil, kein Speer auf die Entfernung von 2 Meter unsern dichten Haufen fehlen, es mußte ebenso das Geschoß aus unseren Waffen irgend einen der dicht uns umschließenden Wilden treffen und schon wollte ich, um den günstigen Moment, der erste zu sein, nicht zu verlieren, Feuer kommandieren, als sich vor mir der Kreis ein wenig öffnete und ein älterer Mann, der sich wie der früher schon erwähnte Bassonge-Häuptling, Zappu Zapp nannte, auf mich zuschritt.

Ich sagte ihm, daß ich weiter vorwärts lagern wolle und daß, wenn seine Leute statt der Waffen Hühner brächten oder Nahrungsmittel überhaupt, die Bena Mona noch vor Ablauf des Tages manches schöne Stück Zeug und manche Perle sich verdienen könnten. Ich hoffte, der Häuptling würde, um eine noch größere Anzahl der Seinen zu erwarten, uns diese Frist geben, die auch mir zur Vorbereitung für das Gefecht, besonders zur Verteilung der äußerst knappen Munition, nötig war. Mein hochmütiger Ton und ganz besonders ein mehrfaches Gelächter, das ich in der Unterhaltung mit Le Marinel anschlug, mochten den Eingeborenen ein Zeichen sein, daß ich sie für noch nicht so gefährlich hielt. Bei der Unterhandlung hatte ich das Gewehr vor mir auf dem Sattel, die Mündung auf den Häuptling gerichtet, fertig und den Finger im Abzug, so daß beim ersten Zeichen des Gebrauchs einer Waffe der vor mir Stehende gefallen wäre.

Der ganze Knäuel von Freund und Feind setzte sich denn auch in
Bewegung und auf einigen Wegen nach rechts und links sowie nach
vorwärts jagten Boten ab, selbstverständlich nur um die Nachbarn zu
dem in Aussicht stehenden fetten Fange zu rufen. Ich war dicht an
der Stelle, wo ich halten wollte, als abermals am Ende der wieder
etwas in die Länge gezogenen Karawane, wo Bugslag ritt, heftiges
Gewehrfeuer ertönte. Jetzt war es vorbei mit unseren Friedens=
künsten, denn auch die vor uns und seitwärts von uns Rennenden
griffen zu den Waffen und Pfeile flogen, so daß ich selbst von den
vor uns Front machenden einige niederschoß. Dann aber überließ ich
Le Marinel das weitere an der Tete und eilte nach rückwärts, wo
die größte Masse der Bena Mona anzugreifen schien. Auch hier
verstummte abermals das Feuer, ehe ich die Queue erreichte, und
da ich in der Karawane eine Patronenlast antraf, ließ ich dieselbe
aufbrechen und schickte an Le Marinel und Bugslag Munition.
Nur vereinzelte Schüsse fielen noch auf die nach allen Seiten
flüchtenden Bena Mona. Dann stiegen auch schon überall Rauch=
wolken auf, ein Zeichen der Anwesenheit von Baschilange.

Ich ließ zum Sammeln blasen und marschierte, um aus dem
Bereiche der überall vertheilten Dörfer unseres Feindes heraus=
zukommen, unangegriffen weiter. Noch immer kam uns zwar in
hellen Haufen Zuzug der Wilden entgegen, kehrte aber bei unserem
Anmarsch um und entfloh. Wir passierten auf unserem Wege ein
fast 2000 Meter langes, von Ölpalmen dicht beschattetes Dorf, in
dem zu ihrem großen Jubel unsere Leute etwas Korn fanden, so=
dann machte ich der großen Hitze wegen am Rande eines Baches
auf übersichtlicher Stelle Halt und Lager. Es waren nach den
einlaufenden Berichten ungefähr 20 Eingeborene gefallen, auf
unserer Seite jedoch nur Verwundungen zu konstatieren. Ich ließ
das Lager vollständig schließen und stellte rings im Kreise gedeckte
Feldwachen aus, um uns bei Nacht vor einer ähnlichen Verrätherei
wie gestern zu schützen. Gegen Abend wurden auch überall in der
Nähe Trupps von Eingeborenen gesehen, die aber in angemessener
Entfernung blieben, von Le Marinels und Bugslags Büchsen belehrt.
Im großen Kreise rings um die vorgeschobenen Posten ließ ich
Feuer machen von trockenem Holz, die während der ganzen Nacht
das Vorterrain auf 50 Schritte beleuchteten. Es wurde infolge=
dessen unsere Nachtruhe nur gestört von der geräuschvollen Art

und Weise, mit der ich, die Wachen revidierend, einige eingeschlafenen Posten erweckte.

Beim ersten Morgengrauen brachen wir auf, um dem Lande der unfreundlichen Bena Mona den Rücken zu kehren. Wir gerieten bald abermals in ein Gewirr von Dörfern, die indes verlassen waren, kehrten, da der Weg zu weit nach Süden führte, wieder um und suchten und fanden einen anderen freien Weg nach Osten, den am Tage vorher zu diesem Zwecke ausgesandte Boten nicht gefunden hatten. Man kann sich auf den Bantuneger, selbst auf den besten, nie verlassen und muß der Europäer, der mit solchen Leuten reist, stets selbst zur Hand sein, wenn er überzeugt sein will, daß eine wichtige Arbeit richtig erledigt wird. Trotz der Aufregung von gestern hatte ich in der Nacht manchen Posten schlafend gefunden und meine besten Leute hatten den großen, offenen Weg nach Osten übersehen. Der schöne breite Weg im offenen Gelände machte uns das Marschieren nach den Erfahrungen im Urwalde geradezu zum Genuß.

Nach angestrengter Arbeit machten wir den 20 Meter breiten und mit tobendem Gefälle sich in Kaskaden über Felsgeröll dahinwälzenden Lukulla durch eine Brücke passierbar.*) Das Übersetzen dauerte, da der geworfene Baumstamm nur mit großer Vorsicht zu passieren war, bis gegen Abend. Zweimal stürzten Leute von der Brücke herab, wurden zwar gerettet, verloren aber die Gewehre und unseren Eßkoffer, der unser sämtliches Geschirr und unseren letzten Cognac enthielt. Ich lief selbst stromabwärts, wo das Wasser ruhiger und tiefer wurde und suchte tauchend lange nach dem Korbe, jedoch vergebens; nur durch einen Zufall fand ich eines der Gewehre wieder. Die Bena Mona waren klug genug gewesen den Übergang des Flusses für einen günstigen Moment zum Überfall zu halten, trafen aber bei ihrem Anmarsche auf einen Verhau, durch welchen ich zur Sicherung nach rückwärts zwei sich nähernde Dschungel verbunden und mit einer Wache besetzt hatte und kehrten um, bevor sie Feuer erhielten.

Für uns Europäer waren die letzten Tage ohne Ruhe bei Tag und Nacht gewesen und fühlten wir uns bei der höchst mangelhaften Nahrung körperlich geschwächt, wenngleich die geistige Aufregung uns frisch erhielt. Schlimm war es mit der Zeit in unserer

---

*) Siehe das Bild auf Seite 124.

Karawane geworden, die Hungerkur hatte schon allzulange angehalten. Viele Krankheiten waren die Folge der schlechten Ernährung. Einige Leute taumelten vor Hunger und Schwäche beim Marsche und wenn wir nicht bewohntere Gegenden trafen, mußte uns die offene Savanne unheilvoller werden als der Urwald, denn hier hatten unsere Leute doch noch manche Frucht und manchen Pilz gefunden, der den peinigenden Hunger stillte. Es ist wahrlich nicht leicht in solchen Gegenden eine Schar von nahezu 900 Menschen zu erhalten. Ich hatte beim Abmarsche auf ähnliche Verhältnisse gerechnet, wie ich sie mit Pogge damals kaum einen Grad weiter südlich angetroffen hatte, Verhältnisse, die eine Reise mit zehntausend Mann ermöglicht hätte. Das Mark der Palmen bot uns jetzt fast ausschließlich Nahrung, war aber auch nur mit großer Mühe zu erlangen, denn erstens muß der starke, zähe Baum gefällt werden und dann erst kann durch abermalige schwere Arbeit mit der Axt das Herz des Baumes, das unter der Krone sitzt, herausgeschlagen werden.

Die Bena Mona, welche dieses magere Land bewohnen, sind ein von Natur bösartiger Stamm; ich möchte sagen, es war das erste Volk, das sich, noch unberührt von Sklavenjägern, uns in so ausgesprochen feindseliger Weise gegenüberstellte. Erfahren hatten die Bena Mona allerdings schon von dem Wüten der mit Gewehren kommenden weißen Leute, der Araber, und es ist möglich, daß sie uns gleiche Absichten unterlegten und hieraus ihre feindliche Stimmung gegen uns entsprang.

Bei der Unzahl der sich kreuzenden Wege und weil vor uns im Osten und überall im Norden der finstre Urwald drohte, ging ich an dem Lubefufluß aufwärts nach Süden. Ich mußte bald in ein Lager kommen, wo es etwas zu essen gab, denn das Gespenst des Hungers drohte meiner immer schwächer werdenden Karawane ernstlich. Am 29. erreichten wir Dörfer der Bassange, die uns von früher in guter Erinnerung waren. Da leider das Gerücht von den Gefechten mit den Bena Mona vor uns herlief, flüchteten die Eingeborenen, alles mit sich nehmend, vor uns her und nur wenigen gelang es, geringe Mengen in der Eile zurückgelassener Lebensmittel zu erbeuten. Unsere Versuche, durch Jagd dem Mangel abzuhelfen, blieben erfolglos, die Gegend war zu wildarm. Eine mächtige Pythonschlange entdeckten meine Leute, die aufgerollt in einem dichten

Busche lag und holten mich herbei, um sie zu schießen, denn das Fleisch derselben wurde von unseren Baschilange gern gegessen. Ich näherte dem Kopfe der Riesenschlange die Mündung meiner Büchse

bis auf einen Meter, bevor sie aus ihrer Apathie erwachend mich bemerkte. Ich schoß und ..... fehlte den Kopf des kolossalen Reptils, das nach dem Knalle blitzschnell im Dickicht verschwand. Die mich umstehenden Baschilange, die sonst die Sicherheit meiner Büchse kannten, hielten meinen schlechten Schuß für Fetisch der Bena Mona.

Wir konnten schon nicht mehr fern von meiner Reiseroute im Jahre 1881 sein, als wir auf einige provisorisch aufgeschlagene Dörfer der Baffonge unter dem Häuptlinge Mona Kassongo stießen. Unsere Freude, hier Nahrungsmittel zu finden, ward abermals getäuscht. Kassongo war vor einigen Horden Tibbu Tibbs hierher geflüchtet und Streifpatrouillen kehrten, die Nacht be=

nutzend, nach ihren bisherigen Wohnsitzen zurück, um das Notwendigste an Nahrung aus ihren alten Feldern herbeizubringen. Immerhin erhielten wir ein wenig Lebensmittel, die uns wieder Mut und Hoffnung für später gaben. Kassongo kam mit gegen 60 Gewehrträgern zu mir zum Besuch und klagte über die furchtbare Heimsuchung der von hier südlich liegenden Gebiete durch die Horden Tibbu Tibbs. Er sagte mir, daß der mächtige Stamm der Benecki ganz vernichtet sei, daß Mona Lupungu, mein alter Freund von früher, nach Süden ausgewichen sei, von wo er sich mit Mona Kakesa, dem anderen größten Häuptlinge der Kassonge in das Land der Baluba gerettet habe vor mordenden und sengenden Zügen der Araber. Kassongo lag hier schon zwei Monate, auf den Abzug der Sklavenjäger hoffend, jeder Zeit bereit nach Norden in die Urwälder der Batetela zu flüchten. Wir erhielten von allen Seiten solch eine Menge sich zum Teil widersprechender Nachrichten von dem Kriege, der in den südlicher gelegenen, mir bekannten Ländern wüten sollte, daß wir nicht wußten, was wir davon glauben sollten. Regelmäßige Dörfer trafen wir nicht mehr an, sondern von nun ab nur noch versprengte Trupps verschiedener Stämme der Bassonge, die, mich zum Teil erkennend, uns so gut mit Lebensmitteln versorgten, als ihnen dies in ihren bedrängten Verhältnissen eben möglich war. Häuptlinge besuchten mich und brachten Sklaven zum Geschenke mit der Bitte, für dieselben später Ziegen einzukaufen, da sie nicht im Stande seien mir auch nur eine Ziege, ja kaum ein Huhn zu verschaffen.

Zu meiner nicht geringen Besorgnis erfuhr ich, daß viele meiner Leute Pulver und Zündhütchen verkauft hätten, um Nahrungsmittel zu erlangen. Es war dies fast der einzige von den armen gejagten Eingeborenen verlangte Tauschartikel, das einzige Mittel, sich ihrer furchtbaren Feinde zu erwehren.

Der Sylvesterabend des Jahres 1886 fand uns drei Europäer der Karawane besorgt in die Zukunft blickend. Le Marinel brachte zur Feier und um unsere schweren Sorgen zu zerstreuen eine Flasche Rum zum Vorschein, deren Genuß unserer durch die mangelhafte Nahrung geschwächten Konstitution jedoch sehr schlecht bekam. Voller Sorgen sahen wir die Sonne des ersten Tages des Jahres 1887 aufgehen. Nach Norden und nach Osten drohte uns der finstere Urwald, dessen Qualen uns noch frisch im Gedächtnis waren; nach Süden und Westen, so hörten wir, war alles auf weite Entfernung

Auf der Stätte von Kafungoi.

hin entvölkert. Rings um uns lagerten 900 Menschen durch Hunger und Strapazen sehr geschwächt. Nichts halfen uns unsere Waren, nicht einmal unsere Macht, denn es war eben nirgends etwas Genießbares zu kaufen, noch zu nehmen. Wir setzten daher trüber Stimmung unsere Reise fort nach Ost-Süd-Ost und trafen bei Kafungoi Pogges und meine alte Straße wieder. Aber wie verändert! Wo uns früher Tausende von Benecki, die Bewohner der uns damals überraschenden, schönen, reichen Stadt, freundlich begrüßten, wo wir in allen Genüssen, die ein reiches Land, von fleißigen Eingeborenen bewohnt, in Afrika nur irgend zu bieten vermag, geschwelgt hatten, wo wir in Friede und Freundschaft von Dorf zu Dorf begleitet waren, da fanden wir jetzt eine durch Mord und Brand entvölkerte Einöde. Dieselben mächtigen Palmenhaine, die früher die Stadt der glücklichen Benecki bezeichneten, nahmen uns in ihre Schatten auf. Doch unheimliche Stille, nur hier und da vom Zwitschern der Webervögel unterbrochen, vertrat die freundlichen Begrüßungsrufe der harmlosen früheren Bewohner. Die Nischen in dem Palmendickicht zu beiden Seiten der breiten geradlinien Wege, vor 3 Jahren ausgefüllt von den reinlichen Gehöften der Benecki, waren mit mannshohem Grase bedeckt, aus dem hier und da ein verkohlter Pfahl, ein gebleichter Menschenschädel und zerbrochenes Gerät an die Existenz unserer alten Freunde erinnerten. Wo waren die Tausende und aber Tausende des fleißigen Volkes, das durch seine große Anzahl bis damals von feindlichen Eingriffen gesichert war, wo waren sie geblieben? Mich überlief ein Schauer der Wehmut bei diesem Anblick, bei der Erinnerung an die schönsten Tage unserer ersten Reise, die wir bei dem freundlichen Empfange der damals noch ganz unberührten, gutmütigen Wilden genossen hatten. Mich überkam heiß das Gefühl des Zornes, der innersten Empörung gegen die mörderische Brut habsüchtiger Sklavenhändler, die diese furchtbare Veränderung hervorgerufen hatten.

Glücklicherweise fanden unsere Leute in den Palmen, in einigen Bananendickichten, die der Zerstörungswut der Räuberbanden entgangen waren, in einigen schon mit Gras überwachsenen Kartoffelfeldern, aus denen noch zu riesiger Größe angewachsene Knollen ausgegraben wurden, die notwendigste Nahrung. Es sollten für lange Zeit Palmnüsse, das Mark der Palmen, süße Kartoffeln und unreife Bananen unsere einzige Nahrung bilden, denn was wir hier in Kafungoi fanden, wiederholte sich noch während vieler Tagemärsche.

Ich will vorgreifen, um zu erzählen, was ich erst später erfuhr, wie das schreckliche Schicksal über die früher so glücklichen Länder gekommen war. Der Araber Tibbu Tibb und Famba, welch Letzterer früher mehr handelnd als raubend westlich des Lomami sich aufgehalten hatte, waren in Streit geraten über das Recht auf diese Gebiete. Der bei weitem mächtigere Tibbu Tibb hatte seine Leute, verstärkt durch die Kannibalenhorden der Bena Kalebue über den Lomami gesandt, um für sich die Länder bis zum Sankurru zu sichern. Ich weiß, da ich den Araber Hamed bin Mohamed, Tibbu Tibb genannt, von früher kenne, daß wenn er selbst hierher gekommen wäre, die Folgen des Zuges nicht so entsetzliche gewesen wären, als sie es waren, da er nur seine Kreaturen als Anführer schickte. Wenn schon der Araber gegen Eingeborene, die ihr Hab und Gut, die ihre Freiheit mit den Waffen in der Hand zu schützen suchen, rücksichtslos ist, wie es ihm seine Religion erlaubt, so ist er doch im allgemeinen nicht der raffinierten Bosheit fähig, wie die halbblütigen Kanaillen von der Küste, wie seine Sklaven, die außer dem ihren Herrn abzuliefernden Tribut für sich nach Möglichkeit durch Sklavenraub sorgen. Elfenbein wagen sie nicht zu unterschlagen, doch Sklaven können sie verbergen und wenn der Herr befriedigt ist von der Ausbeute des Zuges, so kümmert er sich wenig um die Art und Weise, in der auch seine Leute für sich sorgen. Der Araber denkt auch im allgemeinen weiter als der Bastard, der von beiden Rassen, denen er seine Entstehung verdankt, nur die schlechten Eigenschaften geerbt zu haben scheint. Ersterer will die eingeborenen Fürsten sich tributpflichtig machen, während jener nur darauf bedacht ist, eine möglichst große Anzahl Sklaven zu erwerben und sich nicht weiter darum kümmert, was später aus den verwüsteten Ländern wird. Die Schuld des Urhebertums dieser Gräuel trifft aber ohne jede Frage den Araber, denn nur durch seine Initiative ward es möglich, immer weiter vorzudringen, immer weiter zu unterjochen, zu entvölkern, und daher muß, wenn man an Abhülfe denkt, wenn man den armen, wehrlosen Eingeborenen nachhaltig schützen will, das Arabertum in diesen Ländern ausgerottet werden mit Stumpf und Stiel, bevor es eine Macht erreicht, der wir Europäer des feindlichen Klimas und der Entfernung wegen

nicht mehr gewachsen sind, wie dies im Süden der Fall war. Es
war hohe Zeit, daß bald nach den bösen Tagen, über die ich hier berichte,
schärfer vorgegangen wurde gegen die afrikanische Pest, und mir
speciell gewährte es hohe Genugthuung, daß ich berufen war, beim
Niederschlagen des Aufstandes der Araber in Ostafrika an der Küste,
von der aus die Hauptanregung zu den beschriebenen Gräueln aus=
geht, den empfindlichsten Schlag zu führen.

Wenn auch die Flotten Englands und Deutschlands den
Export der meist aus diesen Gegenden des centralen Afrikas ver=
schleppten Sklaven verringern, so schneidet doch erst die Besetzung
der Küstenplätze und der großen Handelsstraßen dem Sklavenhandel
und damit der Sklavenjagd die Zukunft ab. Jetzt, wo ich dies
niederschreibe, ist vieles schon geschehen, jedoch noch sind die
Operationsbasen der Sklavenhändler im Innern Tabora, Udjidji
und Nyangwe Absatzgebiete für Sklaven. Noch lebt Tibbu Tibb,
wüthen Muini Muharra und andere Sklavenjäger Verderben bringend
gegen die ihnen wehrlos gegenüberstehenden, nur mit Speer und
Bogen bewaffneten Eingeborenen. Noch ist viel zu thun übrig zum
Schutze der Freiheit und des Lebens von Millionen harmloser
Kreaturen; noch ist es möglich, daß vom Sudan der Araber südlich
vom Äquator verstärkt wird. Aber Deutschland ist doch schon gerüstet
zu weiterem Schutz, schon bereit, einer vom Norden drohenden Ver=
mehrung der Gefahr Halt zu gebieten und ich hoffe, daß ehe noch
dieser Ausdruck meiner tiefsten Empörung dem Leser vorliegt, ich
schon wieder die Arbeit aufgenommen habe, deren Endzweck, die
Befreiung des äquatorialen Afrikas von der Pest des Arabertums,
mein Lebensziel geworden ist.

Der Gang des Vernichtungskrieges, dessen ich oben Erwähnung
that, ist folgender gewesen:

Mona Lupungu hatte statt, wie verlangt, an Tibbu Tibb an
Jamba Tribut entrichtet und war, als er sich weigerte, auch an
Tibbu Tibb zu zahlen, überfallen und vertrieben worden. Er hatte
sich auf Mona Kakesa, der ihm befreundet war, zurückgezogen und
als auch zu diesem die Scharen Tibbus ihm folgten, wanderten
beide, viele Gefangene als Sklaven in den Händen der Angreifer
lassend und nach dem Verluste vieler Menschenleben nach Süden
an die Grenze der Belande aus. Die Horden des Arabers zogen,
nicht darauf achtend, wo ihr Feind sei, sondern nur begierig, Elfen=

bein und Sklaven zu erbeuten, zu den Benecki, die sich immer nur für die Zeit der Anwesenheit der Räuber in die Wälder flüchteten. Der weiter westlich wohnende Zappu Zapp war, wie wir schon wissen, zum Sankurru geflohen, und die Bassange entwichen, nach fruchtlosen Versuchen sich zu wehren, nach Norden, hierher, wo wir jetzt lagerten, um nötigenfalls im schützenden, großen Urwalde sich zu bergen.

Die Benecki, die ihre reichen Dörfer und Felder nicht verlassen wollten, kehrten nach jedesmaligem Abmarsche der Räuberhorden zurück und fingen wieder an zu pflanzen; doch stets, wenn die Felder zur Reife standen, erschien auch das Raubgesindel wieder, dessen Züge ja ebenfalls von vorzufindender Nahrung abhingen. So wurde denn mehrfach hintereinander das friedliche Volk der Benecki überfallen, jedesmal wurden die Tapfersten, die sich des Raubes wehrten, getötet, viele Weiber und Kinder mitgeschleppt, während sich der größte Teil in den Wald rettete; aber die notwendige Folge von dem wiederholten Verwüsten der Felder war eine furchtbare Hungersnot und in deren Fußtapfen folgte, von den Arabern eingeschleppt, die Pockenseuche. So hatte denn Krieg, Sklavenraub, Hunger und Pest in drei Jahren dies immens bevölkerte Gebiet mit seinen Tagereisen langen Städten vollständig zu entvölkern vermocht, nur ein verschwindend kleiner Rest, so erfuhren wir, hatte sich zu Zappu Zapp nach dem Sankurru durch die Flucht gerettet.

Am 3. Januar passierten wir den Lubefu bei 60 Meter Breite und 0,3 Meter Wasserstand; das Bett war 50 Meter tief in rötlichen Sandstein mit fast senkrechten Wänden eingeschnitten. An der Stelle der Passage wurde tiefer Triebsand unseren Reittieren gefährlich. Wo immer wir aus dem schmalen Thale eines Wasserlaufes die Höhe betraten, nahm uns ein langgestreckter Palmenwald, früher eine Stadt der Benecki beschattend, auf. Wir lagerten in einem solchen, ehemals der Stadt Kifussa. Heute mußte jedes Mitglied der Karawane seine Nahrung, die es auf dem Wege gefunden hatte, selbst mit sich ins Lager bringen. Fast schon überwachsene Bananen, wiederaufgeschossene Dickichte von Ananas, Reste früherer Kartoffelfelder und Palmnüsse waren in den früheren Gärten und Kulturstellen der Benecki aufgefunden worden. —

Mona Lupungu, aus dessen Lager ebenfalls zum Zwecke der Verproviantierung sich Patrouillen in den verödeten Städten herum-

Die Araber unter den Benetki.

trieben, sandte zu mir und ließ mich bitten, ihn zu besuchen, was ich zunächst ablehnte, besonders um zu verhindern, daß meine Baschilange ihre Waffen verkaufen möchten für Elfenbein und meine Karawane dadurch geschwächt werden würde. Mein Geist war während dieser ganzen Zeit damit beschäftigt, festzustellen, ob es möglich sei, die, wie es hieß, diesseits des Lomami lagernde Truppe Tibbu Tibbs zu bestrafen und ob dies meinem Auftrage entsprechend und opportun sei. Hätte ich statt der Baschilange, die mit den Gewehren gegen Wilde, die nur mit Pfeil und Bogen bewaffnet waren, sich recht gut benahmen, Küstenleute gehabt in derselben Anzahl, so wäre fraglos ein Reinigen der Gegenden von den Räuberbanden der Araber durchführbar gewesen. Mit meinen Baschilange aber, die noch dazu durch Hunger derart entkräftet waren, daß sie kaum den Strapazen des langsamen Marsches gewachsen waren, konnte ich kaum auf Erfolg im Kampfe mit den im Kriege großgewordener Sklaven und Küstenleuten der Araber mich messen. Ich hätte, auch wenn ich gegen eine dieser Banden erfolgreich gewesen wäre, doch bald der Übermacht und den besseren Kriegern weichen müssen, und es wäre dann mehr verdorben als genützt. Friedlich konnte ich unter den obwaltenden Umständen bei den Arabern mehr erreichen als mit Krieg. Da ich der Meinung war, daß das Verhältnis der Station im oberen Congostaate bei den Stanley-Fällen mit den Arabern ein gutes sei und da ich nichts von den unterdes dort aufgetretenen Unruhen wußte, so hoffte ich, Tibbu Tibb durch Drohungen mit Beschlagnahme seines Eigentums in Sansibar und an der Küste einschüchtern zu können. Ich mußte also nach reiflicher Überlegung, ich kann wohl sagen mit schwerem Herzen, von dem Gedanken abstehen, die armen Eingeborenen direkt gegen ihre Peiniger zu unterstützen, wollte jedoch auf alle Fälle mich so schlagfertig erhalten, als dies unter den traurigen Verhältnissen, in die meine Karawane durch die Reise der letzten Wochen gebracht war, nur möglich war und drohte daher den Verkauf von Waffen und Munition in meiner Karawane mit schweren Strafen. Ich hätte wohl gewünscht, imstande zu sein, jedem der von den Arabern bedrängten Stämme eine Anzahl Waffen geben zu können, die sie befähigten, sich der Räuber zu erwehren.

Le Marinel und ich mühten uns ab, Fleisch zu verschaffen mit der Büchse, jedoch umsonst; nur einige Enten belohnten unsere weit ausgedehnten, ermüdenden Jagdzüge.

Am 4. näherten sich unter fortwährendem Geknall 20 mit Gewehren Bewaffnete, die 7 Sklaven als Geschenk für mich brachten. Ihnen folgte Mona Lupungu, ein Bassongefürst, der uns im Jahre 1882 äußerst gastfrei aufgenommen hatte. Er war von seinem drei Tagereisen weit entfernten Lager hierher geeilt, um uns zu sich zu holen. Er hatte sich in seinem Äußeren ungemein verändert; auch er hatte die Blattern gehabt und war durch dieselben, die auch den Verlust eines Auges herbeigeführt hatten, unglaublich entstellt. Auch war sein Benehmen ein anderes als das bescheidene, freundliche von damals: er hatte, wohl durch die Hetze der letzten Jahre, etwas Unstätes, Wildes angenommen, das früher durchaus nicht in seinem Wesen lag. Nach vielen Bitten meiner Baschilange gab ich dem Ersuchen des Häuptlings nach, zu ihm zu kommen. Seine Begleiter, schöne, kriegerische Gestalten, ebenfalls durch das wilde Treiben der letzten Jahre verroht, stachen als Krieger äußerst vorteilhaft ab von meinen armen, mageren, zerlumpten Baschilange, und flößten diesen zum Teil Besorgnis ein, da sie wußten, daß wir in ein großes Kriegslager, nämlich des mit Lupungu vereinten Mona Kakesa gehen sollten. Ein anderer Teil der Karawane drang darauf diese Beiden zu besuchen, damit sie auf ihrem Rückwege in dieser Hungergegend einen Stützpunkt hätten. Alle waren übermüdet und entkräftet, unzufrieden, was ja auch sehr erklärlich war, und in einer Stimmung, in der die meisten wohl den Rückmarsch in ihre Heimat vorgezogen hätten. Um dem vorzubeugen, eilte ich also so schnell als es mit meinen schwachen Leuten ging nach Süden zu Lupungu. Unterwegs kamen uns fortwährend Bewaffnete entgegen, auch eine Gesandtschaft von Mona Kakesa, die uns Mais und Maniok brachte.

Am 6. machte ich ungefähr ein Kilometer von dem Lager der beiden Häuptlinge entfernt Halt. Viele Tausend Menschen, unter ihnen nur wenige Weiber, waren dort versammelt, von denen ca. 300 mit Gewehren bewaffnet waren, während die übrigen Leute Speer und Bogen führten. Das Treiben in dem großen Lager war roh und wild, wie es unter den kriegerischen Verhältnissen nicht anders zu erwarten war, denn nur zwei Tagereisen von hier entfernt sollte ein Trupp Tibbus sich aufhalten, um dies Lager anzugreifen und es mußte dieser Trupp sehr stark sein, denn die Bassonge waren sich klar, daß sie sich nicht schlagen, sondern beim Anmarsche des Feindes weiter fliehen würden. Als ich einer Idee folgend

Mona Lupungu bringt Sclaven zum Geschenk.

beide Häuptlinge fragte, ob sie mit mir vereint die Krieger des Arabers angreifen wollten, wiesen sie dies bestimmt zurück. Sie glaubten auch nicht, daß meine Frage ernst gemeint sei, denn sie sagten, wir Weißen wären ja doch Freunde der Araber und jedenfalls viel schwächer als jene.

Da die reichlichen Geschenke der Häuptlinge in Lebensmitteln bestanden, so gönnte ich meiner Karawane für einige Tage Ruhe. Wir waren hier an der südlichen Grenze des verschwundenen Stammes der Benecki, die zu den Bassonge gehörten. Nur wenige Stunden entfernt begannen schon die Dörfer der Belande, die Baluba sind, und südlich dieser die Balungu des Häuptlings Kassonge Dschiniama, den ich vor wenigen Monaten zu besuchen durch die Gefechte mit den Baluba verhindert worden war. Südwestlich sollten hier bis zum Sankurru die Bilolo, ebenfalls Baluba, wohnen.

Die Gegend bot reichen Wechsel der Scenerie. Die Schluchten der Gewässer wurden von tiefen Erdstürzen, die roten Laterit zeigten und von üppiger Flora umrahmt waren, geschmückt. Die Kuppen der Höhen, sonst reine Grassavanne, waren mit ruinenartigen Felsblöcken bestreut und auf dem Rücken und den Sätteln zogen sich, Riesenschlangen gleich, die schon beschriebenen dunklen Palmenhaine hin.

Zu den im Lager sich drängenden Kriegern der Bassonge kamen täglich Hunderte von Belande, die viele Steingewehre führten, also solche, die von der Westküste und zwar durch Bihé-Karawanen herbeigebracht worden waren, während die Waffen der Bassonge Perkussionsgewehre waren, die sie, bevor der Krieg ausbrach, durch Unterhändler der Araber erhalten hatten. Kleinere Araber oder Mischlinge von der Küste, die nicht so mächtig waren wie Tibbu Tibb oder Famba gaben oft einflußreicheren Häuptlingen einige Gewehre, vermittelst welcher diese dann für sie Sklaven jagten. Hier reichte sich also die Feuerwaffe vom Westen und vom Osten kommend die Hand. Nördlich dieses Punktes aber sind zum Glück noch keine Feuerwaffen gedrungen, da liegt der große Urwald als Barriere für den Handel, den in seinen Folgen zu studieren wir hier volle Gelegenheit hatten.

Das einzige Nahrungsmittel, in dem alle diese Krieger schwelgten, war der Palmwein und daher hatten wir im Lager oft Scenen, die zu Streitigkeiten, ja einige Male fast zum Ausbruch von Feindseligkeiten zwischen unseren Leuten und den Bassonge führten. Lupungu selbst trieb ich eines Abends nach eingetretener Dunkelheit, von wo ab ich Fremde nicht mehr im Lager litt, hinweg und zwar gerade, als er einen matt gewordenen Reitstier, um den er mit mir verhandelt hatte, in sein Lager bringen wollte, bevor noch unser Handel abgeschlossen war. Wie ich befürchtet hatte, wurde bald entdeckt, daß ein guter Teil der Baschilange nicht allein Gewehre, sondern auch Pulver und Zündhütchen verkauft hatte, daß fast alle Baschilange gar keine Munition mehr hatten, ohne daß ich davon etwas wußte. Ich war empört über diesen Leichtsinn. Was hätte werden sollen, wenn Feindseligkeiten mit den meist betrunkenen Kriegermassen ausgebrochen wären? Ehe ich die verpackte Munition verteilt haben würde, wäre fraglos alles verloren gewesen. Gegen Lebensmittel hatten die Leichtfertigen Zündhütchen und Pulver fortgegeben. Im Beisein der Bassongehäuptlinge ließ ich die Schuldigen mit Peitschenhieben bestrafen, gab neue Rationen und neue Munition aus, die von nun ab täglich mehrfach revidiert wurde.

Ich war recht froh, als die Zeit zum Aufbruche herangekommen war, denn die Streitigkeiten der Parteien wurden immer zahlreicher und heftiger und auch meine Leute verwilderten im Verkehr mit den Bassongekriegern.

Ich glaubte meinen Auftrag, der mich anwies die Verhältnisse im Süden des Congostaates nach Möglichkeit zu ordnen, nur dadurch ausführen zu können, daß ich auf irgend welche Weise die Raubzüge von Nyangwe aus verhinderte oder wenigstens beschränkte und beschloß daher, direkt nach dem Lager der Araber zu gehen und von da aus über weitere Schritte Beschluß zu fassen. Nach meiner früheren Stellung mit den Arabern mußte ich annehmen, daß ich in Nyangwe Kanoes und Leute erhalten würde, um den Lualaba aufwärts zu gehen bis zu seinen Quellseen und den Kamerondo zu erforschen. Wir traten daher, zunächst von Lupungus Leuten geführt, den Weitermarsch nach Nordosten an. Nur noch zwei Dörfer trafen wir bewohnt und zwar von Belande, bevor wir wieder in das verödete Land der Benecki kamen.

Es zeigte sich auf dem Marsche, daß der Verkehr im Kriegslager von schlechtem Einfluß auf die Disciplin meiner Leute gewesen war. Die Dörfer wurden von den Baschilange und meinen Küstenleuten vollständig ausgeplündert, und wo sich die Eingeborenen

wehrten, kam es zur Gewaltthat, die glücklicherweise nirgends einen
tötlichen Ausgang nahm. Bugslag und Le Marinel, die hinten
ritten, trieben überall mit dem Stocke, ja mit dem Revolver die
Plünderer aus den Gehöften und gaben nach Möglichkeit geraubte
Sachen den uns wütend folgenden Eingeborenen zurück. Ich machte
meinen Leuten klar, wie von meiner Seite alles geschehen sei, um
sie vor Hunger zu schützen, gegen feindliche Überfälle zu sichern,
sowie Feindseligkeiten zu vermeiden, und wie alles dies durch ihr
Benehmen zu Schanden gemacht werde und sagte ihnen, daß, nach=
dem ich vergeblich mit Schlägen und der Kette Vergehen bestraft
hätte, die die Sicherheit der ganzen Karawane, all der Menschen=
leben, für die ich mich verantwortlich hielt, in Frage brächten, ich
von nun ab Raub an Eingeborenen mit dem Tode bestrafen würde.
Alle waren einverstanden, denn alle sahen die Notwendigkeit selbst ein.

Die weite Grasprairie mit ihren langen Palmenhainen wies
hier und da Quellbildungen auf, deren Sohle mit einem kleinen
See oder Teich bedeckt war. Wildenten und kleine rote Taucher
bevölkerten in großen Mengen dieselben und am Abend waren die
sandigen Ufer mit Hunderten von Tauben belebt, die, bevor sie ihre
Schlafbäume wählten, hier zur Tränke kamen. Pelikane, Schlangen=
halsvögel, Reiher und Geier (angolensis) waren häufig, größeres
Wild dagegen sehr selten.

Der Mussongai und Tambai, die in den Lurimbi, einen Neben=
fluß des Lomami münden, wurden passiert und wir betraten die
fünf Marschstunden lange Stadt unserer alten Freunde, der Baqua
Peschi, Kintu a Muschimba genannt, jetzt ebenfalls eine Einöde, die
uns wiederum an das furchtbare Schicksal erinnerte, das die vor
wenigen Jahren so glücklich lebenden, kindlich freundlichen Benecki
getroffen hatte. An einigen Stellen der ehemaligen Riesenstadt
mußten nachträglich nochmals Versuche zur Ansiedlung gemacht,
aber doch wieder aufgegeben worden sein, denn wir fanden
einige Felder mit Mais und Bohnen, die nur wenige Monate alt
waren. Es war seit unserer letzten Anwesenheit hier ein Reich
entvölkert worden, das sich zwischen dem 5. und 6. Grade südl. Breite
und vom Lomami bis dicht zum Sankurru in der Längenausdehnung
erstreckte, ein Land, das infolge Wasserreichtums und guten Bodens zu
Niederlassungen geeignet war, wie kaum ein anderes, ein Land, das sich
einst wegen seiner Prairien zur Viehzucht außerordentlich eignen wird.

Am 12. marschierten wir eine gute Strecke an einem lang=
ausgedehnten See hin, der, nur von wenigen weidenartigen Bäumen
umrahmt, in der weiten Grasprairie ein entzückendes Bild bot und
schlugen unser Lager am Rande des Thales des Lukassi auf. Schon
hatte sich durch die in diesem früher überreich bevölkerten Gebiete
nun eingetretene Ruhe einiges Wild hierher gezogen, Büffel= und
Elefantenspuren und die große Pferdeantilope, auf deren eine wir
eine leider erfolglose Jagd machten, bezeugten dies. Früher war
an Wild hier nicht zu denken gewesen.

Im Lukassithale.

Wie wir hörten lag wenige Kilometer von uns östlich jenseits
des Lukassi das große Raublager Tibbu Tibbs, das unausgesetzt
von den im Dickichte des Waldes lebenden Bassongespähern Lupungus
überwacht wurde. Bei uns verkehrten diese Späher furchtlos und
brachten uns alle Neuigkeiten aus dem feindlichen Lager. Einige
Leute in langen weißen Hemden mit einem Turban um den Kopf,
sollten die Führer sein, deren oberster Said genannt ward. Viele
Sklaven Tibbu Tibbs waren der Hauptkern der Armee, sie wurden
auf 500 geschätzt, und der Trupp vervollständigt durch eine nach
Tausenden zählende Menge von Kalebuekannibalen, die früher von
Tibbu Tibb unterworfen und zur Heeresfolge verpflichtet, ihm jetzt
folgen mußten. Sie waren meist ohne Feuerwaffen. Vor einigen

Tagen hatte die Räuberbande aus dem befestigten Lager, das während ihrer Abwesenheit stets besetzt blieb, nach Süden einen Plünderungszug unternommen, waren gestern zurückgekehrt und sollten beabsichtigen, vorläufig noch im Lager zu bleiben, da die reichen Felder dieses Ortes ihnen noch Proviant lieferten.

Eingang zu Saids Lager.

Siebentes Kapitel.
Die Araber. — Hunger und Krankheit.

Lager einer Räuberhorde Tibbu Tibbs. — Sansibariten. — Said, der Führer des Kriegszuges. — Said übt sich an Gefangenen im Pistolenschießen. Kannibalismus im Lager der Araber. — Trauriger Zustand meiner Karawane. Auferstehung eines Toten. — Viele Kranke. — Am Lomami. — Die Karawane fast erschöpft. — Regierungsform der Araber. — Die Hungrigen essen giftige Früchte. — Überschwemmungen. — Alles ist grau. — Amputationen. — Vermißte. — Buschbrücke. — Pocken. — Zurücklassen des schwächsten Teiles der Karawane. — Verluste. — Nachricht über die Feindschaft der Araber mit dem Congostaate. — Schlimme Aussichten. — In Nyangwe. — Versteckte Drohungen. — Tibbu Tibbs Sohn unterwirft mich einem Verhör. — Verdacht gegen mich. — Famba hilft mir. — Ich kann meine Baschilange gefahrlos heimsenden. — Ich bleibe in der Gewalt der Araber. — Trennung von Le Marinel und meiner Karawane.

Wir lagerten am nächsten Tage am Lukassi, auch Lukaschi und Lukassia genannt, einem Flusse von ca. 40 Meter Breite und

2 Meter Tiefe, und bauten, eine alte Fischwehr und ein Inselchen
benutzend, mit vieler Mühe und Arbeit eine Brücke. Es waren
selbstverständlich alle Flußübergänge von seiten der Bassonge zerstört
worden. Am 14. setzten wir über und schlugen ein festes Lager,
da hier nicht abzusehen war, in welche Stellung wir zu den Sklaven=
jägern geraten würden. Von hier aus sandte ich Humba und drei
Soldaten flußabwärts, um, sich dem Lager vorsichtig nähernd, zu
erforschen, ob wir in friedlichen Verkehr mit der Räuberbande
treten könnten.

Die Brücke, die wir mit so vieler Mühe gebaut hatten, wurde
während der Nacht von den streifenden Eingeborenen hinter uns
wieder zerstört.

Bis Mitternacht hatte ich, beunruhigt über das lange Aus=
bleiben der Patrouille gewartet, als dieselbe zurückkam, begleitet von
drei Leuten, einem Mann aus Sansibar und zwei Sklaven Tibbu
Tibbs, Salaam bringend von Said, dem Unterführer des genannten
Arabers und uns anzeigend, daß dieser Krieg ein Rachezug gegen
die Bassonge sei, da dieselben einige ihrer Leute abgeschlachtet und
aufgefressen hätten. Humba erzählte uns, daß, als sie sich dem
Lager genähert hätten, sie fast zu ihrem Verderben hätten bemerken
müssen, daß sie schon längere Zeit beobachtet und umzingelt seien.
Man rannte mit Geschrei die Waffen schwingend auf sie zu und
nur die Anrufe meines Fickerini, des Fahnenträgers, in Kisuaheli,
einer Sprache, die fast alle Sklaven der Araber sprechen, hätte sie
vor dem Niedergeschlagenwerden gerettet. Dann habe man sie
ergriffen, ins Lager geschleppt und vor Said gebracht, der nach
langer Unterredung zwei meiner Leute bei sich behalten und drei
der Seinen mitgegeben hatte, um noch in dieser Nacht zurückkehrend
zu berichten, ob die Friedlichkeit unserer Annäherung auf Wahrheit
beruhe. Ich war erstaunt, daß selbst der Mann aus Sansibar
erst nach langen Fragen sein Mißtrauen gegen uns verlor und fand
erst sehr viel später den Grund hierzu. Tibbu Tibb, so wurde mir
mitgeteilt, sei mit zwei Weißen, wahrscheinlich Dr. Lenz und seinem
Begleiter, schon vor längerer Zeit nach der Küste abgereist, Djuma
Merikani und der Sohn meines alten Gastfreundes, des Schech
Abed, seien in Nyangwe. Viele mir von früher bekannte Araber
waren den Pocken erlegen. Said, der Führer der in unserer Nähe
lagernden Räuberbande, hatte früher Pogge und mich kennen gelernt.

Er war einer der Lieblingssklaven Tibbu Tibbs, die dieser kluge Araber sich zu seinen treuesten Untergebenen heranzuziehen weiß.

Wir befanden uns hier im Lande der Kalebue, passierten am nächsten Tage zwei kleine verlassene Dörfer, in deren einem 17 Menschenschädel zu einem Rondel gruppiert lagen. Die Leute Saids zeigten mir dies als Beweis, daß die hiesigen Kalebue schreckliche Kannibalen seien und daher ausgerottet werden müßten. Es war das ein nur für uns gemachter Grund zu diesem Kriege, dessen wahren Grund ich oben beschrieb, denn die auf seiten der Araber fechtenden Kalebue waren nicht weniger Kannibalen als ihre westlichen Stammesgenossen, wovon wir bald eklatante Beweise erhalten sollten.

800 Schritt vor dem Lager Saids, aus dem uns Tausende von wilden Kriegern neugierig entgegenliefen, ließ ich Halt und Lager machen und ging dann sogleich von vier Mann begleitet zu Said, um näheres von ihm zu erfahren. Wild die Waffen schwingend und mit wüstem Geschrei begleiteten mich die Hetzhunde der Sklavenjäger, östliche Kalebue, die hier in der Heeresfolge der Araber waren. Ein Mischblutaraber von kaum 20 Jahren kam mir von einigen ebenfalls in arabische Hemden gekleideten Leuten begleitet entgegen und versprach mit ausgesuchtester Höflichkeit, die den Araber so lange nicht verläßt, bis er zu der Waffe greift, daß er alles thun wolle, was ich nur wünschen würde. Er bedauerte mir kein Fleisch ins Lager haben schicken zu können als Geschenk, da er hier selbst nichts mehr habe. In seinem Wesen war Said fast noch ein Knabe. Seine Begleiter waren ebenso höflich und bescheiden, sie kannten ja noch nicht genügend meine Macht und wollten erst erfahren, was mich hierher geführt habe. Wir begaben uns auf Saids Einladung ins Lager, daß mit dichtem Busch- und Dornenverhau umgeben war. Am Eingange war von einigen Balken eine Pforte, eine Art Joch, gebaut, an dessen wagerechtem Balken einige 50 abgehauene Hände, meist schon in Fäulnis entsetzlich stinkend, angebunden waren. Said sagte mir, nach den Händen zeigend, nur das Wort: Menschenfresser!

Vor dem Hause des einstigen Häuptlings dieses Dorfes ließen wir uns nieder und Said begann nun in der mir von früher einigermaßen geläufigen Suahelisprache zu berichten, wurde jedoch häufig von seinen Begleitern unterbrochen und in einer anderen

Sprache scheinbar instruiert über das, was er uns mitzuteilen oder zu verschweigen habe. Famba in Nyangwe (Djuma Merikani), so erzählte er, habe früher mit Lupungu, vor dessen Hause wir gerade saßen, Geschäfte gemacht, obgleich Tibbu Tibb Lupungu als seinen Unterthan beansprucht habe. Mehrfach hätte Lupungu den Boten Tibbus den Kopf abgeschlagen und sie seinen Kalebue zum Schmause gegeben. Da habe denn der mächtige Araber Said geschickt, um mit den Kriegern der tributären Häuptlinge Lussuna, Lagongo und Dibue den rebellischen Lupungu zu bestrafen. Letzterer sei geflohen und habe sich bis jetzt noch nicht gestellt; man wisse nicht genau, wo er sich aufhalte, habe aber Nachricht, daß er mit Mona Kakesa und den Belande verbunden im Südwesten lagere. Der Knabe Said sagte mir, er wisse nicht, ob er wohl stark genug sei, die Vereinten anzugreifen; er schien mir unentschieden, ja furchtsam zu sein und keineswegs das von seinem Herrn in ihn gesetzte Vertrauen zu verdienen. Gestern schon war ich im Thale des Lukassi auf der andern Seite des Flusses so nahe an dieses Lager herangekommen, daß ich die Stimmen hören konnte, er dagegen hatte nichts von unserem Brückenbau und von unserm Anmarsche erfahren. Es wäre ihm leicht gewesen, die Brücke zu besetzen und sie vor dem Zerstören zu schützen, aber es schien mir, als wolle er für dieses Mal den Krieg damit bewenden lassen, die Felder der Kalebue abzuessen und von kleinen Trupps auf verstreute Eingeborene Jagd

Im Lager Saids.

machen zu lassen. Mit mir verbündet, meinte er, würde er Lupungu angreifen, ich setzte ihm jedoch gleich derartig meine Stellung auseinander, daß er auf diesen Punkt nicht mehr zurückkam.

Am Abend machte Said seinen Gegenbesuch und brachte 40 Lasten Maniok und Mais, sowie 5 Sklaven; verschiedene Große und Häuptlinge, die unter ihm standen, schlossen sich mit ähnlichen Geschenken an. Da ich hier meinen Leuten einen Ruhetag geben wollte und natürlich nichts zu kaufen war, ließ ich mir von Said den südlichsten Teil der Pflanzungen des früheren Dorfes von Lupungu anweisen, so daß sich meine Leute mit Mais, Maniok, Bohnen und Kürbissen reichlich versorgen konnten. Obgleich wir in den letzten Tagen so viel Nahrung gefunden hatten, daß der peinigende Hunger gestillt werden konnte, waren meine Leute doch noch sehr schwach und litten an vielerlei Krankheiten, besonders Fußgeschwüren, eine Folge der schon seit Wochen mangelhaften Nahrung.

Im Lager Saids lagen mindestens 3000 Menschen, von denen 600 Gewehre haben sollten. Der Geruch bei Annäherung an das Lager war pestartig, da die große Menschenmasse auf einen kleinen Raum zusammengepfercht war. Said erbat und erhielt verschiedene Medikamente, Karbol, Vaseline und andere leicht anzuwendende Mittel, als Gegenleistung versprach er uns für den Weitermarsch nach Nyangwe, von wo aus die einzige Möglichkeit zu weiteren Unternehmungen zu sein schien, Führer mitzugeben. Weiter als bis zum Lualaba konnte ich nicht auf meine Baschilange rechnen, waren doch dieselben schon jetzt in einem Zustande, der ihnen kaum erlaubte, sich von Ort zu Ort zu schleppen. Es blieben mir dann nur einige Küstenneger und frei gekaufte Baluba, die für eine weitere Unternehmung den Lualaba aufwärts nicht ausreichend waren. Ich mußte daher versuchen, in Nyangwe mir bei den mir von früher her befreundeten Arabern Kanoes und Menschen zu beschaffen zur weiteren Erfüllung meines Auftrages. Ich konnte, nach Erforschung der Wasserläufe des oberen Lualaba nach Nyangwe zurückgekehrt, auch ohne große Unkosten bis zu der Stanley-Fall-Station und mit dem nächsten Dampfer von dort zur Congomündung gehen.

Am Abend kehrte eine Patrouille von ca. 50 Mann von der Jagd nach zerstreuten, in den Wäldern verborgenen Eingeborenen

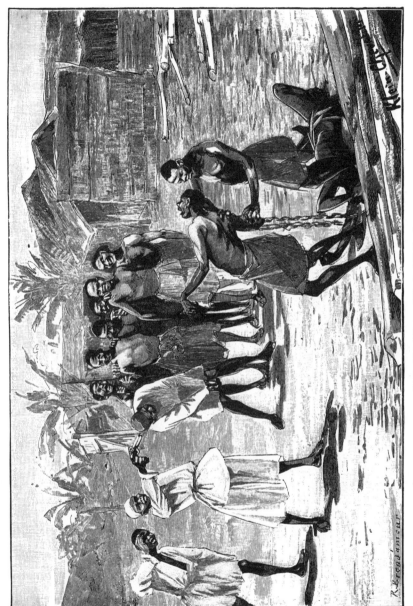

Said übt sich im Pistolenschießen.

zurück mit einigen Gefangenen, die aus mehreren Wunden bluteten. Auch einer der Leute Saids hatte einen Pfeil in das Dickfleisch des Oberschenkels bekommen, der sehr ungeschickt herausgerissen war. Der tapfere Krieger benahm sich, als Le Marinel die Wunde in richtige Behandlung nahm, ausnahmsweise weibisch. Er schrie und jammerte und selbst Said machte von diesem für einen Krieger doch geringfügigen Zufall großes Wesen. Einige meiner Leute, die den Verwundeten gegen Abend in das Lager Saids zurückgetragen hatten, kamen buchstäblich grau vor Furcht und Ekel zurück und meldeten, daß Said, der scheinbar unentschlossene Knabe, mit einem Revolver sich lange Zeit an den Gefangenen geübt habe, bis dieselben nach vielen Schüssen niedergesunken seien. Er habe dann seinen Hilfstruppen die Ermordeten übergeben und in wenigen Sekunden seien die Körper derselben, in Stücke zerschnitten, von denselben nach ihren Feuern geschleppt worden, um als Abendmahlzeit zu dienen. Dies war der Kriegshaufe eines Arabers, der Eingeborene bestrafen wollte für Kannibalismus!

Ich muß zur Ehre meiner Baschilange, deren ältere Leute früher auch noch Menschenfleisch gegessen hatten, sagen, daß, als wir am nächsten Tage beim Weitermarsche das mit fauligen Überresten abgeschlachteter Menschen geschmückte Lager passierten, sie Empörung und Ekel zeigten, aber da sie durch körperliche Leiden auch moralisch herabgekommen waren, aus Furcht vor den rohen Kriegern Saids bemühten sie sich, ihren Abscheu zu verbergen. Höhnisches Gelächter und Verachtung riefen die armen Jammergestalten meiner Karawane bei den fetten, wohlgenährten Kriegern der Araber hervor, und wirklich war auch der Anblick der dürren, langgliedrigen, gebeugt Marschierenden, die kaum das Gewehr und ihre Hanfpfeife tragen konnten, nicht dazu angethan, Respekt vor ihrem kriegerischen Werte einzuflößen.

Unser Weitermarsch führte, da er auf der Anmarschlinie Saids sich bewegte, zunächst natürlich noch immer durch zerstörte Dörfer, deren frühere Bewohner teils ausgewandert waren, teils sich im Busch verbergend von den Resten ihrer Felder lebten. In dem ersten Dorfe trafen wir einige Leute, die sofort, uns augenscheinlich für einen Trupp Saids haltend, entflohen und zwar in ein 500 Meter vorwärts gelegenes Dorf. Einige der Baschilange, die ebenfalls dorthin gingen, um nach Lebensmitteln zu suchen, wurden mit Pfeilen empfangen und bald darauf brannten die Eingeborenen ihr Dorf selbst ab und verschwanden. In unserem Lagerdorfe machten wir einige interessante Funde. Inmitten desselben stand ein Kriegsfetisch, eine Mannsfigur von 0,7 Meter Höhe, die borstenartig mit Pfeilspitzen gespickt und mit Blut bestrichen war, so daß unsere beiden kleinen Teckel ein außerordentliches ethnographisches Interesse an dem Fetisch bezeigten. In mehreren Häusern lagen noch frische Leichen, und da in der Nähe des Dorfes Mangel an Baumaterial für unser Lager war, so wurden die Hütten über den Leichen einfach abgehoben und im Lager aufgestellt. Als wir schon fast 3 Stunden am Platze waren, erhob sich plötzlich eine dieser Leichen, sah sich verwundert um und bat um Essen. Der Mann schien schwer krank und dem Hungertode nahe zu sein. Die Baschilange trugen ihm Nahrung zu, sobald jedoch die Dunkelheit hereingebrochen war, war er verschwunden, was uns nur angenehm sein konnte, denn wir nahmen an, daß er seinen Stammesgenossen mitteilen würde, daß wir nicht zu den Räuberhorden Tibbus gehörten.

Recht peinlich waren die Regengüsse, die täglich fielen, da sie die Wege in dem schweren Lehmboden aufweichten und unsere geschwächten Leute dadurch beim Marsche zum oftmaligen Ausgleiten veranlaßten. Es war erstaunlich, daß wir bei dem stets trüben Wetter und den kalten Winden, trotz der allgemeinen Ermattung und der vielen Krankheiten, bisher doch erst 5 Todesfälle in der Karawane zu verzeichnen hatten.

Es trat auf dem Marsche jetzt schroff aus der von weitem ganz eben erscheinenden Prairie die sich zwischen Lubefu und Lukassi erhebende Reihe vereinzelter Berge hervor. Wir hielten uns stets längs des Lukassi. Sobald wir uns dem Rande seines Thales näherten, wechselte die sonst ununterbrochene Prairie zuerst mit lichter Baumsavanne, die sich nach dem Grunde zu immer mehr verdichtete. Urwald fehlte hier ganz und mit ihm auch der graue Papagei, dessen Verbreitungskreis genau durch den des Urwaldes gegeben ist. Er zieht jedoch kleine Urwälder und Galleriewälder dem weit ausgedehnten, ununterbrochenen vor, während seine beiden Verwandten, der große und der kleine grüne Papagei, Bewohner der Savanne sind. Oben auf der Prairie war der Zwergtrappe äußerst häufig.

An einem der seichten Bäche, die hier oft von Papyrus=
dschungeln eingefaßt sind, mußten wir, da die Brücke weggerissen
und weit und breit kein Material, zu finden war, um sie zu ersetzen,
umkehren und konnten erst nach einem weiten Umwege eine
Passagestelle finden. Dichter Busch und hohe Gräser, die jetzt stets
von Feuchtigkeit troffen, kalte Winde und bedeckter Himmel machten
die Märsche im höchsten Grade schwierig. Le Marinel hatte täglich
2 Stunden lang ärztliche Thätigkeit auszuüben. Unter den ca.
100 Kranken, von denen einige getragen werden mußten, hatten
wir gegen 50 Fußkranke, die von Bugslag mit den schließenden
Soldaten begleitet, gewöhnlich erst gegen Abend ins Lager kamen.

Am 21. Januar passierten wir abermals den Lukassi auf
vorgefundenen Kanoes. Der Fluß war hier schon 100 Meter breit
und 3 Meter tief, floß langsam und führte dunkelgraues Wasser.
Bevor wir zum Kanoeplatz kamen, hatten wir ein Überschwemmungs=
gebiet von 2 Kilometern, wo uns das Wasser bis zum Gürtel
reichte, zu passieren. Wir betraten nun das Land jener Kalebue,
die als Unterthanen Tibbu Tibbs den Kriegszug gegen ihre west=
lichen Stammesbrüder begleitet hatten. Endlich erhielten wir hier
wieder einmal etwas Fleisch, da der Häuptling uns 4 Hühner
brachte. Am linken Ufer des Lukassi kämpften wir mit hohen
Gräsern, Dickichten und vielen Sümpfen, wodurch der Gesundheits=
zustand der Karawane immer mehr herunterkam.

Am 23. erreichten wir dicht an der Mündung des Lukassi
den Lomami bei der Fähre der Bena Sala, die wie alle Ein=
geborenen hier hart mit dem Hunger kämpften, denn auch in
Freundes Land verschonten die wilden Horden Tibbu Tibbs die
Pflanzungen nicht. Der Lomami war hier 150 Meter breit mit
3 Meter Tiefe und einer Stromgeschwindigkeit von 80 Meter in
der Minute. Das Bett bestand aus grobem Kies, die Uferränder
waren mit einem lichten Saume von Ölpalmen und wilden Dattel=
palmen, sowie einem weidenartigen Baume eingefaßt. Die sanft
ansteigenden Ufer zeigten Baumsavanne. Auf dem Marsche flog
eine schwere Sporenflügelgans dicht über mir vorüber, bevor ich
die Flinte fertig hatte. „Da geht unser Frühstück hin!" rief ich
Le Marinel zu. Der Vogel hatte jedoch ein Einsehen, kehrte um
und es gelang mir, die junge, uns später prächtig mundende Gans
zu schießen. Der Vogel war das erste Warnungszeichen von vor=

uns liegenden Beschwerden, die aus weiten Sümpfen und Überschwemmungen bestanden und den wilden Gänsen einen beliebten Aufenthaltsort gewährten. Wovon unsere Karawane lebte, ist mir vollständig unerklärlich. Die Bewohner der kleinen, nur schwach bevölkerten Dörfchen, die wir antrafen, litten selbst Hunger. Es war daher auch nicht möglich, der schwer ermüdeten Karawane Ruhe zu gönnen, denn nur durch fortwährenden schnellen Wechsel unseres Aufenthaltsortes konnten wir das notwendigste zum Stillen

Palmen am Lomami.

unseres Hungers finden. Le Marinel und ich schwelgten unterwegs oft in Erinnerungen an das Café riche zu Brüssel. Le Marinel besonders war ein Kenner raffiniertester Zubereitung lukullischer Genüsse in der Heimat. Seine Schilderungen ließen mir oft das Wasser im Munde zusammenlaufen. Der Schluß der Unterhaltung war gewöhnlich ein Engerschnallen des Gürtels und . . die Hoffnung auf bessere Zeiten.

Am schwersten wurde es mir des Morgens beim Aufbruch meine armen Baschilange zu beobachten. Mancher wäre gewiß ohne den eisernen Zwang, mit dem sie aufgetrieben wurden, lieber liegen geblieben, als den kranken, matten Körper noch weiter vorwärts. zu schleppen. Bugslag klagte täglich über Schwierigkeiten bei der Arriere-Garde; sein Los war wahrlich nicht zu beneiden. Unausgesetzt vom Morgen bis zum Abend mußte er durch Zureden oder im Notfalle durch Tragenlassen oder dadurch, daß er die Kranken auf seinen Reittier hob, die Matten vorwärts bringen. Er führte seine Aufgabe mit eiserner Ruhe und Geduld aus. Sobald es „Halt" hieß, fingen die Leute an zu schreien: „Kabassu-Babu, gieb uns zu essen, wir sterben Hungers!" Es schnitt mir die Klage meiner armen Begleiter tief ins Herz, aber wo war Hilfe? Ja ich durfte mein Mitgefühl nicht einmal zeigen, sondern mußte alles aufbieten, um die Matten zu ermutigen und sie vorwärts und immer wieder vorwärts zu treiben. Von irgend welchen europäischen Lebensmitteln, Konserven ꝛc. war natürlich keine Rede mehr, wir hatten alles bis auf die letzte Büchse verteilt. Der einzige Mensch der Karawane, der nicht mager wurde, war der fette Dolmetscher Kaschawalla. Er nutzte die Gewandtheit im Verkehr mit den Eingeborenen, die ihn überall so schnell beliebt werden ließ, in erster Linie zur Füllung seines Magens aus und in dieser Zeit verlor er selbst seine einem guten Herzen und großer Schwäche entspringende Gutmütigkeit, wenigstens was das Abgeben von Lebensmitteln an andere betraf. Er wußte in den Körben seiner Weiber Nahrungsmittel vorzüglich zu verbergen.

Am 23. begann die Überfahrt über den Lomami in 4 Kanoes, 600 Menschen wurden herübergebracht. 300 und die Reittiere mußten bis zum nächsten Tage bleiben und nahmen abermals einen ganzen Tag in Anspruch. Die Leute meinten, daß der Lomami in den Lualaba münde. Weiter flußabwärts wußte man nichts von Fällen oder Steinen, aufwärts sei der Strom noch 5 Tage mit dem Kanoe zu befahren bis zu den Fällen, die im Lande der Baluba liegen sollten.

Auch hier war nicht viel zu leben, indes hoffte ich, daß ein durchaus notwendig gewordener Ruhetag, an dem ich nach allen Seiten hin meine Leute in Begleitung von Eingeborenen zum Einkauf von Lebensmitteln sandte, uns Hülfe bringen würde.

Es hatte sich seit meiner ersten Reise vieles zu meinem Nachteile verändert. Wir hatten früher hier mit Kaurimuscheln und billigen weißen Perlen eingekauft, die jetzt niemand mehr nehmen wollte. Man wollte Zeuge und bunte Perlen, wie man dieselben an den Leuten Tibbu Tibbs kennen gelernt hatte, und da wegen der Hungersnot alles teuer war, so nahm mein Warenvorrat in besorgniserregender Weise ab. Ich mußte jedoch geben, was gefordert wurde und was ich hatte, um wenigstens das meinige zu thun gegen den furchtbaren Hunger, der meine Leute quälte. Ich hoffte, am Lualaba von den Arabern Waren zu erhalten. Der Gouverneur dieser Länder am Lomami, die Tibbu Tibb gehören, war zur Zeit jener Said, den ich als Führer des Heeres am Lukassi traf. Er übte für seinen Herrn und für seine Tasche die Regierungsakte aus, die in Tributzahlungen, Heeresfolge und Bestrafung von Übertritten bestanden. Letztere gaben je nach Wunsch stets Gelegenheit zu Krieg, denn selbst eine Streitigkeit der Leute oder Dörfer untereinander kann dem Vertreter des Arabers Veranlassung geben, sich im Namen seines Herrn einzumischen. Die Heeresfolge wurde, wie wir gesehen haben, unbedingt geleistet: Namensbrüder fochten gegeneinander im Dienste ihrer Tyrannen! Das ist das Resultat der Schreckensherrschaft, mit der sich die Araber hier eingesetzt haben! Die Tributzahlung bestand in einem willkürlichen Plünderungssystem. Jeder der größeren oder kleineren Vertreter seines Herrn forderte, was ihm gerade paßte, da Normen natürlich nicht bestanden. Es ist erstaunlich, daß sich in solchen Gegenden überhaupt noch Eingeborene halten. Die schlauen Araber verhindern aber ein gänzliches Verlassen der Gegend dadurch, daß sie einige größere Häuptlinge, einflußreiche Männer, gut behandeln, ihnen eine gewisse Macht lassen und selbst Geschenke geben.

Said als Gouverneur der Provinz hatte bei jedem der größeren Häuptlinge einen alten Sklaven oder Küstenmann als Beamten und diese hatten wieder in den Dörfern ihre Unterbeamten und Spione, so daß nichts geschehen konnte, was nicht bald zu Ohren des Verwalters der Provinz kam. Wurde ein Elefant erlegt, so gehörte ein Zahn dem Herrn des Landes, Tibbu Tibb, der andere mußte ebenfalls an ihn verkauft werden und natürlich machte der Herr den Preis. — Da jeder der Untergebenen stufenweise aufwärts einen größeren Unterschleif begeht oder sich bereichert, so ist die Steuer ein rücksichtsloses Erpressungssystem.

Während des Ruhetages hatten wir über den nahen Kalui eine Brücke gebaut und wanderten am nächsten Tage durch eine von

Elefant am Kalui.

flach und sanft eingeschnittenen Wasserläufen unterbrochene Ebene mit Baumsavanne und hohen Gräsern. Der Elefantenreichtum war hier außerordentlich; es kommen offenbar die Tiere zu bestimmten Zeiten aus den Urwaldländern jenseits des Lomami in diese Ebene, besonders um aus den Salzlachen zu naschen und der jetzt reifen Frucht des Borassus wegen, die süß und wohlschmeckend ist. Ich war unermüdlich im Verfolgen frischer Spuren von Elefanten, um einmal wieder Fleisch für unsere Leute zu verschaffen. So schwierig und ermüdend die hohen Gräser den Pirschgang machten, so vereitelten dieselben auch jede Annäherung an das mächtige Wild, da sie beim Passieren zu viel Geräusch hervorrufen und der Elefant hier äußerst vorsichtig ist. Ich bin überzeugt, daß unsere Leute seit dem Passieren des Sankurru, also seit sechs Wochen kein Fleisch genossen hatten, außer Raupen, Heuschrecken und ähnlichen niederen Tieren.

Wenn einmal Eingeborene mit Lebensmitteln zum Verkauf ins Lager kamen, stürzten sich Hunderte der Karawane auf die Verkäufer und entrissen ihnen ihre Waren, so daß ich von nun ab

Wachen ausstellen und von denselben die Verkäufer nach einem Platze bringen ließ, wo Bugslag alle Lebensmittel aufkaufte und nachher verteilte. Bei der Verteilung spielte der Stock eine wichtige Rolle; es war dessen ungeachtet oft ganz unmöglich, die sich über die Lebensmittel Stürzenden fernzuhalten. An einem dieser Tage erkrankten zehn meiner Baschilange schwer. Erbrechen und krampfartige Erscheinungen waren bei allen die gleichmäßigen Symptome. Es stellte sich heraus, daß sie, um den unbändigen Hunger zu stillen, ihnen selbst als giftig bekannte Knollen, die dem Yam im Äußern gleichen, gekocht und gegessen hatten, nur um sich den Bauch zu füllen. Brechmittel wurden mit Erfolg angewandt.

Auf unserem Weitermarsche war der vom reifen Grase bei jeder Berührung abfallende, stachelige Same eine Qual. Die mit tausend feinen Widerhäkchen besetzten Körner schoben sich zwischen die Kleidung und den Körper und rutschten, bei jeder Bewegung starkes Jucken verursachend, vorwärts. Um den Anlaß zu dem peinigenden Brennen der ganzen Haut zu entfernen, war es nötig, sich ganz zu entkleiden und sorgfältig die Samenkörner abzusuchen.

Die Ebene wurde allmählich fast absolut, nur in weiter Ferne im Osten zeigten sich leichte Höhenzüge. Alles troff von dem unausgesetzten Regen; der grauweiße, zähe Lehm der Ebene ließ die Wassermasse nicht durch und die Formation gestattete keinen Abfluß, so daß wir mindestens während der Hälfte unseres Marsches in Lachen mit zähem, glatten Lehmboden marschierten. Fast der einzige Baum auf der weiten Grasebene war die Fächerpalme. Große Schwärme von Gänsen und Enten, sowie grünen Tauben bevölkerten das unabsehbare Überschwemmungsgebiet, in dem auch Elefantenspuren äußerst häufig waren.

Als wir am 27. in den kleinen Dörfern der Bena Kapua Halt machten, konnte ich es nicht über mich gewinnen, meine Leute für das Plündern der Felder zu bestrafen. Selbst was noch nicht reif war wurde genossen, besonders auch die grünen Halme der Hirse, die etwas zuckerhaltig sind, ausgekaut. Ein trauriges Bild war unser Eintreffen am Lagerplatz. Der Himmel grau, grau unsere Leute vor Frost und Hunger, grau die Zukunft! Wir hatten hier wieder einige den Folgen des Hungers erlegene Baschilange begraben müssen. Bei allen Leiden wurde kein Wort des Vorwurfs gegen mich laut, im Gegenteil, das unbegrenzte Vertrauen meiner Söhne des Lulua ging so weit, daß Klagen und Jammern von Müttern, die ihre Kinder nicht zu nähren wußten, beschwichtigt wurden mit dem Zurufe: „Kabassu Babu wird es schon wieder gut machen, er wird uns nun bald dahin führen, wo wir essen können!"

Diese Reise wäre nie mit anderen Leuten zu machen gewesen, als mit meinen Baschilange. Hunger, Elend, Strapazen, Krieg, fortdauernde Kälte und Regen hätten vielleicht andere Stämme besser ertragen, als meine nur schwächlichen Leute, aber Unzufriedenheit, Vorwürfe und Meuterei wären bei anderen Begleitern unausbleiblich gewesen.

Bei einigen Kranken, die Le Marinel behandelte, hatte sich der Brand eingestellt. Das Fleisch bekam eine grauschwarze Farbe und zerfiel faserig. Soweit der Brand aufwärts ging, starb auch der Knochen ab und fiel gliederweise von den Gelenken. Bei allen Leuten begann diese Krankheit an den Zehen, wahrscheinlich infolge der fortlaufenden Sümpfe und Überschwemmungen, die wir passiert hatten, in Verbindung mit Verwundungen der Füße und dem schwachen, kränklichen Zustande des Körpers. Wenn der Brand in die höher gelegenen Fußteile kam, starb der Mann unter starken Fiebern. Le Marinel teilte den Leuten mit, daß die einzige Rettung die sei, daß wir das Glied amputierten. Zuerst weigerte sich alles, jedoch dann erklärten sie sich zur Amputation bereit unter der Bedingung, daß ich dabei sei und daß ich es für richtig halte. Es war mit unseren Instrumenten (wir hatten kein ärztliches Besteck sondern nur einige kleine Messer) keine Kleinigkeit, die Operation auszuführen. So lange wir im kranken Fleische schnitten, fühlten die Leute nichts, aber hatte auch das Schneiden keine Wirkung. Zuletzt wurden wir darauf geführt, oberhalb der kranken Stelle im gesunden Fleisch das nächste Gelenk abzunehmen. Ohne jede Kenntnis oder Operationsmesser und ohne Chloroform, welch letzteres durch starke Leute ersetzt wurde, die den kranken und vor Schmerz Heulenden halten mußten, operierte Le Marinel, der ein großes Geschick zu derartigen Sachen besaß, und hatte die Freude, von nun ab das Fortschreiten des Brandes aufzuhalten und mehrere Leute zu retten.

Eines Morgens stellte sich beim Marsche heraus, daß ein Mann mit einem Gewehr und einer Last Waren vor einigen Tagen nicht im Lager angekommen war. Ich mußte infolgedessen Halt machen und Patrouillen zurücksenden, die jedoch ohne den Mann gefunden zu haben, zurückkehrten. Man hatte mir diesen Fall gemeldet, da das verlorene Gewehr ein Chassepotkarabiner war und ich auch das Fehlen der Last sicher erfahren hätte. Zu meinem großen Schrecken kam bei dieser Gelegenheit zu meiner Kenntnis, daß in letzter Zeit schon mehrfach Baschilange nicht angekommen waren; wahrscheinlich waren sie unterwegs, vom Hunger überwältigt, liegen geblieben oder hatten wegen körperlicher Schmerzen nicht weiter gekonnt. Da Bugslag alle Matten, die am Wege lagen, immer mit sich brachte, so war das Verschwinden der Leute nur dadurch erklärlich, daß die Betreffenden sich seitwärts des Weges im hohen Grase versteckt hatten, um nicht wieder zu neuen Qualen aufgetrieben zu werden.

Der unfreiwillige Ruhetag hatte das gute, daß unsere Leute in der Nähe der Marschstraße so viel Lebensmittel auftrieben, daß jeder Mann essen konnte; aber — als ob auf dieser Reise auch die geringste Freude uns getrübt werden sollte, — es wurde unter meinen Baschilangen der erste Pockenkranke festgestellt, dem bald ein zweiter und andere folgten. —

Das Wetter wollte sich durchaus nicht zum Besseren wenden, alles stockte und verdarb. Die grauen Wolken hingen vom Morgen bis zum Abend tief herab, es regnete ohne Ende und sogar wir Europäer froren.

Öfters ereignete es sich, daß auf dem Marsche die Spitze der Karawane eine Lache durchwatend plötzlich tief einsank. Es war unter der weiten Wasserfläche eine Bachrinne. Zur Passage eines dieser Wasserläufe, der über 3 Meter tief war, erfand ich eine neue Art Brücke. Es war weit und breit kein Baum zu sehen, nichts als Buschwerk, Gras und Überschwemmung; die Ränder des Baches, einige Fuß unter Wasser, waren kenntlich an dem dichteren Gebüsch. Ich ließ sämtliche Männer ausschwärmen, Büsche niederhauen, sie herbeischleppen und an einer Stelle, an der sich die Uferbüsche am meisten näherten, in das Wasser werfen. Da eine Strömung kaum bemerkbar war, so blieb das Buschwerk so lange oben, bis es durch anderes, darüber angehäuftes niedergedrückt wurde und es entstand nach einer Arbeit von etwa zwei Stunden mit Hülfe von 200 Mann ein Wall von Buschwerk, der zwar schwankte, doch eine sichere Passage über den Bach erlaubte. Diese Art Brücke ist wie ersichtlich, leichter herzustellen als eine Balkenbrücke; natürlich darf keine starke Strömung vorhanden sein.

Wir wateten täglich auf mindestens die Hälfte der zurückzulegenden Entfernung im Wasser, was die Zahl der Fußkranken immer größer werden ließ. Die Pockenkranken hatte ich, mit etwas Waren ausgerüstet und nachdem wir ihnen Hütten aufgeschlagen hatten, in der Nähe eines Dörfchens zurückzulassen versucht. Die Eingeborenen jedoch vertrieben dieselben und nahmen ihnen alles ab.

Brückenbau.

Ich mußte sie daher bei mir behalten und befahl, daß sie mindestens 100 Meter hinter der Queue der Karawane marschierten und 500 Meter abseits vom Lager ihre Hütten bauten. Als eines Tages gegen den Befehl ein Pockenkranker, ein junger Muschilange, ins Lager kam und ich ihn, da er gutwillig nicht gehen wollte, mit Gewalt zurückführen ließ, stieß ein Muschilangeweib, eine sonst ruhige Frau, die für ihren Sohn besorgt war, mit dem Messer nach mir, war nur schwer zu überzeugen, daß die Absonderung der Kranken im

Interesse der Allgemeinheit nötig sei und beruhigte sich erst, nachdem ich ihr Medizin für ihren Sohn gegeben hatte.

Sämtliche Sklaven der Baschilange, meist aus dem Balubalande stammend, waren zu den Eingeborenen entflohen, um nicht dem Hunger und den Strapazen des Marsches weiter ausgesetzt zu sein. Von meinen freigekauften Baluba dagegen fehlte nicht ein einziger.

Trotz der geringen Anzahl von Lasten und der starken Karawane war ich schon fast nicht mehr imstande, die Lasten zu verteilen. Zu wenige Leute fühlten sich noch stark genug, um selbst gegen abnorm hohe Bezahlung etwas tragen zu können.

Täglich kamen Meldungen, daß zwei, drei und mehr Leute sterbend am Wege zurückgelassen seien. Da meine Soldaten, die bisher stets zurückgeschickt worden waren, um nach Vermißten zu suchen, allmählich übermüdet wurden, verpflichtete ich die Häuptlinge der Baschilange selbst mit ihren besten Leuten zurückzugehen und für ihre Unterthanen zu sorgen. Abends ließ ich mir dann melden, wie viele nicht aufgefunden waren. Da dies seltsamerweise gewöhnlich mit der Zahl der zuerst Vermißten übereinstimmte, so überzeugte ich mich eines Tages selbst, ob die Baschilange wirklich zum Suchen ihrer Stammesgenossen thätig waren und fand die Zurückgesandten dicht am Lager im Busche versteckt. Die Leute wollten dort bis zum Abend warten und dann im Lager melden, daß die Kranken nicht gefunden seien. Ich konnte diese Handlung, da ich überzeugt war, daß sie nicht der Gefühllosigkeit, sondern thatsächlich der Unfähigkeit, einen weiteren Marsch zurückzumachen entsprach, nicht einmal bestrafen.

Endlich bei den Kilembue bekamen wir wieder einmal genug zu essen, ja die Lebensmittel waren sogar verhältnismäßig billig, so daß am Abend durch massenhaftes Verschlingen von Nahrungsmitteln viele Krankheitsanfälle sich einstellten. Die Bevölkerung nahm, je mehr wir nach Norden vordrangen, zu. Wir kamen in die Dörfer Kawamba Kitenges, des Häuptlings der Bena Nguo, wo überall Vertreter Tibbu Tibbs mit einigen Soldaten stationiert waren. Die schattenreichen Dörfer mit zierlichen Lehmhäusern, die oft eine kleine Veranda und einen eingezäunten Garten haben, sind reich an Schafen, Ziegen, Schweinen, Hühnern und auch an Feldern, die alles hervorbrachten, was unsere jubelnden Baschilange nur er=

freuen konnte. Sogar Reis, von den Arabern hier eingeführt, wurde gepflanzt. Dabei benahmen sich die Eingeborenen gut, zwar auffallend furchtlos, aber doch keineswegs frech.

Am 1. Februar erreichten wir die Residenz Kitenges und schlugen unser Lager im Schatten der Bäume auf, welche den Grabhügel der verstorbenen Häuptlinge umgaben. Ein alter Sansibarit, der hiesige Vertreter Tibbu Tibbs, erkannte mich von früher wieder. Er war, als ich mit Tibbu Tibb 1882 von Tabora zur Küste marschiert war, bei uns gewesen. Von ihm erfuhr ich, warum in dieser ganzen Gegend die Eingeborenen mich bei der Suche nach Elefanten niemals hatten führen wollen; sie hatten befürchtet, daß ich das Elfenbein beanspruchen würde, welches dem Gesetze nach, wie schon erwähnt, zur Hälfte Tibbu Tibb gehörte und zur anderen Hälfte an ihn verkauft werden mußte. Der alte Mann aus Sansibar machte einen guten Eindruck, obgleich mir auffiel, daß er in seinen Antworten über Nyangwe und die Verhältnisse an den Stanley-Fällen zurückhaltend war.

Da es von hier aus noch zwölf Marschtage waren bis nach Nyangwe und ich erfuhr, daß alle Wasserläufe furchtbar angeschwollen waren, entschloß ich mich, den größten Teil der Karawane, alle Kranken und Schwachen hier zurückzulassen. Ich hielt Musterung und suchte mir die stärksten Männer zur weiteren Begleitung aus. Die Übrigen sollten mit Kaschawalla, der sich mit Kitenge und dem alten Sansibariten befreundet hatte, hier bleiben, wo viele Lebensmittel und auch die Preise nicht zu hoch waren und dann bei der Rückkehr von Le Marinel wieder aufgenommen werden. Die Musterung ergab, wie dies vorauszusehen war, ein trauriges Resultat; unser Verlust war aber doch größer, als wir geahnt hatten. Von einer Familie, die mit acht Mann abgereist war, waren nur noch drei übrig, von einer anderen noch ein Drittel und wenn es auch nicht gelang die Zahl der Verlorenen genau festzustellen, da die Baschilange niemals zusammenzutreiben waren und die Häuptlinge sich scheuten ihren Verlust richtig an zu geben, so schätzten wir sie doch auf annähernd 50 Mann. Trotzdem bestanden sämtliche Häuptlinge darauf, mich zu begleiten, da sie sich schämten, wie sie sagten, nach dem Lulua zurückzugehen, ohne Nyangwe, die große Stadt der Araber, gesehen zu haben. Ich übergab Kaschawalla noch einen Dolmetscher, einige Soldaten und reichlich Waren, so daß er nicht in Verlegenheit kommen konnte und machte mich zum Weitermarsche mit der nun ungefähr 200 Menschen zählenden Karawane fertig. Kitenge hatte zahlreiche Geschenke gebracht, 15 Ziegen, 6 Schweine und große Massen von Getreide. Als Gegengeschenk erhielt er von mir auf seine Bitte und da er versprach, über die Sicherheit meiner Leute zu wachen, einen Reitstier.

Nachdem die zum Zurückbleiben Bestimmten ihr gutes Lager abseits der Residenz Kitenges aufgeschlagen hatten und auch der Vertreter Tibbu Tibbs durch Geschenke für uns gewonnen war, brach ich am 5. auf, hielt jedoch schon nach einer Stunde und ließ an einer Stelle, wo sich niemand in der Karawane verbergen konnte, meine neue Karawane ablaufen. Ich fand hierbei gegen 100 Menschen heraus, die ich bestimmt hatte, zurückzubleiben, die sich aber gegen meinen Willen angeschlossen hatten und nun zum Teil mit Gewalt zurückgetrieben werden mußten. Damit nicht abermals Nachzügler uns erreichten, ließ ich meine Wachen in jeder Ortschaft eine Stunde warten und dann vom Lager aus abermals einen Trupp zu Kaschawalla zurücktransportieren. Von überall erhielten wir Geschenke, jedoch, was sicher nachzuweisen war, erst dann, wenn die Leute gehört hatten, daß ich ein alter Freund Tibbu Tibbs sei; immer aber hatte ihr Benehmen etwas Furchtloses, ja fast Freches gegen mich, was ich mir gegen früher nicht erklären konnte, da unterdes Europäer hier nicht gewesen waren.

Nachdem der Coango, 20 Meter breit und 1,5 Meter tief, mit 2 Kilometer breitem Überschwemmungsland überschritten war, erhielt ich im Dorfe der Bena Lubowa eine Nachricht, die mir manches bisher Unverständliche erklärte. Ein Küstenneger, einer von Tibbu Tibbs Leuten, benahm sich vor meinem Zelte so frech, daß ich ihn eigenhändig aus der das Zelt umgebenden Umzäunung hinauswarf. Bald darauf erschien ein alter Mann, der mich von Kitenge aus begleitet hatte und bat um eine heimliche Besprechung. Der Mann erzählte mir, daß vor einigen Monaten bei der Station Stanley=Falls die Europäer mit den Arabern Krieg gehabt hatten, daß ein Vetter Tibbu Tibbs die Station der Weißen gestürmt habe, ein Weißer hierbei gefallen sei, drei entflohen seien und die Station niedergebrannt sei. Da man einen Rachezug erwartet habe, so seien Tausende von Leuten Tibbu Tibbs nach dorthin abgesandt, unter denen sich auch viele Krieger aus dieser Gegend befunden

hätten, die erst vor kurzem heimgekehrt seien, da die Weißen, zu
schwach um gegen Tibbus Macht zu fechten, nicht wiedergekommen
seien. Das waren böse Neuigkeiten. Ich kam hier mit derselben
Flagge*) an, gegen die, wie hier alle wußten, Tibbu Tibbs Leute
an den Falls gefochten hatten. An ein Vorgehen mit Gewalt war
nicht zu denken, ja, wenn es zum Fechten gekommen wäre, so hätte
fraglos keiner der Baschilange je seine Heimat wiedergesehen.
Dreiviertel meiner Leute waren krank, marsch- und gefechtsunfähig
zurückgelassen, Tibbu Tibb selbst, dem ich noch hätte am meisten
trauen können, war hinab zur Küste und auch mein alter Gast=
freund Schech Abed war fort. Der einzige mir bekannte und
sehr gut befreundete Araber, der noch am Lualaba war, war
Famba, Djuma Merikani, der durch die Reise Camerons bekannt
ist. Meine Aussichten waren daher sehr getrübt. Würden die
Araber mich nicht haftbar machen für die Gefechte an den Stanley=
Falls, würden sie uns nicht als Geißeln behalten gegen einen
Rachezug vom unteren Congo aus, würden sie mir, selbst wenn
dies nicht der Fall war, Mittel geben zu weiterer Erforschung?

Der Vertreter Tibbu Tibbs war jetzt Bwana Zefu, sein
Sohn, dem ich allerdings vor Jahren einen großen Dienst geleistet
hatte in der Residenz des mächtigen Uniamwesifürsten Mirambo,
den ich aber von damals her als einen heftigen, mißtrauischen und
hinterlistigen Burschen kannte. Es galt jetzt Vorsicht und Klugheit,
denn von meinem Benehmen hing nicht nur der Weitergang der
Expedition, sondern auch das Leben und die Freiheit meiner fast
900 Begleiter ab. Leider erfuhren auch meine Leute die Thatsache,
die uns bisher geflissentlich und mit großem Geschick verborgen
war und uns erst übermittelt wurde, als wir offenbar zu schwach
erschienen, um in irgend welcher Weise den Arabern gefährlich zu
werden. Ich erfuhr später, daß Said, der Führer der Räuberbande
am Lukassi, die Meldung von unserer Annäherung nach Nyangwe
gesandt hatte und daß darauf von dort aus Verhaltungsmaßregeln
an alle Häuptlinge am Wege gegangen waren. Die Leute sollten
uns nichts merken lassen von dem besprochenen Kriege, bis wir
inmitten des Gebietes der Araber, oder zu schwach seien, irgend
etwas Feindliches zu unternehmen. Es war jetzt auch das Benehmen

---

*) Ich führte das Sternenbanner des Congostaats neben der schwarz=
weiß-roten Flagge.

der Eingeborenen erklärlich. Zunächst blieb nichts zu thun, als die friedliche Absicht unseres Zuges zu betonen und unseren Marsch ruhig fortzusetzen. Ein Rückmarsch zu dem Gros der Truppe hätte uns sofort die Stämme rings um uns her und Said mit seinen Leuten, sowie Verstärkung vom Lualaba auf den Hals gehetzt, und wenn wir uns auch unter günstigen Umständen hätten derselben erwehren können, so war doch nicht daran zu denken, mit fast 900 Schwachen und Kranken in dieselbe entsetzliche Hungergegend, noch dazu fechtend, zurückzukehren. Es wäre dies mit der Vernichtung der Karawane gleichbedeutend gewesen.

Lussana, der Häuptling der Malela, sandte uns 6 Lasten Maniok, 4 Lasten Bananen, 1 Last Zuckerrohr, 100 Eier, 8 fette Schafe und ein fettes Schwein, wofür ich ihm als Gegengeschenk auf sein besonderes Verlangen 2 Fäßchen Pulver und 4 Tücher gab, die er mir jedoch als zu wenig wieder zurücksandte. Ich war daher gezwungen, das Geschenk zu vergrößern. Bald jedoch erfuhr ich, daß drei unverschämte, junge Burschen, die den Austausch der Geschenke bewirken sollten, die Nachforderung des gutmütigen Häuptlings erlogen und darauf unterschlagen hatten. Die Frechheit einiger Leute aus Nyangwe, die meinen Leuten unterwegs Perlen und Hühner entrissen hatten, machte mich besorgt über die Zukunft. Auch war wieder ein Mann mit seiner Last nicht erschienen.

Wir näherten uns einem Punkte, an dem verschiedene große Völker sich berühren. Nordwestlich von uns wohnten die Batetela des Kassonga Luschia, Kitenge war der nördlichste Bassongefürst gewesen, denn Lussuma gehörte schon zu den Wakussu, die ein Teil der Wasongora oder Bassonga sind. Südöstlich reichten auch noch längs des Lualaba Baluba bis auf diese Breite.

Am Moadi traf ich ganz plötzlich einen Araber oder vielmehr Beludschen, der von Nyangwe aus hier im Handel anwesend war und mich zum Lualaba begleiten wollte. Er sandte mir Reis und Limonen, erzählte mir, daß Famba krank sei und riet mir, um die Aufregung bei meinem Erscheinen in Nyangwe zu besänftigen, Boten an die dortigen Araber mit der Versicherung meiner friedlichen Annäherung vorauszusenden, was ich auch that, und zwar bestimmte ich für diese Mission Humba, zwei Soldaten und den Fahnenträger Fickerini. Es hatte diese Anordnung den Vorteil, daß es nun nicht auffiel, daß ich die Sternenflagge einzog, die bisher Fickerini

Über den Congo-Lualaba.

getragen hatte und die von vielen Leuten, welche sie von den Stanley-Fällen kannten, mit Drohungen begleitet wurde. Da ich mich von dem Beludschen, Namens Sahorro, in kleineren Handelsgeschäften tüchtig betrügen ließ, war er die Liebenswürdigkeit selbst und wurde mir in meiner fatalen Lage nützlich.

Weiter ging es durch das salzreiche Land der Bena Samba über den reichen Höhenrücken westlich vom Lualaba hinab ins Thal des Vaters der Ströme Afrikas, des Lualaba Congo, den ich am 14. Februar abends bei einer Niederlassung des Fischervolkes der Wagenie erreichte.

Am nächsten Tage passierten wir in den großen, schönen Kanoes, die aus dem nördlichen Urwäldern kommen, den Lualaba, der eine Breite von 1200 Meter hat, und ließen uns in Nyangwe Unterkunft anweisen. Wir Europäer wurden in einem kleinen, schlechten und schmutzigen Hause untergebracht und unsere Baschilange in einem abgelegenen Teile der Stadt. Ein schlechtes Zeichen war es, daß uns kein Araber empfing, wie damals, und wie es arabische Höflichkeit erheischt. Es schien außer der Masse der Sklaven, die uns anstarrte, kaum jemand von uns Notiz zu nehmen. Bald erfuhr ich, daß eingreifende Veränderungen in Nyangwe stattgefunden hatten. Mein alter Gastfreund Schech Abed war halb mit Gewalt zur Reise nach der Küste gezwungen worden, wie es hieß auf den Befehl des Sultans Said Bargasch, um dort endlich seine Schulden an indische Händler zu bezahlen. Sein jetziger Vertreter Halfan kam erst am Abend und benahm sich höflich, aber sehr zurückhaltend, was ihn nicht abhielt, unausgesetzt zu betteln. Die Befriedigung seiner Wünsche hatte den Besuch von vielen kleineren Arabern zur Folge, die alle dies oder jenes begehrten. Einer derselben sagte mir zum Schluß, fast schon in der Nacht, daß, wenn ich ihm dies und jenes geben wolle, er mir verraten werde, wenn etwas gegen mich im Wege sei. Man war also offenbar sich noch nicht klar, wie man mich behandeln wolle und ich hörte, daß fortwährend Schauris abgehalten wurden über diese Frage.

Schon am nächsten Tage kam Zefu, der Sohn Tibbu Tibbs, mit einem Kanoe von Kassongo, begleitet von einer Rotte von 6 unverschämten jungen Burschen. Das Benehmen Zefus war empörend. Der junge, heißblütige, im Gefühl seiner Überlegenheit

äußerst freche Bursche behandelte mich derart, daß ich mich nur mit
Anstrengung beherrschen konnte, ihm, wie es die Not erforderte,
ruhig zu antworten. Wir wurden einem regulären Verhör unter=
worfen, woher wir kämen, in wessen Auftrage, wie lange wir unter=
wegs wären und vieles andere; oft wurde bei Antworten, die den
halbwilden, meist mit Negerblut vermischten Arabern — auch Zefu
ist ganz schwarz — wunderlich erschien, uns laut ins Gesicht gelacht.
Ganz ungeniert ahmten sie spottend die schweren Bewegungen der
robusten Seemannsgestalt Bugslags nach, kritisierten Le Marinels
und mein Äußeres ohne Scheu in der mir vollkommen verständlichen
Suahelisprache. Es wurde mein von früher her hier bekannter
Diener Sankurru, den ich von Abed bekommen hatte, herbeigerufen
und in unserer Gegenwart gefragt, ob das, was wir gesagt hätten,
wahr oder gelogen sei, kurz, für jemand, der die förmliche Höflich=
keit des Arabers kennt, war dies Benehmen roh und provocierend.
Ich hatte mich zuletzt in eine eiserne Ruhe, wenn auch mit Mühe,
hineingearbeitet, die denn auch allmählich das freche, laute Benehmen
unserer Untersuchungsrichter herabstimmte. Empörend war auch die
Art und Weise, in der uns Zefu den Krieg an den Stanley=Falls
erzählte, empörend, wie er von der Verwundung und dem Tode
eines Europäers sprach und fast unumwunden sagte, daß wir
Europäer doch nur Weiber seien. Bei dieser schlimmsten Beleidigung,
die ein Araber aussprechen kann, fuhr ich in die Höhe und fragte
ihn, wem er es zu verdanken gehabt hätte, daß er nicht vor einigen
Jahren der Gefangene Mirambos geworden sei; doch ich mußte
mich mäßigen, denn es hing von dem Ausgange dieses Schauris
vielleicht die Zukunft meiner ganzen Karawane ab. Zefu zeigte
mir einen seiner Begleiter als den, der den Weißen erschossen habe
und dieser bekräftigte es, sich dessen rühmend. Es hatte diese
Scene immerhin das gute, daß ich klar sah, wie jedes weitere
Unternehmen von hier aus unmöglich sei, wie es mein vornehm=
lichstes Bestreben sein mußte, die vielen hundert Menschen,
die mich begleitet hatten, ungefährdet von hier nach ihrer Heimat
zurückzusenden. Daß ich selbst die Truppe nicht zurückführen
konnte, erhellte aus der direkten Forderung des Sohnes Tibbu
Tibbs, ihn nach Kassongo zu begleiten. Es war ganz offenbar,
daß man mich hier behalten wollte als Geißel für Tibbu Tibb, der
nach Sansibar gegangen und für den man infolge der Gefechte

an den Stanley-Fällen besorgt war. Ich konnte mich darauf gefaßt machen, vorläufig auf ein Jahr als Gefangener hier zu bleiben, wenn nicht ein Zufall mich davor bewahrte. Ein Halbblutaraber war mir gleich von vornherein beigegeben worden, „um für meine Wünsche zu sorgen", der aber natürlich als Spion kaum von meiner Seite weichen durfte. Er berichtete jeden meiner Schritte und hatte dabei die Liebenswürdigkeit, unausgesetzt zu betteln.

Vor allem that es not, das Mißtrauen Zefus nach Möglichkeit zu beseitigen und dazu war der beste Weg, ihn durch Geschenke zu gewinnen. So gab ich ihm, bevor er wegging, eine schöne Büchse und einige Seidenstoffe, die ich als Geschenke für Araber mitgenommen hatte. Allmählich teilte mir Sahorro mit, daß die Araber beschlossen hätten, mich nicht fortzulassen und ich eröffnete daher Zefu, um der Mitteilung von seiten der Araber zuvorzukommen, meine Absicht, mit Bugslag und einigen meiner Leute hier zu bleiben, die Baschilange aber mit Le Marinel, den ich hier als Franzosen, nicht als Belgier, eingeführt hatte, denn gegen Belgier war der Haß seit dem Gefecht bei den Fällen brennend, zurückzusenden, erst nach Kitende und dann, mit den Zurückgebliebenen, wenn sie sich unterdes erholt haben würden, nach ihrer Heimat. Zefu erklärte sich hiermit einverstanden und so war es denn meine erste Aufgabe, durch Ankauf von Waren für die Rückkehr der Karawane zu sorgen. Ich entschied mich, bei Djuma Merikani die Waren einzukaufen, da dieser Araber der einzige mir von früher her bekannte war, der mich auch vor seinen Stammesgenossen hatte warnen lassen. Ich sollte mit Zefu den Lualaba aufwärts fahren und er wollte auch mit mir zusammen bei Djuma halten, um den Handel abzuschließen.

Am Morgen zur bestimmten Stunde, in der wir uns einschiffen sollten, hatte sich Zefu etwas verspätet und erschien nicht am Landungsplatz. Ich nahm eines der Kanoes, sagte dem Führer, daß ich zu Djuma vorausgehen sollte, ließ abstoßen und trieb die Ruderer, wie zu meinem Vergnügen, durch Versprechungen von Geschenken zu angestrengter Arbeit an, so daß ich möglichst lange vor Zefu bei Djuma eintraf und ungestört durch die Gegenwart desselben mit ihm verhandeln konnte. Ich bemerkte jetzt zwei stark mit Bewaffneten bemannte Kanoes, die etwas unterhalb meines Hauses auf dem Lualaba „Wache hielten", damit ich), wie mir später Djuma sagte, nicht etwa mit meinen Leuten mich der Kanoes von Nyangwe bemächtigen und den Strom hinabgehen könne. Stromauf ging es nun, daß das gelbe Wasser vor dem Bug des Kanoes hoch aufschäumte, nach Djumas Niederlassung. Als ich an derselben landete, war noch nichts von Zefus Kanoes zu sehen. Ich eilte in das Haus meines alten Freundes, der mich geradezu herzlich empfing, mich abermals vor Zefu warnte und versprach, mir Perlen und Zeug zu verkaufen und dafür zu stimmen, daß meine Baschilange so bald als möglich heimkehren könnten. Djuma sagte mir, daß man auf die Meldung meines Anmarsches hin geglaubt hätte, ich käme, um von Westen aus Nyangwe und Tibbu Tibbs Niederlassung Kassongo anzugreifen und für die Zerstörung der Station an den Stanley=Fällen zu strafen.

Später, nachdem man gehört hatte, daß ich den größten Teil der Karawane bei Kitenge zurückgelassen hatte, hatte man beschlossen, mich als Geißel für Tibbu Tibb hier zu behalten und hatte Maßregeln getroffen, daß ich von allen Seiten scharf bewacht wurde, wie z. B. durch die erwähnten Wachtkanoes auf dem Lualaba. Als Zefu ankam, sehr ungehalten, daß ich ihm vorausgeeilt war, (er wagte jedoch nicht in Gegenwart des alten Djuma dies zu äußern) gingen wir zum Handel über. Ich kaufte Perlen und Zeuge und wir kamen durch Djumas kräftige Unterstützung dahin überein, daß ich nach Nyangwe zurückgehen, meine Baschilange am 21. abmarschieren lassen und mit den Leuten, die bei mir bleiben sollten, zu Lande nach Kassongo, Tibbu Tibbs Residenz, marschieren sollte. Meine Leute hatten längst bemerkt, daß hier etwas nicht in Ordnung war, daß meine Stellung zu den Arabern nur eine künstlich freundliche sei und waren daher ihrer eigenen Sicherheit wegen zufrieden, Nyangwe bald verlassen zu können und den Heimmarsch nach dem geliebten Lulua anzutreten.

Am 21. ging Le Marinel mit der Karawane über den Lualaba zurück. Mit schwerem Herzen sah ich die guten Menschen, die so vieles um mich gelitten hatten, scheiden. Ich konnte ihnen nicht vergelten, was sie für mich gethan hatten und konnte nur Le Marinel ans Herz legen, sie nach ihrer Rückkunft so gut zu behandeln, wie es nur irgend in seiner Macht lag. Für die Sicherheit der zurückkehrenden Karawane war nichts zu befürchten, außer eben Krankheit und Hunger, doch war es schon vorteilhafter die wüste Gegend wieder zu passieren, jetzt, wo man wußte, was man vor sich hatte und sich auf die schlimmen Hungerländer vorbereiten konnte.

Le Marinel hatte schnell gelernt, mit Negern zu verkehren; er hatte sich das Vertrauen und die Liebe der Baschilange erworben durch seine wahrhaft aufopfernde ärztliche Thätigkeit und gleichmäßige Freundlichkeit, und auch kriegerischen Eventualitäten war er derart gewachsen, daß ich um die Sicherheit der Baschilange nicht besorgt war. Auch die Baschilange fühlten, daß ich in einer schwierigen Lage hier zurückblieb, das sagte mir ihr Auge beim Abschiede und ihr warmer Händedruck, ihr herzliches „Moiio Kabassu Babu".

Lieutenant Le Marinel.

Die Fährstelle am Lualaba sollte für mich mehrfach Zeuge sein einer schweren Trennung. Vor 5 Jahren sagte ich hier an demselben Platze meinem in die westliche Wildnis zurückkehrenden Freunde Pogge Lebewohl, jetzt sah ich tief erregt meine armen schwarzen Kinder vom Lulua von mir gehen. Auch die Trennung von Le Marinel wurde mir nicht leicht. Der junge Offizier hatte mir in treuer Kameradschaft über manche schwere Stunde hinweggeholfen.*)

*) Im Anhang I. folgt ein Brief Le Marinels, der den Rückmarsch der Karawane von Nyangwe nach ihrer Heimat schildert.

Es blieben mir nur 10 meiner Küstenleute aus Angola und 20 freigekaufte Balubasklaven, die sich nicht von mir trennen wollten, vor allem aber der goldtreue Bugslag, dessen Mut und Zutrauen felsenfest und nicht zu erschüttern war und dessen gleichmäßig gute Laune, dessen aufopfernde Sorgsamkeit ihn mir zum Freunde fürs Leben gemacht haben.

Elfenbeinreichtum Djuma bin Salims.

Achtes Kapitel.

Ich muß nach Osten. Reise bis zum Tanganyka.

Enthüllungen durch Famba. — Reichtum an Elfenbein. — In der Höhle des Löwen. — „Die Weißen sind Weiber." — Meine Pläne scheitern. — Der Mörder eines Deutschen. — Früher und jetzt; Erinnerungen eines alten Häuptlings. — Ich bin sehr schwach. — Verpestung der Lagerplätze durch Sclavenleichen. — Trübe Gedanken. — Stumpfsinn meiner Leute. — Gräuel des Sclaventransportes. — Am Tanganyka.

Am 22. brach ich von Nyangwe auf und blieb am nächsten Tage bei Djuma bin Salim, der mir drei Schlachtochsen, einen Esel, einen roten Papagei*), drei Schafe, Leopardenhäute und viele

---

*) Diese roten Papageien sind Naturspiele, die äußerst selten vorkommen. Man findet in den Ländern zwischen Sankurru und Lomami ab und zu in

Kleinigkeiten schenkte, wofür ich ihm meinen Revolver, eine Spieluhr und einen Reitstier gab. Djuma riet mir jetzt, mich möglichst freundlich und unbefangen gegen Zefu zu stellen und hauptsächlich durch Geschenke auf jede Weise zu versuchen, sobald als möglich von Kassongo fortzukommen und nach dem Tanganyka zu marschieren, von wo ich verschiedene Wege nach der Küste hätte. Ich könnte sicher sein, daß, wenn während meines Aufenthaltes in Kassongo vom Congostaate die Stationen Tibbu Tibbs angegriffen würden, ich verloren sei. Selbst der Sohn Tibbu Tibbs könnte mich nicht vor der Wut der Küstenleute und kleinen Händler schützen. Er teilte mir auch mit, daß nur der Umstand, daß ich von früher mit vielen Arabern bekannt und mit denselben, sowie besonders mit Tibbu Tibb sehr befreundet gewesen sei, die Karawane vom Untergange gerettet habe. Die Aufregung über den Krieg an den Stanley=Fällen, dessen Ursache man ganz und gar dem feindlichen Benehmen der Weißen dort zur Last legte, sei viel größer, als ich dies ahne. Er erzählte mir den Grund zu den Kämpfen, der, wie bekannt, ein anderer ist, als man hier ausgesprengt hatte, folgendermaßen: der Chef der Station an den Stanley=Fällen, ein Lieutenant Dean, habe einem Araber sein Weib, das ihm zugelaufen sei, lange Zeit, zuletzt mit Gewalt, vorenthalten und habe überhaupt von den Arabern fliehende Sklaven unterstützt. Er habe sodann, als das erwähnte Weib von ihrem Herrn ergriffen und geschlagen sei, mit Granaten in das Lager Tibbu Tibbs geschossen und mehrere Leute getötet und verwundet. Darauf hätten die Araber ihn angegriffen und nach mehrtägigem Kampfe, in dem ein Weißer gefallen sei, die Station erstürmt. Zwei Europäer hätten sich gerettet, ebenso ein Teil der schwarzen Truppe, Haussa und Bangala. Man hätte dann die Station geplündert und zerstört. Er teilte uns ferner mit, daß in Tabora ein Araber einen Deutschen, der Elfenbeingeschäfte habe machen wollen, aus Handelsneid erschossen habe*) und daß dieser Araber sich zur Zeit in Kassongo aufhalte und infolge seiner That ein großer Mann sei, kurz, daß eine schlimme Zeit sich nähere, daß er der Meinung sei, daß bald ein allgemeiner Kampf zwischen Europäern und Arabern ausbrechen

---

einem Neste 3 bis 4 graue und einen rötlichen Papagei. Es werden diese Vögel an der Küste sehr teuer bezahlt.

*) Den deutschen Kaufmann Giesecke.

und daß man dann auch die Missionare nicht schonen würde. Ich möchte daher die Missionare am Tanganyka warnen; er selbst sei zu klug, um nicht zu wissen, daß am Ende doch der Kampf für seine Stammesbrüder schlecht ausfallen würde, aber da er für einen Freund der Weißen gelte, höre niemand seinen Rat, ja er sei zu den Schauris über mich nicht einmal hinzugezogen worden, obwohl er zur Zeit der älteste Araber am Lualaba sei.

Djuma selbst war krank, er litt schwer an Elefantiasis. Er konnte nur getragen werden. Ich riet ihm dringend, wegen seiner Krankheit und der von ihm vorausgesehenen Wirren mit seinem Elfenbein nach Sansibar zu gehen und hatte ihm hauptsächlich zu diesem Marsche einen bequemen, ruhigen Reitstier geschenkt. Sein Elfenbeinreichtum war sehr groß. Er rief einst seine Lieblingsfrau, ein schönes, schlankes, großäugiges Weib aus Uganda, die einzige, der er den Schlüssel zu seinen Reichtümern anvertraute und ließ mich von ihr in sein Lager führen, wo gegen 500 Elefantenzähne, ungerechnet kleine, unbedeutende, aufgestapelt lagen. Djuma ist kein eingefleischter Muhamedaner, weder im Glauben, noch in seinen Sitten. Er ließ unbeanstandet seine Weiber, die mir oft Früchte, Milch und feines Gebäck brachten, mit mir verkehren. Er sprach äußerst frei über Religion und, was gerade keine gute Folge seiner freien Gesinnung war, er betrank sich täglich an einem selbst aus Bananen, Palmwein oder Hirsebier fabrizierten Branntwein. Für mich hatte er, wie er bewiesen, eine wirkliche Freundschaft bewahrt, ebenso für den englischen Reisenden Cameron, von dem er stets mit großer Zuneigung sprach. Als ich im Jahre 1889 an die ostafrikanische Küste kam, hörte ich zu meinem Bedauern, daß er bald nach meiner Abreise in Nyangwe gestorben sei.

Am 26. verließ ich Djuma und traf am 2. März in Kassongo, der Höhle des Löwen von Manyema, Tibbu Tibbs Residenz, ein. Der Empfang bei den Arabern war ein kalter, der von der Bevölkerung sogar feindlich. Die Menschenmassen, die von dem gerade abgehaltenen Markte herbeiströmten, um uns zu sehen, empfingen mich mit spöttischen Zurufen. Immer wieder ertönte aus der Menge „die Weißen sind Weiber!" In einem kleinen, schmutzigen, unscheinbaren Hause, unwürdig zur Aufnahme eines Weißen, richteten wir uns ein und schlossen gegen die vielen Besuche kleinerer Händler, arabischen Gesindels, die früher nicht gewagt hätten, dem

Freunde der großen Araber ihre Aufwartung zu machen, unsere
Thüre. Am nächsten Tage machte ich bei allen Honoratioren der
Stadt mit Bugslag, wie es Sitte war, Besuch. Unser ruhiges
und sicheres Auftreten, die Betonung, daß wir Deutsche seien und
das Versprechen einiger Geschenke rief bei unserem Abschiede überall
größere Höflichkeit hervor, als beim Empfange. Jeder Versuch
jedoch, von hier aus eine Reise zu unternehmen, sei es nach Norden

Gegend von Kassongo.

oder Süden, fachte stets sofort das Mißtrauen derer, von denen
wir jetzt abhingen, in so hohem Maße an, daß sich meine Annahme,
daß weitere Forschungsreisen von hier aus unmöglich seien, immer
mehr befestigte. Einmal noch versuchte ich, nachdem ich abermals
Zefu Geschenke gegeben hatte, Kanoes zu erhalten und Leute, die
der Araber selbst zu meiner Begleitung aussuchen sollte, zu einer
Reise nach dem Moerosee und dem Kamerondo, aber die Art und

Weise seiner Antwort überzeugte mich von der Fruchtlosigkeit jedes weiteren Versuches.

Mein früherer Fahnenträger Fickerini aus Sansibar wurde mir jetzt unersetzlich; von ihm erfuhr ich alles, was hier vorging. Täglich berichtete er über Schauris, die man meinetwegen abhielt und die stets damit endigten, daß ich mindestens so lange bleiben müsse, bis man sichere Nachricht von Tibbu Tibb habe, obgleich schon jetzt mit Djuma bin Salim befreundete Araber dafür stimmten, daß man mich zur Küste gehen lassen solle, denn ich sei ein Deutscher, hätte ja auch, wie die Zurücklassung meiner Karawane bei Kitenge zeigte, nichts vom Kriege an den Stanley=Fällen gewußt, sei außerdem ein Freund vieler Araber von früher her, könne ihnen nicht schaden, eher nützen, wenn ich zur Küste käme und aussagen könne, daß man mich habe unbeanstandet ziehen lassen.

Eines Tages kam Fickerini erfreut nach Hause und meldete, daß Boten vom Tanganykasee eingetroffen seien mit der Nachricht, daß Tibbu Tibb in Sansibar angekommen und man ihn wegen der Affaire an den Stanley=Fällen nicht zur Rechenschaft ge= zogen habe.

Jetzt wendete sich die Stimmung mehr zu meinen Gunsten, be= sonders da auch an den Stanley=Fällen nichts vorkam und ich allmählich durch Geschenke mir die Gunst der wichtigeren Araber erworben hatte. Noch einmal machte ich jetzt den Versuch, meinem Auftrage von seiten Seiner Majestät des Königs der Belgier weiter gerecht zu werden. Ich machte Zefu den Vorschlag, mich mit wichtigen Arabern nach den Stanley=Fällen zu schicken, um dort, wenn Europäer kämen, mit ihnen in friedliche Verhandlungen zu treten. Umsonst, er war in dieser Beziehung zu mißtrauisch. Es blieb mir daher nur ein Weg und zwar nach Osten.

Ein Hoffnungsstrahl ging mir noch auf, als ich von einem Europäer sprechen hörte, der an einem See nördlich des Tanganyka wohne, viel Elfenbein und viele Soldaten habe und obwohl ein Europäer, wie man mir sagte, doch Muhamedaner und Offizier des Sultans von Masr, von Egypten, sei. Es konnte dies nur Emin Bey sein, von dem ich vor meiner letzten Rückkehr nach Afrika noch näheres gehört hatte. Vielleicht gelang es mir mit Hülfe mir be= freundeter Araber von Udjiji aus nach dem Norden des Tanganyka zu gehen und von dort den Albertsee zu erreichen. War dies auch nur ein schwacher Hoffnungsstrahl, so belebte er mich doch, denn er gab mir Aussicht, meinen Marsch nach Osten auszunutzen.

Am 7., also 22 Tage nach dem Eintreffen bei den Arabern, war es so weit, daß ich mich zum Abmarsche nach Osten rüsten konnte. Ich hatte noch immer geschwankt, ob ich nicht länger bleiben sollte, um weiter einen günstigen Moment abzuwarten, den Lualaba abwärts oder aufwärts gehen zu können, stand jedoch davon ab, da jeden Tag Nachricht von neuen Gefechten an den Stanley-Fällen eintreffen konnte und damit der Untergang der Meinigen und der meine besiegelt gewesen wäre. Nachdem ich zu der Überzeugung gekommen war, daß durchaus nichts mehr zu gewinnen, alles aber zu verlieren war, zog ich denn schweren Herzens über die Unmöglichkeit, auch den letzten Teil meines Auftrages erfüllen zu können, nach Osten auf der großen Karawanenstraße zum Tanganyka ab. Le Marinel mußte unterdes mit den Baschilange schon über den Lomami sein, also außerhalb des Machtbereiches der Araber. Wenn ihm etwas zugestoßen wäre, hätte ich sicher durch meinen treuen Fickerini Nachricht erhalten. Ich hatte außer den Geschenken an die Araber mehrere Lasten durch Diebstahl in Nyangwe und Kassongo verloren und waren meine Reklamationen bei den Arabern fruchtlos geblieben. Unter den verlorenen Lasten war eine mit Patronen für die Büchse, die ich Zefu geschenkt hatte, und da Bugslag und ich gleiche Büchsen führten, so war hierdurch unsere Munition verringert. Ich hatte vorsichtigerweise Zefu mit der Büchse nur 50 Patronen geschenkt, großen Mangel vorschützend, und sah eines Tages, als ich ihn besuchte, eine bei weitem größere Anzahl von Patronen, die offenbar der mir gestohlenen Kiste entstammten. Zefu zeigte sich bei meinem Abschiede in seinen Gegengeschenken so erbärmlich geizig, wie ich es für einen in muhamedanischen Sitten erzogenen, vornehmen Mann nicht für möglich gehalten hatte. Er gab mir auf den Weg zwei alte Ziegen mit, gleichzeitig aber auch viele mit ironischen Geberden begleitete Salaams für meine Reise.

An dem ersten Halteplatze fragte mich der alte Fickerini, ob ich den Araber gekannt hätte, der kurz vor meinem Abmarsche mich noch besucht und mir zum Abschied die Hand geschüttelt hätte. Als ich dies verneinte, sagte er mir, daß dies Mohammed bin Kassim*)

---

*) Ich verurteilte diesen Araber im Jahre 1890 in Saadani zum Tode durch den Strang.

Über den Flindi.

gewesen sei, der Mörder des deutschen Kaufmanns in Tabora. Kassim war stets bei allen Versammlungen der bedeutendsten Araber zugegen und war hier ein angesehener Mann.

Bei der Passage des sehr angeschwollenen, ca. 60 Meter breiten Flindi ritt ich mit meinem Stier ins Wasser, um nach einem guten Anlageplatz für Kanoes zu suchen. Der Stier verstand mich falsch, warf sich plötzlich mit einem Sprunge ins tiefe Wasser und schwamm mit mir und dem schweren Gepäcksattel ans andere Ufer. Nur einmal inmitten des Stromes kämpfte er mit dem Gleichgewicht, schwamm jedoch sonst ausgezeichnet.

Einige Tage später kamen wir wieder in Kriegsgebiet. Sefus Soldaten trieben Eingeborene ein, die als Ruderer bei einem neuen Transport von Truppen nach den Stanley-Fällen dienen sollten. Alles war entflohen, nur hier und da hatte man sich widersetzt. In der Nähe unseres Lagers gingen Eingeborene flüchtig über den Flindi und ein durchdringendes Geschrei von vielen Stimmen ward uns am nächsten Tage dadurch erklärt, daß ein Kanoe mit flüchtenden Manyema umgestürzt und 7 Insassen ertrunken seien.

Die Märsche waren in diesem Teile Manyemas in der Zeit der hohen Gräser besonders schwierig durch das dschungelartig dicht

verwachsene Mariankagras, dessen Halme Daumenstärke haben. Nach
einigen Tagen passierten wir wieder einen Kriegsschauplatz. Ein
Araber war vor kurzem beim Anpreisen von Lebensmitteln mit
einem Pfeil angeschossen worden und dessen Sohn Said bin Habibu
war jetzt hier, um seinen Vater zu rächen.

Am 12. gingen wir über den Luamo, der sich sein Bett durch
horizontal geschichteten Thonschiefer gegraben hat. Erst östlich des
Lualaba tritt in dieser Breite Thonschiefer auf und steht stellenweise
bis dicht zum Tanganyka an. Meine Baluba, die sich bis jetzt noch
körperlich gehalten hatten, fingen nun auch an zu kränkeln und schon
mußte ich, um meine wenigen Lasten fortzubringen, außer den von
Zefu gemieteten 20 Sklaven Eingeborene von Dorf zu Dorf dingen.
Wir passierten jetzt fast täglich Niederlassungen von Küstenleuten
und kleinen Arabern, von denen ich hörte, daß der Chef der eng=
lischen Mission Kapitain Horn in Udjiji die englische Flagge hatte
hissen wollen, jedoch daran verhindert worden wäre und daß man
nächstens die englischen Missionen vom Tanganyka vertreiben würde.

Am 17. hatte ich einmal wieder seit langer Zeit den Genuß
eines Lagers in der Wildnis ohne Nachbarschaft von Dörfern.
Eine Unterbrechung des ewigen Geräusches, des ewigen Streites und
Feilschens beim An= und Verkaufe von Lebensmitteln und des
staunenden Umstehens seitens der Eingeborenen läßt dem Reisenden
ein stilles Lager zu einem wirklichen Genusse werden. Die fort=
während Anspannung der Nerven läßt nach, man braucht nicht stets
bereit zu sein mit Zusprechen, Drohungen oder Gewalt einzuschreiten,
man kann einmal den sonst unablässig beschäftigten Gedanken freien
Raum lassen, kurz man kommt sich vor wie ein Gefangener, der
zur Erholung auf einige Stunden freigelassen ist. Ich hatte auf
meinen früheren Reisen dies nie so gefühlt wie jetzt; die ununter=
brochene Reihe unserer Leiden und Enttäuschungen, das ewige
Lavieren und Nachdenken über Auskunftsmittel hatten mich fast
übermüdet.

Nach der Passage von 16 Bächen erreichten wir am 18. Kalam=
barre, die große Niederlassung des Arabers Raschid, eines Trinkers,
Haschischrauchers und unverschämten Bettlers. Am Abend erschienen
aus der Umgegend einige Araber, unter ihnen auch der Amiri, d. i.
Offizier, Reichardts und Dr. Boehms auf ihrer Reise nach dem
Quellgebiete des Lualaba. Es wurde ein Wettschießen veranstaltet

nach den Früchten des Melonenbaumes, bei dem ich wohl Sieger blieb, aber den Siegespreis, von jedem Beteiligten eine Ziege, nicht erhielt.

Eines wunderbaren Urteilspruches will ich hier gedenken, den der Araber Raschid abgab, als ihm gemeldet wurde, daß einer seiner Leute auf einen Eingeborenen aus Eifersucht geschossen habe. „Man soll dem Manne 50 Peitschenhiebe geben, weil er so schlecht geschossen, daß er den Eingeborenen nur verwundete", lautete der Urteilsspruch über einen direkten Mordversuch eines betrunkenen Sklaven.

Es machte sich allmählich bei mir die Nervenspannung, deren ich vorher Erwähnung that, auch körperlich bemerkbar. Ich litt an Kopfweh und nervösem Asthma, das mir peinigende Schlaflosigkeit eintrug.

Da gerade jetzt, am 21. März, die ersten Regen wieder einsetzten, so konnte ich eine auf meiner ersten Reise gemachte Beobachtung, die von meteorologischer Wichtigkeit ist, bestätigen. Hier zwischen dem Tanganyka und dem Lualaba liegt die Grenze der verschiedenen Gewitterzüge. Von der Westküste bis hier kamen die Gewitter stets vom Osten, von hier ab bis zur Ostküste vom Westen.

In Ubujive fanden wir die Lagerstätten der Karawane der Löwen und Leoparden wegen mit Baumstämmen und Dornenbüschen eingezäunt. Die jagdreichen Gründe von Ubujive konnte ich nicht durchstreifen, da ich seit einiger Zeit zu schwach war und im Lager angekommen mich gleich niederlegen mußte. Spuren von Elefanten, Büffeln, Antilopen, Löwen, Leoparden und Hyänen waren häufig.

Eines Tages hatte ich ein interessantes Gespräch mit einem alten Häuptlinge, der mir von früheren Tagen erzählte, als noch keine Araber über den Tanganyka gekommen waren und dann beschrieb, wie allmählich mehr und mehr die Eingeborenen verjagt, geknechtet und vertrieben seien, so daß heute an dieser Straße in Ubujive, die noch vor 10 Jahren durch ein immens bevölkertes Gebiet geführt habe, nur noch ein einziges Dorf der Eingeborenen lag. Viele kleine Küstenhändler hatten sich angesiedelt, die nun strahlenförmig von dem Wege aus raubend und plündernd ins Innere drangen. Von der Niederlassung des Arabers Kalonda gehen Elfenbein- und Sklaven-Karawanen in direkt nördlicher Richtung viele Monatsreisen vor. Man sagte mir, daß die Länder dort fast ausnahmslos mit dichtem Urwald bedeckt seien, daß es viele Batua gäbe und daß man nach einigen Monaten an Flüsse käme, die nicht zum Lualaba und auch nicht zum Tanganyka gingen sondern nach Sonnenaufgang in einen großen See. Es ist wahrscheinlich, daß eine solche Karawane es war, die Stanley auf seinem Marsche vom Aruvimi zum Albertsee antraf.

Die auf meiner ersten Reise von mir berührten Dörfer der Bena Wasi Malungo waren verschwunden, auch sah ich nichts mehr von Batua, wie damals. Die Bena Bussindi waren der letzte Rest der einheimischen Bevölkerung an der Karawanenstraße.

Wir passierten eines Tages einen Tümpel von 60 Meter Durchmesser, dessen Wasser 38° Celsius zeigten und wollten unweit desselben unser Lager an einer Stelle machen, die oft von Karawanen besucht zu sein schien; es machte sich jedoch ein derartiger Pesthauch bemerkbar, der von acht Leichen herrührte, die, halb zerfleischt von Hyänen, faulten, daß wir weiter vorwärts einen guten Platz zu finden suchten. Einige 1000 Meter weiter trafen wir abermals ein Lager an und abermals in den Hütten derselben einige Leichen, deren eine ganz mumienhaft zusammengetrocknet war. Auch am Wege lagen vielfach Schädel und Gebeine. Es war nicht schwer die Hochstraße des Sklavenhandels, den betretensten Weg von den Niederlassungen der Araber am Lualaba zum Tanganyka zu erkennen.

Meine Gesundheit wollte sich nicht bessern. Ich war äußerst schwach, in fortwährend gedrückter Stimmung und schrieb an einem dieser Tage von meiner Stimmung überwältigt in mein Tagebuch lebhafte Klagen über das Leben in der Wildnis, die ich wiedergeben will, da manches Wahre in ihnen ist und sie ein Bild geben von der Stimmung, in der sich häufig vom Fieber geschwächte Europäer befinden: „Welch wunderbaren Beruf habe ich mir gewählt! Wie anders denkt man sich daheim das Leben in der Wildnis. Wo ist das Gefühl der Befriedigung in der Arbeit, wo der Reiz der Gefahr, wo die Genugthuung, sie überstanden zu haben, wo endlich die geringste Poesie des Lebens! Was ist es, das uns hier so selten zum Genusse der Schönheit der Natur kommen läßt? Niemals hat man unter den sengenden Strahlen der hiesigen Sonne das Gefühl der unbezwingbaren Kraft wie daheim, nie jenes Schwellen der Brust im Vollbewußtsein seines Könnens. Kein einziger der vielen hohen Genüsse unserer Heimat bietet sich uns hier.

Sklavenfütterung.

Welch elendes Dasein ist es, mit welchen Entbehrungen, Sorgen und Enttäuschungen hat man zu kämpfen und in welch häßlicher Umgebung! Die Natur bietet meist nur ein wüstes, wildes Einerlei, das unter sengender Sonnenglut gedrückt erscheint, oder triefend und modernd. Wie ein Gefangener klebt man am Wege, eingeschlossen von der fast undurchdringlichen Vegetation, die selbst dem Auge nicht gestattet, an einem Weitblick sich zu laben. Wer sind die Gefährten dieses Lebens?, arme, nackte, stumpfsinnige Kinder ohne Treue und Glauben, ohne Herz und Gefühl für etwas Hohes, an nichts denkend als an die Befriedigung der niedrigsten Bedürfnisse, ohne jeden höheren Gedanken, jedes hohe Ziel. Ringsum nur Jammer, Elend und Stumpfsinn oder Roheit, Wildheit und Gefühllosigkeit. Ein ewiger Kampf gegen das feindliche Klima, ewige Sorgen ob des Gelingens der Pläne, Kummer und Fehlschläge beschäftigen unausgesetzt den Geist. Ist dieses Land, ist dieser Mensch hier solcher Opfer wert? Welche Erfolge geben Genugthuung für solche Opfer? Giebt es für das Streben, etwas zu leisten nicht weit lohnendere Ziele?"

Das sind die Gedanken, die mich quälten, wenn ich körperlich litt, doch wenn ich wieder bei Kräften war, belebten oder vielleicht auch täuschten mich Hoffnungen, schwebten meiner Fantasie erstrebenswerte Ziele vor; es war dann alles Schwere, das dieses Leben mit sich bringt, wohl zu ertragen.

Täglich begegnete ich Karawanen, von Arabern oder Beludschen geführt, die zum Lualaba oder nach den Stanley-Fällen, wie es hier hieß „Mitamba" wollten. Die Lasten bestanden fast ausschließlich in Pulver und Gewehren, nur wenig Zeug und Perlen sahen wir. Fast alle Araber, ja die meisten Karawanenführer besaßen gute Hinterlader und viel Munition. Sämtliche englische Systeme waren vertreten.

Meine freigelassenen Baluba wurden auch von Tag zu Tag an Zahl verringert durch Todesfälle und durch Verlieren in der Wildnis. Es hatten die Baluba, meist große, starkknochige Burschen, den Folgen unserer Hungermärsche länger widerstanden als die Baschilange, doch jetzt zeigten sich auch bei ihnen die Folgen. Sie wurden stumpf, weder durch Güte, noch durch Gewalt leitbar, vollständig idiotisch. Nicht die Masse von Leichen und Gebeinen an der Straße, das Schreien der Hyänen am hellen Tage, was ich bisher noch nie gehört hatte, nichts konnte sie bewegen auf dem Marsche aufzubleiben und sich nicht der Mattigkeit hinzugeben. Ich glaube, daß mancher unter ihnen am Wege eingeschlafen, von Raubtieren zerrissen oder vielleicht von passierenden Karawanen als guter Fund wieder nach Westen geschleppt worden ist. Es gingen mir auf diese Art mit den Baluba auch mehrere Lasten verloren, was mir sehr peinlich war. Die nächtliche Stille war unausgesetzt durch das widerliche Heulen oder Lachen der Hyäne, das heisere Stöhnen des Leoparden und das helle Bellen des Schakals gestört. Obgleich die Gegend wildreich war, fanden an dieser Straße die Raubtiere bequemere Nahrung in vor Mattigkeit zurückgebliebenen Sklaven.

In einigen kleinen Dorfschaften unweit des Weges lernten wir eine neue Art von Sklavenjägern kennen, die ungefährlicher und bequemer arbeiten, als dies beim Überfallen der Eingeborenen der Fall ist. Diese Leute lauern an der Straße, greifen zurückgebliebene Sklaven auf, verleiten, indem sie Nahrung zum Verkauf ins Lager bringen, andere zur Flucht, um sie dann in Udjiji am Tanganyka zu verkaufen. Der Marsch auf dieser großen Karawanenstraße ließ uns eingehende Studien machen über den Import und Export von und nach Centralafrika. Wie uns entgegen nach dem Innern nur Waffen und Munition gebracht wurden, so trafen wir in wenigen Tagen drei Karawanen, die den Erlös für den erwähnten Import zur Küste brachten, etwas Elfenbein und . . . . . . Hunderte von Sklaven, zu 10, zu 20 mit langen Ketten und Halsringen verbunden. Bei Schwächeren, Weibern und Kindern, bei denen Flucht ausgeschlossen war, hatte man nur Stricke angewendet. Diejenigen Leute, die besondere Vorsicht erheischten, gingen zu Zweien in der Mukongua, der Sklavengabel, einem Gabelholz, bei dem der Hals in die Gabel eingeschnürt ist. Es ist kaum zu beschreiben, in welchem elenden und erbärmlichen Zustande die schwarze Ware war. Arme und Beine fast fleischlos, der eingezogene Bauch voller Runzeln, der Blick matt, das Haupt gebeugt, so schlichen sie in eine ihnen unbekannte Zukunft, ostwärts und immer ostwärts weg von ihrer Heimat, fortgerissen von Weib und Kind, von Vater und Mutter, die sich vielleicht im Walde durch Flucht der Hatz entzogen hatten oder, sich wehrend, niedergemacht waren. Ein furchtbar empörendes Bild bot im Lager einer solchen Karawane die allabendliche Verteilung der Rationen. Mit weit aufgerissenen Augen drängten sich die Hungern-

Sklaventransport.

den um den Platz, an dem einer der Wächter zum Verteilen von
Lebensmitteln stand, ab und zu die ihn vor Hunger dicht Um=
drängenden mit einem Stocke zurücktreibend; ein kleines Maß in der
Größe eines Wasserglases wurde, mit Korn angefüllt, Mais oder
Hirse, einem jeden in den Lappen oder die Ziegenhaut, mit der er
seine Blöße deckte, hineingeschüttet. Viele dieser Leute, zu müde,
um das Korn zu reiben oder zu stoßen, kochten es einfach in
heißem Wasser oder rösteten es im Topfe auf dem Feuer und
schlangen es so hinab, um das schmerzhafte Gefühl des Hungers
zu besänftigen. Bevor die einzelnen Ketten sich zur Ruhe legen
durften, wurden sie noch einmal hinausgetrieben, dann warfen sie
sich in der Nähe eines großen Feuers nieder, um dem fast er=
schöpften Körper die nötigste Ruhe zu gönnen. Ohne Rücksicht auf
das Geschlecht waren die Sklaven meist nach ihrer Marschfähigkeit
zusammengestellt. Kaum der vierte Teil dieser Armen erreicht die
Küstenländer, in denen sie verkauft oder zum Export bereit gehalten
werden oder auf die Pflanzungen der Küstenleute gehen. Die
großen arabischen Niederlassungen im Innern, wie besonders Udjiji
und Tabora, konsumieren eine große Anzahl von Sklaven, besonders
ersteres, das wegen seines schlechten Klimas sehr verrufen ist. Man
sagt, daß in Udjiji ein Arbeitssklave (zum Unterschied von den weib=
lichen Sklaven, die in den Harem kommen) es nicht länger aushält,
als ein Jahr.

Als ich eines Tages in der Nähe des Lagers mich auf Büffel
angestellt hatte, kam aus dem Dickicht statt des Wildes ein Knabe
von etwa acht Jahren herausgeschlichen und näherte sich vorsichtig
einer Stelle, von der aus er unser Lager sehen konnte. Als ich
aus meiner Deckung hervortrat, wollte er zuerst entfliehen, kam aber
dann mit mir ins Lager. Der Knabe war einer Sklavenkarawane
entwischt und sagte, daß er die Lagerplätze immer abgesucht habe
nach dem Abmarsche, um verloren gegangene Reste von Lebens=
mitteln für sich zu finden. Die Nächte hatte er auf einem Baume
zugebracht, in dessen Ästen er sich ein Lager eingerichtet hatte.
Beim Weitermarsche schloß er sich uns an, starb jedoch bald darauf
an den Pocken, wie noch weitere 5 Leute meiner kleinen Karawane.

Am 4. April sandte ich einige Leute voraus, um am
Tanganykasee der englischen Mission, die früher an dem diesseitigen
Ufer, jetzt auf der Insel Kawala, sich niedergelassen hatte, meine

Ankunft zu melden und um Aufnahme zu bitten. Am 6. war der Marsch durch die eintönige Waldwildnis Ubujives beendet und der weite Spiegel des Tanganykasees rief freudige Erinnerung in uns wach an das Meer. Dicht am Strande des Hafens Mtoa, wo verschiedene Dhaus lagen, die Araber, die zum Lualaba wollten, aus Udjiji gebracht hatten und eine wartende Sklavenkarawane aufnehmen wollten, hielten wir. Auch dieser See fordert manch Opfer an Menschenleben. Die kleinen Segelfahrzeuge aus Udjiji werden derart vollgepfropft mit Menschen, daß die Führer oft genötigt sind, beim Eintreten von schlechtem Wetter, das besonders in der Regenzeit mit dem Erscheinen von Gewittern auftritt, eine Anzahl Menschen über Bord zu werfen, um wenigstens einen Teil derselben zu retten. Es ist eine wahre Geschichte, daß vor kurzem einer der größten Araber bei einer solchen Gelegenheit, um seine beiden kostbaren Maskatesel zu retten, 12 Sklaven über Bord werfen ließ.

Am Abend des 6. traf Mr. Larson von der Mission auf Kawala mit einem freundlichen Willkommensbriefe des Mr. Horn im Hafen ein. Mr. Horns Weib und Kind waren krank und er dadurch verhindert, uns selbst abzuholen. Mit Hilfe einer von einem Araber gecharterten Dhau segelten wir am 7. ab und trafen nach zweistündiger Fahrt in dem kleinen, schön gelegenen Hafen der Insel Kawala und auf der Missionsstation ein, wurden gastlich empfangen und so komfortabel untergebracht, wie es die noch im Entstehen begriffene Station erlaubte.

Bei Mtoa am Tanganyka.

Auf dem Tanganyka.

Neuntes Kapitel.

Bis zum Nyassa.

Warnung nach Osten zu reisen. — In Udjiji. — Ich gehe nach Süden. — Ich lasse meine erschöpften Baluba bei den Missionaren. — Der See und sein Abfluß. — Nachtfahrten. — Sturm. — Mpala. — Richtiges Vorgehen der Missionen. — Galula stirbt. — Leoparden. — Paviane. — Zu Lande weiter. — Wasserbänke. — Träger entfliehen. — Aberglauben. — Erpressungen. — Die Wawemba-Mörder. — Schottische Mission. — Ethnologisches von Mr. Bain. — Am Nyassa. — Insekten-Wolken.

Das erste, was ich von Herrn Horn erfuhr, war, daß an der Küste Unruhen zu erwarten seien. Mr. Horn schob den Grund hierzu auf das Vorgehen der Deutsch-Ost-Afrikanischen Gesellschaft, die sich, was mir neu war, unterdes gebildet und an der Küste festgesetzt hatte. Es hieß, die Deutschen seien übermütig und herrisch gegen Eingeborene und Araber, ohne daß sie eine Macht besäßen, um denselben zu imponieren. Die Araber seien wütend auf die Deutschen und würde in nächster Zeit die Unzufriedenheit und Empörung zum Ausbruch kommen. Namentlich könnten die Araber es nicht verwinden, daß der Sultan Said Bargasch den Deutschen Land abgetreten habe und man wolle sich infolgedessen auch vom

Sultan lossagen. Auch das Gefecht bei den Stanley=Fällen habe dazu beigetragen, die Stimmung gegen die Europäer zu verschlimmern. Tabora sei zur Zeit der Hauptsitz der Unzufriedenheit und dort sei denn auch vor nicht langer Zeit, wie ich dies ja schon wußte, ein Deutscher ermordet worden. Herr Horn warnte mich, wenn ich zur Küste gehen wolle, die große Straße über Tabora zu nehmen; der einzige Weg, der offen sei und den auch die Missionare benutzten, sei über den Nyassa und Schire.

Ich machte zunächst keine Pläne, da ich erst in Udjiji näheres hören wollte, besonders über die Möglichkeit, vom Nordende des Tanganyka zum Albertsee und zu dem Europäer vorzudringen, der dorthin mit vielen Truppen und reich an Elfenbein verdrängt sei, zu Emin Bey.

So ging ich denn ohne jeden Aufenthalt hinüber nach Udjiji, wo ich, durch guten Wind begünstigt, nach anderthalbtägiger Fahrt eintraf. Die beiden ersten Araber in Udjiji, Nasorro bin Zef und Mohammed bin Halfan, kannte ich. Mit letzterem war ich früher schon gereist. Der Empfang war höflich, aber kühl. Beide bestätigten von ihrem Standpunkte aus alles, was ich von Horn erfahren hatte. Ich brachte sie auf das Gespräch über Emin Bey, von dem sie näheres nicht wußten, dagegen teilten sie mir mit, daß ein Deutscher von dort mit viel Elfenbein vor einigen Monaten nach Tabora gekommen sei und mit Tibbu Tibb zusammen die Küste erreicht habe. Es war dies Dr. Junker. Auf meine Frage über die Möglichkeit, zu Emin vom Nordende des Tanganyka aus zu gelangen, wurde mir gesagt, daß dies ausgeschlossen sei. Die Stämme nördlich vom Tanganyka, die Wasongora Mino, seien kriegerisch und sehr zahlreich. Auch könnte ich Unioro, dessen König Kaba Rega mit den Weißen dort im Kriege sei, nicht um=gehen. Leute könnten sie mir nicht geben, da sie gerade große Karawanen nach der Küste gesandt hätten, ganz besonders aber verweigerten sie mir eine große Summe vorzuschießen, die ich gebraucht hätte, um von ihnen Waffen, Munition und Zeuge für ein neues Unternehmen zu erstehen; sie meinten, das Verhältnis sei jetzt derartig schlecht mit den Europäern, daß es zum Kriege kommen könnte und sie würden dann ihr Geld verlieren. Sie fanden sich indes bereit, für teueres Geld — ich hatte für derartige Fälle etwas englisches Gold bei mir, da ich wußte, daß die Araber hierauf besonders erpicht sind — mir ein Fahrzeug zu verschaffen für die Reise nach dem Süden des Tanganyka; denn über Tabora, wo obenein noch Krieg ausgebrochen war zwischen dem großen Häuptlinge Sicke und den Arabern, zur Küste zu gehen, hielten auch sie für gefährlich. So gab ich denn mit schwerem Herzen einen weiteren Versuch, direkt etwas für den Congostaat zu thun, auf und entschloß mich, an der Tanganykaküste des Congostaates hinabzufahren und auf dem Wege Nyassa, Schire und Zambesi nach der Küste zu gehen.

Auf meine Erkundigungen über eine Reise zu Emin Bey erfuhr ich, daß die Araber auch schon im Norden des Tanganyka vorgedrungen seien und Niederlassungen am Kiwusee gegründet hätten, der fünf Tagereisen nördlich des Tanganyka liegt und zwei verschiedene Abflüsse haben sollte, einen zum Tanganyka und einen andern nach Westen zum Lualaba. Von da drei Tagereisen weiter nördlich sei der Akaniarusee; das Land um denselben sei schön und reich und habe viel Wasser und gutes Gras. Die Eingeborenen besäßen unzählige Herden Rindvieh.

Udjiji hatte gegen früher sehr verloren: die Reichtümer des Mitamba, d. h. der Länder den Lualaba abwärts von Nyangwe, in die als erster Araber Tibbu Tibb, Stanley begleitend, vor=
gedrungen war, hatten jetzt die größte Anziehungskraft. Alles zog nach Mitamba, denn dort gab es viel Elfenbein, dort führte der Eingeborene noch Speer und Bogen und war infolgedessen leicht zu überwinden.

Der Tanganyka war seit meinem letzten Hiersein um mehr als 1 Meter gefallen und infolgedessen die Rhede von Udjiji weit hinausgeschoben, da hier das Land flach in den See abfällt. Ich charterte eine Dhau mit Bemannung, machte Einkäufe an Waren für den Weg vom Tanganyka zum Nyassa im Werte von 550 Dollar und fuhr am 11. von Udjiji ab hinüber nach Kawala, wo ich Bugslag und meine Leute unterdes gelassen hatte. Unser Fahrzeug war so alt und so voller Ungeziefer, daß ich nach einer Stunde Segelns umkehrte und mir ein anderes, das eben ein=
gelaufen war, dagegen eintauschte. Dies Boot war nach europäischer Art gebaut und ein guter Segler. So ging ich erst am 12. wieder in See und warf gegen Abend Anker beim Kap Kabogo, wo ich am Lande übernachtete. Wir wurden zweimal aufgestört durch das

nahe Brüllen eines Löwen und durch sich unserem Feuer nähernde Gestalten, Eingeborene, die wohl versuchen wollten, etwas zu stehlen, sich aber, als sie das Knacken der Büchsenhähne hörten, schnell entfernten.

Am nächsten Tage kreuzte ich den See. Ich beobachtete zu meinem nicht geringen Erstaunen eine Ansammlung von kleinen Quallen, durch die wir wohl eine halbe Stunde lang hindurchfuhren. Die Tiere waren glasig, scheibenartig von der Größe eines Markstückes und hatten ringsum am Rande, der wie ein milchfarbiger Ring aussah, Fäden oder Fasern hängen, vermittelst welcher sie schwammen. Führt auch der Malagarassi, der größte Zufluß des Tanganyka, viel Salzgehalt mit sich, so muß man doch den Tanganyka einen Süßwassersee nennen und im Süßwasser sind Quallen eine große Seltenheit. Mir fehlte leider alles, um das sicher seltene Tier für spätere Bestimmungszwecke präparieren zu können.

Am 13. traf ich in Kawala ein und ging sofort an die Vorbereitungen zur Weiterreise. Meine Baluba waren unfähig, mich weiter zu begleiten. Ich hätte einige von ihnen mit mir nehmen können, wollte aber die wenigen Leute nicht durch Trennung auseinanderreißen. Hier unter den Augen der Mission waren die Baluba vor Gewaltigung von seiten der Araber so sicher, als dies überhaupt nur denkbar war. Hier blieben sie unter dem beaufsichtigenden Blicke eines Weißen und konnten, wie mir Herr Horn versprach, im Dienste der Mission sich Löhnung erwerben. So kaufte ich denn von dem Häuptlinge, der sich als Eigentümer der Insel vorstellte, ein verlassenes Dorf und die dazu gehörige, schon ausgerodete Plantage. Ich ließ den Baluba 14 Gewehre, zu denen ich die Munition an Herrn Horn abgab, 12 Ziegen, viel Hühner, Salz, Hacken, Beile, Töpfe und sonstiges Hausgerät und übergab ebenso einem der Herren der Mission Perlen und Zeuge, um für die erste Zeit den Leuten Rationen auszugeben, d. h. so lange, bis ihre Felder sie ernähren würden. Den intelligentesten, der bisher auch schon als Führer der Baluba sich ausgezeichnet hatte, machte ich zum Häuptling der neuen kleinen Gemeinde und instruierte ihn, sich stets an die Europäer zu halten und bei allen streitigen Fällen sich dort Rat zu holen; habe er Gelegenheit, sich einer sicheren Karawane anzuschließen, die nach seinem Lande gehe, so möge er dies thun. Da ich voraussetzte, daß der Congostaat bald wieder an diesem See, seiner Ostgrenze, eine Station errichten würde, so sah ich in diesen Baluba, deren fast jeder sein Weib bei sich hatte, gleich einen erwünschten Stamm von Leuten, der von der übrigen Bevölkerung unabhängig war. Es wurde infolgedessen auch der Führer instruiert, demgemäß sich sofort zur Verfügung zu stellen mit seinen Leuten, wenn irgendwo am See eine Station unter der Sternenflagge etabliert werden sollte. Der Boden auf Kawala war scheinbar gut, der See hier äußerst fischreich, das nahe Land, das mit einem kleinen Kanoe zu erreichen war, da der Kanal zwischen dem Festlande und der Insel ganz geschützt war, äußerst wildreich, so daß ich über die Zukunft meiner Leute beruhigt weiter reisen konnte. Drei Reittiere, die ich natürlich nicht in dem kleinen Fahrzeuge mit mir nehmen konnte, übergab ich der Mission mit der Bitte, sie irgend welchem Europäer eventuell zur Verfügung zu stellen.

Es ging nun ans Verladen der wenigen Lasten, die ich noch besaß und an sonstige Vorbereitungen zur Weiterreise. Ich, Bugslag, 10 Küstenneger mit 4 Weibern, zwei kleine Hunde, ein Teckel und ein Bastard vom Teckel und dem afrikanischen Pariahunde und die Bootsleute bildeten die neue Reisegesellschaft.

Am 15. April nahmen wir Abschied von Mr. Horn, seiner tapferen Gemahlin, der ersten weißen Dame, die sich soweit in den dunklen Kontinent gewagt hatte, und den anderen Herren der Mission, denen wir für ihre freundliche Aufnahme zu großem Danke verpflichtet waren und erreichten bei guter Brise die Lukugabucht. Fast alle meine Leute waren seekrank, da eine Dünung stand, wie sie wohl auf einem Landsee selten vorkommt. Der fast 80 deutsche Meilen sich von Süd nach Nord hinstreckende See mit seinen meist hohen Ufern hat fast die Hälfte des Jahres hindurch südliche Winde, die am Tage regelmäßig heftig wehen, während sie am Abend abflauen und es des Nachts meist still wird. Während dieser Zeit hält sich jedoch ununterbrochen eine südliche Dünung, die oft genug dem kleinen Fahrzeuge gefährlich wird.

Der Lukuga, der Abfluß des Tanganykasees, führt alljährlich mehr Wasser aus dem See zum Lualaba, als der Malagarassi und die vielen kleineren Zuflüsse ihm zuführen. Es sinkt infolgedessen der Spiegel des Sees und zwar jährlich um ungefähr 2 Fuß. Dies wird so lange dauern, bis der Pegelstand des Sees mit der

Sohle des Lukugabettes auf gleicher Höhe ist und muß dann der Abfluß aufhören. Da in der Nähe des Lukuga ausgedehnte Sanddünen am Strande sich ausdehnen, wird das Bett des Flusses, sobald es trocken liegt, zugeweht und zwar schneller ausgefüllt mit Sand und Boden- und -Vegetationsteilen, die in den Lukuga mündende Bäche absetzen, als der Tanganyka steigt. In 20 Jahren des fortgesetzten Steigens, denn der Abfluß ist verschlossen, ist der Spiegel des Sees wieder so hoch geworden, daß er über das Niveau des ausgefüllten Bettes des Lukuga überläuft und sich dann schnell mit Macht das alte Bett des Abflusses wieder aufreißt. So fand im Jahre 1874 Stanley keinen Abfluß und ich im Jahre 1882 den Lukuga, als einen breiten, reißenden Abfluß des Tanganyka. Also zwischen dem Besuch von Stanley und dem meinigen war der Spiegel des Sees bis zu der Höhe angewachsen, daß er sich seinen alten Abflußkanal wieder aufgerissen hatte. Jetzt war wieder die Periode eingetreten, in der der See, in stetem Fallen begriffen, schon 16 Fuß tiefer stand, als die höchste Marke des Wasserstandes, wie an einigen Stellen deutlich erkennbar. Es hat dies periodische Steigen und Sinken natürlich eine Veränderung der Ufer des Sees im Gefolge, die für die Schiffahrt unvorteilhaft ist. Es wird in späterer Zeit, wenn die Erschließung Afrikas soweit vorgedrungen sein wird, daß eine regelmäßige Schiffahrt eingerichtet werden kann, nicht allzu schwer sein, durch eine Schleuse an der Ausgangsstelle des Lukuga den Pegelstand des Sees zu regulieren, so daß der Zufluß des Sees und die Vermehrung des Wassers durch Niederschläge auf demselben gleichgehalten werden der Verdunstung des Wassers plus dem zu regulierenden Ablasse. Meine Bootsleute aus Udjiji kannten wohl die wechselnden Vorgänge am Lukuga, wußten jedoch denselben keine Begründung zu geben.

Die Wadjiji sind sehr geschickte Seeleute, sie kennen ausgezeichnet Wind und Wetter, was übrigens bei der großen Regelmäßigkeit der meteorologischen Verhältnisse nicht schwer ist. Sie kennen jeden Hafen, jeden Stein, unterhalten gutes Einvernehmen mit den Uferbewohnern und wissen mit Segel und Ruder sicher umzugehen. Nachdem wir nicht ohne Mühe unser Boot durch die Brandung gebracht hatten, schlugen wir unweit des Lukuga unser Lager unter einer weit überhängenden Felswand dicht am Strande auf.

Eine frische Brise.

Beim Baden fiel mir die große Regelmäßigkeit auf, mit der vom tieferen Wasser nach dem Ufer zu das Geröll verteilt war. Vom Strande aus betrat man zunächst schwere Steinblöcke, dann schon im Wasser stärkeres Geröll, dann kamen größere Kiesel, weiter unten feiner Kies und dann Sand. Das Wasser des Sees ist klar und hat, wie ich vermute, durch einen leichten Salzgehalt einen etwas brackigen Geschmack. Die Uferlinie ist bedeckt mit vielen verschiedenen Muscheln. Möven giebt es in großer Anzahl, Süßwasservögel sah ich nur an Stellen, wo Flüsse oder Bäche münden. Auch nur dort gab es Flußpferde und Krokodile, die

Lager am Lukuga.

sich auch weit auf den See wagen sollen, jedoch nur ausnahmsweise. Ich kam mit dem Führer meiner Wadjiji überein, von jetzt ab nur Nachts zu fahren. Am Tage hatten wir die hohe Dünung gegen uns und eine steife Brise, die uns beim Rudern aufhielt. Aufkreuzen gegen den Südwind hielt zu lange auf. Am Abend wurde es zunächst, wie ich schon bemerkte, stiller und es setzte oft eine wenn auch nur leicht wehende Landbrise ein, die uns erlaubte, der Küste folgend nach Süden zu segeln. Am 17., gegen Morgen erreichten wir die Mündung des Flüßchens Ruhega, an der sich ein Gewirr von Inselchen und Bänken, von Lagunen und Kanälen gebildet hatte. Die Vogelwelt war hier äußerst reich, auch gab es viel Krokodile. Die Ufer des Sees blieben ziemlich gleichmäßig auf 100 bis 150 Meter Höhe ansteigend. Baum= und Busch=savanne deckte die Hänge, während die in den See mündenden Schluchten mit dichterem Waldbestande ausgefüllt waren. Die Bevölkerung schien nur spärlich zu sein, Wild, besonders Antilopen, trat hier und da ans Wasser.

Wir setzten unsere nächtlichen Fahrten stets so lange fort, bis die steife Morgenbrise einzusetzen begann und suchten uns dann einen Schlupfhafen auf, um so lange am Lande zu ruhen, bis das Abflauen derselben uns die Fortsetzung der Fahrt erlaubte. Da für keines der Mitglieder der Expedition körperliche Anstrengungen mit der Fahrt verbunden waren, die Leute auch im Boote schlafen konnten, so hing unsere Fahrt nur von dem Wetter ab. Bugslag und ich lösten uns am Steuer ab. Das Einsetzen der südlichen, oft stürmisch werdenden Brise vollzog sich mehrfach unter eigentümlicher Erscheinung. So wälzte sich z. B. am Morgen des 18. um 7 Uhr eine mächtige Wolkenwand walzenartig auf dem See uns entgegen. Kurze Regenschauer folgten und dann setzte pfeifend der Wind ein. Mehrfach konnten wir schon am Nachmittage wieder vom Lande abstoßen und die Fahrt bis zum nächsten Morgen nach Tagesanbruch fortsetzen.

Unsere Wadjiji warfen öfters Perlen und kleine Stücke Zeug ins Wasser, wenn die Dünung sich nicht legen wollte, um den Seegeist zu gewinnen. War es ganz flau und trieb ich sie zum Rudern an, dann pfiffen sie Wind, wie unsere Wasserratten. Ein Fahrzeug für den Tanganyka muß ein vollständiges Seefahrzeug sein, denn in der Regenzeit sollen mit den Gewittern oft schwere Stürme verbunden sein. Der noch nicht ganz fertige, der Mission gehörige Steamer, der im Hafen von Kawala lag, war in seinem Bau wohl recht geeignet; ich kann jedoch dem Prinzipe, nach dem derselbe gebaut war, d. h. als Segelfahrzeug mit einer Hülfs=maschine nicht beistimmen, sondern würde mich für ein leistungs=fähiges Dampfboot entscheiden, das gleichzeitig auch Setzen von Segeln erlaubt.

Im allgemeinen fanden wir das Wasser bis auf 200 Meter von der Küste tief und rein von Steinen oder Bänken, nur an Mündungsstellen von Flüssen muß man weiter abhalten. Der Anker=grund bestand meist aus Sand oder Steingeröll.

Ein stürmisches Nachtquartier.

Ich will an dieser Stelle nochmals darauf hinweisen, daß der See für die Civilisierung, für die Unterdrückung des Sklavenhandels von der weittragendsten Bedeutung ist. Ein Dampfer, der ein kleines Geschütz und 50 Soldaten trägt, ist imstande den See nachhaltig zu blockieren und gleichzeitig ist derselbe ausreichend, Stationen an den Ufern des Sees zu unterstützen. Ein solches Boot würde ein Aushungern einer Station vom Lande aus verhindern, da es von jedem Teile des Sees die Station mit Lebensmitteln versorgen kann. Wenn erst einmal jedes Segelfahrzeug der Araber, das an einem anderen, als den möglichst wenigen erlaubten Punkten anlegt, zerstört wird, so wird man bald den Verkehr auf dem See an solche Punkte zwingen können, die leicht zu kontrolieren sind. Ein Verstecken von Fahrzeugen ist bei den offenen Ufern nicht wohl möglich.

Am 19. erreichten wir die frühere Station des Congostaates Mpala, jetzt von der algerischen Mission übernommen, nachdem wir kurz vorher wegen schwerer Gewitter, hoher See und Wasserhosen dicht am Lande hatten Schutz suchen müssen. Auch als wir in den Lufuku, den Hafen der Station einliefen, nahmen wir wegen immer noch sehr hoher Brandung viel Wasser über Bord.

Wir wurden von den Pères Landeau, Moinit und dem Kapitain Joubert, den ich schon von früher kannte, herzlichst empfangen. Durch ein langes Dorf, von freigekauften Leuten, die zur Mission gehören, bewohnt, ging es in die aus mächtig dicken Lehmwänden gebaute, wohl befestigungsfähige Temba der Mission. Überall erfreuten große Ordnung und Zeichen von fleißiger Arbeit das Auge, überall trat der praktische Sinn und das Verständnis in allen Anlagen und Anordnungen zu Tage.

Die Kapelle war am Nachmittage mit 200 Menschen angefüllt und der Gang der religiösen Akte, das Singen, die Gebete, gingen tadellos vor sich. Die Pflanzungen und Gärten der Mission mußten jeder Anforderung genügen. Gerste und Reis gediehen gut. Der größte Mangel der Station lag in der Anlage derselben. Es war weder ein Hafen, noch eine Rhede da, denn der Strand sowohl, wie die ganz flache Mündung des Lufuku lagen unter steter Brandung, auch war das verteidigungsfähige Gebäude weiter vom Strande entfernt, als gut war, um eine sichere Verbindung mit einem anlegenden Fahrzeuge zu unterhalten. Ein großer Vorzug für diese Mission war das günstige Verhältnis zu den Eingeborenen. Dasselbe war übernommen von dem letzten Chef der Station des Congostaates, dem Kapitain Storms, und war durch Klugheit und Energie aufrecht erhalten worden. Der hier anwesende Kapitain Joubert hatte vor kurzer Zeit mehrfach die Eingeborenen gegen Sklavenräuber in Schutz genommen, ja hatte mit 50 Bewaffneten der Station, unterstützt von Eingeborenen, derartige Banden bekämpft und bestraft. Ein solches Vorgehen konnte selbstverständlich nur von den besten Folgen sein. Wo der Europäer nicht nur als Missionar, sondern gleichzeitig auch als Schützer der Freiheit und des Eigentums der Eingeborenen auftritt, da kann ihm Erfolg nicht fehlen. Ich bedauerte jetzt lebhaft, daß ich meine Baluba nicht hier untergebracht hatte, gab aber den Herren der Station, denen eine derartige Vermehrung ihrer Schützlinge sehr erwünscht war, einen Brief an Mr. Horn, in dem ich ihn bat, die Überführung meiner Baluba von Kawala aus nach hier bewerkstelligen zu lassen. Da die Station nur vorläufig von der Mission übernommen und noch Eigentum des Congostaates war, so war es nicht allein erwünscht, sondern meine Pflicht, die Leute, die von den Mitteln des Königs der Belgier freigekauft und bisher unterhalten waren, auch hier zu installieren.

Nachdem wir uns reichlich mit Lebensmitteln versehen hatten, setzten wir am 21. unsere Reise fort. Nach eingetretener Dunkelheit begegneten wir einem Fahrzeuge, in dem ich einen Europäer erkannte. Wir gingen Bord an Bord und ich begrüßte den Père Drommeau, den ich ebenfalls von früher kannte und der von Karema, der zur selben Mission gehörigen Station am östlichen Ufer des Tanganyka kam.

Am nächsten Morgen, als wir dem Südwinde ausweichend vor Anker gingen, brach plötzlich einer unserer Leute in Klagen aus. Er hatte sein Weib Galula aus tiefem Schlafe erwecken wollen und entdeckt, daß sie tot war. Das arme Weib hatte während der ganzen Zeit unserer Wasserfahrt an Seekrankheit gelitten; sie war so geschwächt, daß sie seit mehreren Tagen nichts zu sich genommen hatte und unausgesetzt apathisch, halb im Schlafe gelegen hatte. Auf meine Bitte, in Mpala auf der Mission zu bleiben, hatte sie geantwortet: „Wie soll ich denn, wenn du mich hier läßt, meine Freunde am Lulua wiedersehen?" Wir konnten keine Todesursache

Leoparden am Tanganyka.

entdecken, so daß ich annehmen mußte, daß Entkräftung durch See=
krankheit allmählich ihren Tod herbeigeführt hatte. Wir machten
der armen Galula ein Grab und bezeichneten die Stelle, indem
wir eine Anzahl großer Steine über dieselbe in Kreuzesform zu=
sammenwälzten. Der Verlust unserer stets heiteren, fleißigen Freundin
Galula war uns allen schmerzlich.

In der Nacht des 23. erhob sich ein derartiger Sturm, daß er
— wir hatten unser Lager schon geschlagen — mein Zelt nieder=
wehte. Die Gewitterstürme nahmen schon an Häufigkeit und Stärke
zu. Auf der Weiterfahrt segelten wir drei Stunden lang durch
gelb gefärbtes Wasser; die Farbe entstammte kleinen Flocken, wahr=
scheinlich dem Samen einer Wasserpflanze. Die Ufer wurden felsiger,
pittoresker; gewaltiges Geröll, aus haushohen Blöcken zusammen=
geworfen, erzeugte eine mächtige Brandung. Wir sahen vom Boot
aus ein Leopardenpärchen mit zwei Jungen, auf einem der Fels=
blöcke sich sonnend. Ich ging mit Bugslag an Land, wir verpaßten
jedoch die Zeit zum Schuß, da wir uns näher anzuschleichen
versuchten; unterdes waren die schönen Räuber in dem Gewirr der
Felsen verschwunden. Als wir, ärgerlich über das Mißlingen der
Jagd, umkehren wollten, hörten wir ganz deutlich unter uns tief
in dem Geröll das Miauen der jungen Leoparden, ohne daß es
uns gelang ihnen auf irgend eine Weise beizukommen.

Immer schöner zeigten sich die Ufer; mächtige Pfeiler ragten
aus der tiefgrünen Flut. Gänge und Höhlen, deren Öffnungen
bis zu 10 Meter Höhe zeigten, führten unter das Gestein. Die
hier und da die wilde Scenerie unterbrechende üppige Vegetation
rief in Verbindung mit den Felsgebilden ein überraschend schönes
Bild hervor. Ein Trupp von über 100 Pavianen ließ uns unter
sich passieren, ohne weitere Erregung zu zeigen, als die kurzen ab=
gerissenen Laute des Erstaunens, die ihnen eigen sind und die dem
Schrecken eines Rehbockes gleichen. Auf einen Schuß ins Wasser,
nicht auf die Affen, denn seit ich einmal den Todeskampf eines
großen Affen sah, war mir diese resultatlose Jagd gründlich ver=
leidet, rief eine unbeschreiblich lächerliche Scene hervor. Geschrei,
Gebell, Zanken und Gezeter tönten aus jeder Kehle der possierlichen
Gesellschaft auf uns herab. Die wunderlichen Gestalten, aus denen
einige Exemplare, die den übrigen fast um das doppelte an Größe
überlegen waren, auffielen, watschelten und galoppierten in wunder=

baren Sprüngen an der Wand hinauf und ein Hagel von Geröll und Steinen, unter denen Blöcke von dem Gewichte mehrerer Centner, rasselte auf uns herab in den See. Unsere Leute brachen in ein wieherndes Gelächter aus und behaupteten, die Affen hätten nach uns geworfen. Um weiter zu beobachten, schoß ich abermals und wiederum sauste ein dichter Steinhagel nieder, so daß ich geneigt war der Annahme der Wadjiji beizupflichten, denn die Masse der Steine war zu groß, um auf einmal zufällig unter den Händen der flüchtenden Affen abwärts zu rollen.

In der wundervollen Crystallklarheit des Wassers, das uns auf eine Tiefe von über 15 Meter noch Steine gut erkennen ließ, gewahrten wir einen großen Fischreichtum, den unsere Wadjiji geschickt ausbeuteten.

Je mehr wir uns dem Süden des Sees näherten, um so mehr sprang der Wind nach Osten. Trotzdem und obgleich auch das Entwickelungsgebiet der Dünung immer kürzer wurde, war der Seegang fast bis zum Südende des Sees ein hoher.

Am 24. trafen wir an der Mündung des Lunangua Eingeborene mit ihrem Hab und Gut und vielen Kanoes, scheinbar bereit, die Gegend zu verlassen. Wir hörten, daß Raubzüge eines Arabers der Grund zur Flucht waren, daß sie jedoch in ihre Dörfer zurückkehren würden, sobald die Räuber verschwunden seien. Wo wir auch Eingeborene am Ufer angetroffen hatten, waren uns dieselben freundlich und friedlich entgegengetreten und hatten uns für billige

Erschreckte Paviane.

Preise Lebensmittel, besonders Fische, verkauft. Je weiter wir nach Süden kamen, um so schroffer wurde der Abfall des Landes in den See. Nur selten boten schmale, mit Steinen, Kies oder Sand bedeckte Stellen Raum zum Lager. Meist fielen die Berge mit derselben steilen Böschung, die sie haben, in den See hinab und boten oft kaum Raum zum Ankern. Natürlich war bei diesen Hängen an Kulturen nicht zu denken: die heftigen Regen würden alles wegwaschen. Daher sind auch die Ufer äußerst schwach bevölkert.

Am 29. erreichten wir südlich der Mündung des Lufuwu in einem geschützten Hafen das Ende unserer Tour, die Mündung des Weges vom Nyassa zum Tanganyka. Wir hatten also 15 Tage gebraucht, um mit Benutzung der schwachen, meist nur des Nachts wehenden Landbrise und der Ruder eine Strecke von ca. 375 Kilometer zurückzulegen. Nach der Verabredung mit Mr. Horn sollten wir hier eines seiner Boote vorfinden, dessen Insassen, mit den Verhältnissen hier vertraut, mir Träger werben sollten. Da das Boot am selben Morgen weggefahren war, um Lebensmittel einzukaufen, so mußten wir warten und schlugen unser Lager an der Stelle auf, an der früher eine Missionsstation gewesen, die nur noch an dem Grabe eines Europäers kenntlich war. Ich sandte das Segelboot zurück und wir verkürzten uns die Zeit in dieser stillen Wildnis mit Pirschgängen in der an Antilopen und Büffeln reichen Gegend.

Am 3. Mai kam das versprochene Boot an und brachte 7 Träger und die Meldung, daß die übrigen zu Lande kommen würden. Bald traf denn auch ein Trupp von 5, dann ein anderer von 10 Mann ein, die Leute warteten zwei Tage und gingen schließlich alle wieder fort, um die anderen zu holen, kurz, ganz afrikanisch mußten wir uns in Geduld fassen, bis es endlich gelang, am 9. abends die 30 mir noch fehlenden Träger zu versammeln. Am Abend vor dem Abmarsche führten die Marungu, zu welchem Stamme die Leute gehörten, ihre Kriegstänze auf, schlachteten einige Ziegen, um sich für den Marsch zu kräftigen, und am 10. endlich ging es vorwärts dem Nyassa zu.

Von Ninnkorlo am See stiegen wir die steile steinige Höhe des Abhanges hinauf, passierten den Nunsua und Manbesi und lagerten in der Wildnis auf einer Wiese, die die endlose Baumsavanne angenehm unterbrach. Viele Wasserläufe stürzten sich, da schon die Regenzeit begonnen hatte, in herrlichen Kaskaden hinab zum See und bildeten, wo sie auch immer auf einer Terrasse zur Ruhe kamen, Sümpfe und Tümpel, die Büffeln einen beliebten Aufenthalt gewährten. Perlhühner waren äußerst häufig und fehlten seit einigen Tagen kaum auf unserer Tafel. Die wilden Weintrauben habe ich nie mit so großen Beeren und so süß gefunden, wie hier.

Am zweiten Marschtage hatten wir die Höhe des Plateaus erreicht und lagerten nach einem höchst anstrengenden Marsche an

Zwischen Tanganyka und Nyassa.

einem kleinen See namens Kiila, der, 1500 Meter lang und 1000 Meter breit, von Binsen umgeben inmitten des lichten Hoch= waldes lag. Im Schilfe und zwischen kleinen Grasbüscheln, die den Sumpf umgaben, standen viele Wasserböcke. Bugslag und ich schossen vier derselben, die schwer getroffen zeichneten, ohne daß es uns gelang, ihrer habhaft zu werden. Es war, da das Terrain ringsum frei und offen war, zu sehen, daß die Antilopen nicht flüchtig wurden, sondern im Sumpfe blieben, und obgleich die Hälfte unserer Träger den Sumpf durchsuchte, wurde nichts gefunden.

Die Eingeborenen behaupteten, daß diese sich fast ausschließlich am Wasser aufhaltende Antilope angeschossen untertauche; jedenfalls verstanden sich die Tiere in dem schilfigen und sumpfigen Terrain derartig zu verbergen, daß es schien, als ob der Boden sie verschlungen. Der kleine See lag ungefähr 200 Meter über dem Spiegel des Tanganyka.

Bississi und Mapensa, zwei mit starken Pallisaden verschanzte Dörfer, passierten wir am 12. In der Nähe derselben bemerkten

Wartturm bei Bississi.

wir kleine, mit einer Art Pavillon überdeckte Hügel, Auslugen, von denen aus ein Posten die Umgegend überwachte. Diese hohen gräberartigen Aufwürfe entstehen dadurch, daß sämtliche Leute des Dorfes ihren Schutt auf ein und dieselbe Stelle tragen.

Am 13. morgens wurde ich von der wenig angenehmen Nachricht überrascht, daß 16 Träger, die wie die übrigen auch die Hälfte ihres Lohnes für den Marsch vorausbezahlt bekommen hatten, weggelaufen seien. Es gelang mir, Leute aus Kitimbue zu mieten, die sich verpflichteten, unsere Lasten bis zu dem Lager eines

Beludschen, Kahunda, das wir heute erreichen sollten, zu tragen. Als wir jedoch in die Nähe eines anderen Dorfes kamen, mit dem unsere neuen Träger verfeindet waren, warfen auch sie die Lasten fort und entflohen. Ich sandte, da das Lager des Beludschen nur einige Stunden weit entfernt sein sollte, Fickerini mit zwei meiner Angolaleute zu Kahunda und ließ ihn um Träger bitten. Am Nachmittage kehrten meine Boten mit 30 wilden Ruga-Ruga, das sind Waniamwesisoldaten, zurück. Als sie sich näherten, griffen die Leute des Dorfes, bei dem ich lag, zu den Waffen und stellten sich der Bande des Sklavenräubers entgegen. Ich sprang zwischen sie und versprach den Eingeborenen, daß die Ruga-Ruga ihr Dorf nicht betreten sollten. Jene brachte ich nach meinem Lager, wo ich sofort die Lasten verteilte und abmarschierte.

Am Abend trafen wir in einem Dorfe ein, in dem sich Kahunda niedergelassen hatte. Der Beludsche war ein entlaufener Soldat des Sultans Said Bargasch, der auf dem Wege war, westlich vom Tanganyka Elfenbein und Sklaven einzuhandeln und hier sich festgesetzt hatte, weil er mit den Eingeborenen in Streit geraten war und nachdem er sie geschlagen hatte, jetzt Tribut erzwingen wollte. Jeder der gegen 300 wilden Ruga-Ruga, mit dem Speer und dem Bogen bewaffnet, trug einen Federschmuck und einen roten Mantel, so daß die wilde Bande wohl imstande war, auf Eingeborene einen einschüchternden Eindruck zu machen. Kahunda kannte Reichardt, von dem er viel über den Goldreichtum des Landes Katanga unter dem Häuptlinge Msiri gehört zu haben angab. Er wollte, wenn er durch Vereinigung mit anderen Arabern eine größere Macht zusammengebracht hätte, dorthin gehen und Gold zu erwerben suchen.

Zuerst versprach der Sklavenhändler, mir gleich am nächsten Tage Träger zu vermieten, jedoch am nächsten Morgen widerrief er dies und meinte, erst einen Angriff auf ein benachbartes Dorf ausführen zu müssen, da von dort aus ein Mensch in Gestalt eines Löwen einen seiner Leute zerrissen habe. Der Glaube, daß Menschen sich in wilde Tiere verwandeln können, ist in Afrika ziemlich allgemein; zerreißt ein Raubtier einen Menschen, so wird gewöhnlich durch irgend welche Manipulation herausgebracht, wer der Zauberer gewesen sei, der sich in das wilde Tier verwandelt hätte. Ich war erstaunt, diesen Aberglauben schon früher einmal

in einem Gespräch auch bei dem sonst verhältnismäßig aufgeklärten
Tibbu Tibb zu finden. Fälle, wie dieser, sind in Afrika oft Grund
zu blutigen Kriegen.

Ich litt seit einiger Zeit oft an kleinen Fiebern mit unver=
hältnismäßig starkem Schüttelfrost. Die schlechte einförmige Nah=
rung, ganz besonders aber die geistige Aufregung der schlimmen
Märsche westlich des Lualaba hatten meinen Körper stark her=
untergebracht.

Da ich zum Abmarsch drängte, bot sich mir ein Araber an,
der, ein Geschäftsfreund von Kahunda, ebenfalls zum Nyassa gehen
wollte, und versprach mir, die gewünschte Anzahl Leute zu stellen.
Ich kaufte von Kahunda einen Reitesel mit Sattel, da meine
Körperschwäche mir nicht erlaubte, die langen Märsche zu Fuß zu
machen. Der Reitesel war aber eine derartige Foltermaschine, daß
ich ihn am nächsten Tage zurückgab und für den Fall der Ermattung
von meinen Angolaleuten eine Hängematte anfertigen ließ. Kahunda
wußte von der Ermordung des Deutschen Giesecke in Unianjembe
zu erzählen und er behauptete, daß Tibbu Tibb mit im Komplot
war, daß er auf alle Fälle darum gewußt habe und es hätte
hindern können, was übrigens, wenn nicht besondere Fälle vor=
gelegen haben, dem Kenner afrikanischer Verhältnisse einleuchtet.
Der Grund zu dieser Erklärung gegen einen Glaubensgenossen war
der, daß Tibbu Tibb vor einigen Monaten auf seinem Küsten=
marsche Kahunda gezwungen hatte, ihm 5 Elefantenzähne zu bezahlen,
weil er ein Dorf geplündert habe, das ihm, Tibbu Tibb, gehöre.
Man sieht, Tibbu Tibb war schon damals so groß, daß er sein
Raubsystem auch auf Küstenleute, kleinere Araber und Beludschen
ausdehnte. Für hohe Zahlung ließ sich der arabische Gast Kahundas
bewegen, mich mit seinen Leuten zu begleiten, so daß ich doch am
15. aufbrechen konnte. Wir passierten den Saisebach, der nach dem
Riqua= oder Ruquasee abfließt und marschierten über fast absolute
Ebene, nur mit kurzem Grase bedeckt, die hier und da reich an
Antilopen war, bis zum Dorfe Munieama.

Seit wir den Tanganykasee verlassen, hatten wir die Sonne
noch nicht gesehen; der Himmel war stets bedeckt, feiner Regen
fiel bei großer Kälte unausgesetzt. Das Dorf Munieama war, wie alle
übrigen, die wir passierten, dicht am Wasser angelegt und hatte auch
Brunnen innerhalb der festen Pallisaden, die es umgaben. Doppelte

Thüren mit engen Eingängen führten in das Innere. Rings um die aus Lehm erbauten runden Häuser lief eine kreisförmige halb geschlossene Veranda, die von dem weit übergreifenden Strohdache noch bedeckt wurde. Gegen Feuchtigkeit hochgestellte Vorratshäuschen enthielten Mais, Hirse, Kartoffeln und Erdnüsse. Maniok wird hier nicht gebaut und das Korn in flach ausgehöhlten Steinen gerieben, nicht gestampft.

Wir waren jetzt im Lande Mambue, das in steter Fehde lebte mit den räuberischen Wawemba, die weiter südlich wohnen. Fast jedes größere Dorf hat hier 40 bis 50 Kühe und bis 200 Ziegen. Auf dieser Reise sah ich hier zum ersten Male die Spuren des Rhinozeros, des Zebras und der Giraffe.

Jetzt fingen die vielen kleinlichen Unannehmlichkeiten an, denen der Reisende in den Küstenländern ausgesetzt ist, die natürlich so lange ich mit meinen Baschilange und meinen alten Veteranen reiste, ausgeschlossen waren. Vorzeitige Rationsforderungen und Erpressungen aller Art von seiten der Träger, durch Drohungen unterstützte Betteleien von Häuptlingen und was das Schlimmste war, die Erpressungen von seiten des mich begleitenden Arabers machten mir bei meiner körperlichen Schwäche das Leben schwer. Der Araber bat zuerst um meinen Revolver oder meine Flinte und verweigerte, als ich ihm beides abschlug, mich weiter mit seinen Leuten zu begleiten, so daß ich abermals für ca. 20 Lasten keine Träger hatte. Als er am nächsten Morgen wirklich Ernst machte blieb mir nichts übrig, als ihm zu gewähren. Ich schickte ihm meinen Revolver und ließ ihm durch Fickerini sagen, ich hätte bisher noch nicht gewußt, daß ein Araber wie ein Negerhäuptling bettele. Er sandte den Revolver zurück und wir brachen auf.

Wir betraten von jetzt ab das Flußgebiet des Chambese, des größten Zuflusses des Bangueolosees, hatten also auf einer Entfernung von ungefähr 10 Marschstunden die Zuflüsse dreier Seen berührt: zuerst die des Tanganyka, dann die des Riqua und endlich die des Bangueolo, ohne als Wasserscheide zwischen diesen auch nur eine wenige Meter hohe Erhebung überschritten zu haben.

Vom 18. ab begann uns wieder die Folge des verruchten Menschenhandels täglich in Form von niedergebrannten Dörfern, verwüsteten Feldern und am Wege liegenden Schädeln von Gefallenen vor Augen zu treten. Die Urheber der hiesigen Sklavenhetze sind die Araber am Nyassasee. Sie selbst kommen nur selten hier herauf, aber sie haben ihre Zwischenhändler in dem wilden Raubgesindel von Uemba. Die Bewohner dieses Landes, die Wawemba, die früher unter dem berüchtigten Häuptlinge Kitimkuru der Schrecken dieser Länder waren, setzten ihr Treiben jetzt fort unter seinem Sohne. Die Wawemba schleppen ihre Waren zum Nyassa und verkaufen sie dort in den Niederlassungen der Araber für Gewehre und Munition. Der Sitte gemäß bringen sie jedoch nur Weiber und Kinder. Die Männer werden sämtlich getötet und ihnen der Kopf abgeschnitten. Es existiert unter den Wawemba eine vollständig ausgebildete Rangstufe, die nach der Anzahl der Köpfe getöteter Feinde bestimmt wird. Wir sahen aus diesem Grunde öfters Menschenskelette, dagegen niemals Schädel. Die Araber bringen ihre Sklaven über den Nyassa und dann hauptsächlich nach Lindi, Kilwa und Mikindani, weiter südlich selten, so daß die eigentliche Sklavenküste Afrikas gerade die Küste Deutsch-Ostafrikas von Mikindani bis hinauf nach Tanga ist. Erst wenige Tage vor uns war eine Horde von Wawemba des Weges passiert und mehrfach fanden wir ganz frische Spuren ihrer Thätigkeit. Die Folge war, daß meine Leute äußerst dicht aufgedrängt marschierten und sich vom Lager nicht entfernten.

Mit der Gelegenheit einer uns begegnenden Karawane, die zum Tanganyka ging, versuchten wiederum einige meiner eingeborenen Träger zu entwischen. Da ich hierauf vorbereitet war, gelang es mir dieselben zu ergreifen. Ich nahm infolgedessen den eingeborenen Trägern ihre Waffen ab und band die Unsicheren unter Bewachung einiger Angolaleute aneinander, denn in der zum größten Teil verwüsteten Gegend vor uns hätte ich kaum neue Träger werben können, auch waren die meinigen schon bis zum Nyassa bezahlt. —

Eine angenehme Abwechselung in der Landschaft boten häufig auftretende kleine Kuppen von der Höhe eines Hünengrabes, die stets mächtige Blöcke plutonischen Gesteins und schweres Geröll aufwiesen. Zwischen dem Geröll emporgeschossen bildete dichter Baumbestand kleine Bosketts in der sonst nur mit kurzem Gras bestandenen Ebene. Die Bäche wurden sumpfig und deren ganz flache Niederung war mit dunkelsmaragdgrünem Grase bedeckt, unter dessen Decke unergründlich tiefer Morast stand. Am 21. unterbrachen steinige Hügel mit Savannenwald die bisherige Prairie. Es waren dies die flachen Höhenzüge, welche die Wasserscheide bilden zwischen dem Lualaba-Congo und dem Zambesi, denn auf den jenseitigen Hängen vereinigte sich das reiche Bachsystem zu dem Loange, einem Nebenflusse des Zambesi: ich hatte von dem diesmaligen Betreten des afrikanischen Kontinents bis hierher das Congogebiet fast in seiner längsten Ausdehnung durchwandert.

Zu unserem Erstaunen trafen wir jetzt mehrfach Eingeborene vor den versteckten Dörfern lagernd, fertig zum Kriege oder zur Flucht, jeden Augenblick eines Überfalls der Wawembaräuber gewärtig. Die Weiber und Kinder schliefen stets im Walde und kehrten erst am Morgen in das Dorf zurück, denn die Wawemba überfallen ausnahmsweise nur bei Nacht, während im allgemeinen dem Neger jedes Unternehmen bei Nacht unsympathisch ist. Für Überfälle wählt man meist die Morgenstunde. Die armen Leute trafen derartige Vorsichtsmaßregeln stets, wenn irgend Wawemba in der Nähe gemeldet wurden. Die Dörfer erinnerten mich an die Fabel vom Vogel Strauß, der verfolgt, seinen Kopf versteckt, um nicht gesehen zu werden. Sie sind mit ihren starken Pallisaden in dichtestes Gebüsch hineingebaut, wo allerdings eine Annäherung erschwert, aber Annähernde auch nicht gesehen werden können und die Pallisaden nicht zu verteidigen sind. Ich war erstaunt, daß die Bewohner dieser Gegend nicht lieber sich eine andere Heimat suchten, statt hier, gehetzt wie wilde Tiere, keinen Augenblick des Lebens und der Freiheit sicher und stets zur Flucht bereit zu sein.

Der mich begleitende Araber, dessen Leute einen großen Teil meiner Lasten trugen, hielt mich mit vielen Betteleien und durch Vorschützen der Übermüdung seiner Leute auf und zwang mich mehrfach zu Ruhetagen, so daß ich erst am 26. in Mweni Wanda, einer schottischen Missionsstation, eintraf. Mr. Bain, der Vorstand der Station, empfing uns freundlich und nahm mich gleich in ärztliche Behandlung, da ich an äußerst schmerzhaftem Rheumatismus in den Hüften und infolge der Schmerzen an anhaltender Schlaflosigkeit litt. Auch kleine Fieber setzten mit peinlicher Regelmäßigkeit wieder ein.

Vor wenigen Tagen hatten die Wawemba nur 10 Kilometer von der Station Dorfschaften überfallen, 30 Mann getötet und fast sämtliche Weiber und Kinder weggeführt.

Was helfen den Eingeborenen Stationen, die große Mittel beanspruchen, sie zum Christentum bekehren, aber nicht einmal ihr Leben, ihre Freiheit, ihr Eigentum schützen können? Wie ist es denkbar, daß Wilde, die täglich, stündlich in Angst und Sorge um ihre höchsten Güter schweben, ihr Herz den Lehren des Christentums öffnen können? Ist es nicht ein gottgefälligeres Werk mit denselben Mitteln, die Missionen kosten, Stationen zu gründen, die zunächst dem wie Raubwild gehetzten Eingeborenen Schutz gewähren? Der Afrikaner nennt seine Vorgesetzten, nennt vor allem den, der ihn schützt „Vater"; er würde sich allen Wünschen des Europäers gegenüber viel leitsamer erweisen, wenn er von ihm abhängig wäre, wenn er von ihm Schutz zu erwarten hätte. Die Missionare hier waren stets auf dem Sprunge, durch Flucht sich einem eventuellen Überfalle der Wawembaräuber zu entziehen, sie hatten sogar mit den Eingeborenen über die Richtung ihrer Flucht verhandelt.

Mit mir einer Meinung über diese Frage waren die schottischen Missionare, deren unparteiisches Urteil, deren praktische Ansichten mich sie in jeder Beziehung höher stellen machte, als viele englische Missionare, die mir bisher begegnet waren.

In Mr. Bain lernte ich einen außerordentlich guten Beobachter kennen. Er war so freundlich, mir aus dem Schatze seiner ethnologischen Beobachtungen manches mitzuteilen, was ich hier wiedergeben will und was sich besonders auf die Wawemba, Wakonde und Wawiwa bezieht.

Bei den Wakonde wird drei Tage nach Eintritt des Todes eines Menschen, weil dann das Leben sicher aus dem Körper gewichen sei, der Leichnam verbrannt, die Asche desselben in kleinen Töpfen angesammelt und von der Familie aufbewahrt. Auch secieren diese Stämme häufig ihre Toten, besonders, wenn der Grund zum Tode nicht ganz klar liegt. Man öffnet mit einem scharfen Stück Palmrinde den Magen und untersucht den Inhalt und die Magenwände.

Die Wawemba begraben ihre Toten, öffnen jedoch nach drei Tagen das Grab, heben die Leiche heraus, zerlegen dieselbe vollständig, lösen das Fleisch von den Knochen ab und zerstreuen letztere, nachdem sie mit Öl eingerieben sind, in der Savanne.

Eine Art Gottesgericht, wie ich es auch besonders ausgebildet im Innern Angolas angetroffen habe, wird hier zur Schlichtung von

Streitigkeiten häufig angewandt. Soll ein Vergehen ermittelt werden, so werden sämtliche Personen, die in Frage kommen, im Kreise versammelt. Der Häuptling oder Dorfälteste ergreift eine aus mehreren Gliedern zusammengesetzte Holzschere, genau wie die bei uns als Kinderspielzeug bekannte Soldatenschere gearbeitet. Unter fortwährendem Murmeln der Anklage macht die Schere ihre scheinbar automatischen Bewegungen und trifft, lang ausgestreckt, plötzlich die Brust des Thäters.

Zum Aufsuchen gestohlener Gegenstände bedient man sich eines Brettes, an dem zwei Griffe angebracht sind. Es müssen die im Verdacht des Diebstahls stehenden Personen, stets zwei auf einmal, über Kreuz die Griffe fassen und werden von dem Richter an die Stellen geleitet, an denen man das verborgene Gut vermutet. Es müssen die Beiden in gebückter Stellung das Brett dicht über dem Boden oder an der Wand der Hütte hinführen. Das böse Gewissen eines der beiden Sucher macht sich in seinen Bewegungen, wenn er sich dem verborgenen Gegenstande nähert, dem anderen, der gleichfalls das Brett in der Hand hat, bemerkbar und dieser macht, um von dem Verdachte befreit zu werden, dann auf diesen Umstand aufmerksam.

Wie in Westafrika ist auch bei den hiesigen Stämmen zur Herbeiführung einer Entscheidung zwischen zwei sich Beschuldigenden das Trinken eines giftigen Gebräues Sitte. Die Abkochung einer giftigen Baumrinde in Wasser und Hirsebier bewirkt entweder ein sofortiges Erbrechen oder ein unförmliches Anschwellen des Bauches unter großen Schmerzen, selten den Tod. Die zwei in Frage Kommenden trinken gleichzeitig von dem Gebräu: derjenige, der dasselbe wieder von sich giebt, ist von der Anschuldigung gereinigt.

Die Folge in der Häuptlingswürde geht nicht auf die Söhne des Häuptlings, sondern auf den ältesten Sohn der ältesten Schwester desselben über. Ist diese Folge nicht möglich, so wird ein neuer Häuptling gewählt. Man versammelt sich, hält ein großes Gelage ab, bei dem viel Hirsebier getrunken und über den zu Wählenden verhandelt wird. Hat sich die Mehrzahl der Zechenden geeinigt, so stürzt sich plötzlich die Versammlung auf den Erwählten, ergreift und bindet ihn und bringt ihn in die Versammlungshütte, wo er dann von seinen Banden befreit und zum Häuptling ausgerufen wird. Zeigt sich bei dem plötzlich und möglichst überraschend

Häuptlingswahl bei den Wawemba.

eingeleiteten Überfall der Ergriffene furchtsam oder sucht zu entfliehen, so einigt man sich über eine andere Person.

Als größtes Fest im Jahre, welches auch hier zwölf Monde hat, wird das große Fest des neuen Feuers gefeiert. Im ganzen Lande werden alle Feuer am Abend vor dem Festtage ausgelöscht und die Asche von den Feuerstellen auf einen Haufen vor dem Dorfe zusammengetragen. Es beginnt dann ein großes Gelage, und wenn der Mond eine bestimmte Höhe erreicht hat, beginnt der Häuptling ein neues Feuer für das nächste Jahr zu machen. In ein kleines quadratisches Brett von weichem, durchaus trockenen Holze, das in der Mitte eine kleine, trichterförmige Vertiefung hat, wird ein spannlanger Stift aus hartem, unten angespitzten und gereifelten Holze eingesetzt und durch den Häuptling so lange in quirlender Bewegung erhalten, bis das weiche Holz zu glimmen beginnt. Der erste Funken, der erscheint, wird durch heftiges Blasen angefacht, durch Zunder von den Weibern des Häuptlings aufgenommen und nun nach und nach an die sich herbeidrängenden Weiber verteilt. Dieses Feuer hat nun für die nächsten zwölf Monate auszuhalten.

Vielweiberei ist in den erwähnten Stämmen selten, nur reiche Leute erlauben sich den Luxus des Harems, der jedoch die Zahl von drei Frauen nicht übersteigt. Das Mädchen wird, wenn sie sich zur Jungfrau entwickelt hat, durch berauschende Getränke in den Zustand der Trunkenheit versetzt, rot und weiß angemalt und vor die Thür der väterlichen Hütte gelegt, damit die Dorfbewohner und Stammesgenossen sehen, daß von nun ab Freier sich um die Schöne bewerben können. Ein Bewerber giebt sich zunächst der Mutter des Mädchens bekannt und wirft am Abend ab und zu kleine Geschenke für seine Schwiegereltern in das Haus. Werden dieselben wieder vor die Thür geworfen, so ist der Freier abgewiesen, werden sie acceptiert, so sind sie so lange fortzusetzen, bis sich Vater und Mutter zufrieden und damit bereit erklären, daß der Freier die Tochter abholt. Für den Fall, daß das Weib sich weigert, müssen alle vorher gegebenen Geschenke oder deren Wert zurückerstattet werden; erklärt sie sich jedoch bereit, dann wird sie nachts wie mit Gewalt aus der Hütte ihrer Eltern entführt und unter Hülfe anderer junger Männer des Dorfes der Sitte nach schreiend und sich wehrend in die Hütte des Freiers getragen, um die sich dann die ganze Dorfbewohnerschaft singend und trinkend versammelt. Schenkt später das Weib ihrem Manne kein Kind, so kann sie den Eltern zurückgegeben und müssen sogar die für sie gegebenen Geschenke zurückgezahlt werden, ebenso, wenn sie im Kindbett stirbt. —

Am 30. war ich Dank der gütigen Behandlung des Mr. Bain von meinem schmerzenden Rheumatismus so weit wiederhergestellt, daß ich, wenn auch noch mit Hülfe einer Tragbahre, meine Reise fortsetzen konnte. Auch Bugslag litt an unausgesetzten Anfällen von Dysenterie und war derart geschwächt, daß wir in der Benutzung der Tragbahre uns ablösen mußten. Wir passierten den Lowira oder Lowiri, der sich in den Nyassa ergießt und lagerten am 31. am Abhange des Plateaus, das schroff zum See hinabfällt, in Mpata, das schon zum Lande der Wakonde gehört. Seit dem unteren Kassai trafen wir hier im Osten des Kontinents zum ersten Male den Baobab wieder. Am nächsten Tage stiegen wir die steilen Hänge des Plateaurandes hinab und erreichten das Ufer des Nyassa bei der Station der Africain lakes Compagnie, dicht bei dem Dorf des Häuptlings Karanga.

Die letzten drei Tagemärsche hatte ich auf der „sogenannten" Stephensons road zurückgelegt. Nur der Umstand, daß hier und da in geraden Linien die höheren Bäume ausgehauen waren, ließ erkennen, daß hier einst ein Versuch zum Wegebau gemacht war. Der schmale Negersteig führte, wie überall, in Windungen durch das über mannshoch emporgeschossene Buschwerk. Inzwischen hat dieser Versuch bei den englischen Ansprüchen auf jene Gebiete für den Kenner eine erheiternde Rolle gespielt, heute wird wohl kaum noch etwas an die „berühmte Straße" im Innern Afrikas erinnern.

Einer späteren Verbindung der beiden Seen durch eine Eisenbahn werden nur die Abfälle des Plateaus zum Tanganyka und Nyassa Schwierigkeiten entgegensetzen. Beide sind steil und felsig, der zum Tanganyka jedoch bei weitem höher als der zum Nyassa, denn ersterer hat eine um 300 Meter höhere, absolute Höhe als der letztere, und das außerordentlich gleichmäßig flache Land zwischen beiden senkt sich nur wenig nach Osten.

Zwei Schotten, Angestellte der vorher erwähnten Handelskompagnie, begrüßten uns und wiesen uns und unseren Leuten unter den tiefschattigen schönen Bäumen, dem größten Schmucke der

Station, einen Lagerplatz an. Die beiden Herren beschäftigten sich außer mit dem Ankauf von Elfenbein als Missionare. Sie hatten eine kleine Schule, in der ungefähr zwanzig Kinder unterrichtet wurden und hielten ab und zu eine Andacht ab, die von den Wakonde der nächsten Umgebung allerdings nur spärlich besucht wurde.

Zu meiner großen Freude vernahm ich, daß in allernächster Zeit der kleine Dampfer der Kompanie, die „Jlala", hier erwartet werde und daß ich mit meinen wenigen Westafrikanern denselben zur Weiterreise benutzen könne. Ich zahlte meine Träger aus, zog ihnen jedoch einen kleinen Teil des ihnen zustehenden Lohnes ab, da sich herausgestellt hatte, daß sie um die Flucht ihrer Landsleute, durch die ich in so große Verlegenheit gesetzt war, gewußt hatten.

Nachdem ich mehrere Tage umsonst auf den Araber, der meine 15 Lasten mir nach Karonga nachzubringen versprochen, gewartet hatte, erhielt ich Nachricht, daß derselbe zu einem südlich von hier angesessenen Araber, den man hier Mirambo nannte, gegangen sei, um von dort aus abermals einen Erpressungsversuch einzuleiten, indem er meine Lasten bis zur Übersendung einer Mehrforderung zurückhielt. Um das jede Stunde zu erwartende Dampfboot nicht eventuell aufzuhalten, gewährte ich die Mehrforderung und erhielt dann auch meine Lasten, die zu meiner Überraschung nur unbedeutend bestohlen waren.

Eine eigentümliche Erscheinung boten in diesen Tagen dicht über den See dahinziehende dunkle, oft ganz schwarze Wolken. Es waren dichte Schwärme von Millionen kleiner Fliegen, die man hier Cungu nannte, und mehrfach riefen diese Schwärme die Täuschung hervor, daß die „Jlala" sich nähere. Die Eingeborenen folgen, sobald die Schwärme an Land gekommen sind, ihrem Zuge und sammeln die Fliegen, wenn sie sich von dem Fluge über den See ermüdet niederlassen. Die Massen der gesammelten Insekten werden zu einem Brei geknetet und geben, in Kuchenform geröstet, eine beliebte Speise.

Bei der Aufnahme meiner Reiseroute vom Tanganyka bis hierher kam ich zu dem Resultate, daß der Nyassa und Tanganyka auf den Karten zu nahe aneinander gezeichnet sind. Da mir leider, wie früher schon erwähnt, meine Beobachtungs-Instrumente unbrauchbar geworden waren, so konnte ich keine Längen nehmen und stützt sich meine Annahme nur auf sorgfältige Berechnung der zurückgelegten Distancen. Ich glaube, daß der Fehler darauf beruht, daß der Nyassa zu weit nach Westen gelegt ist, denn der Tanganyka scheint mir durch die vielen dort genommenen Beobachtungen zuverlässiger festgelegt zu sein, als der Nyassa.

Die Eingeborenen von Konde kann man wohl zu den Zulustämmen rechnen; ihre Sprache, Sitten und Gebräuche geben hierzu Anhalt. Sie sind die am wenigsten bekleideten Eingeborenen, die ich je traf: ein schmales Läppchen Palmenzeug oder auch nur ein Büschel Blätter hängen vorn aus dem Gürtel, ja, hier und da sah ich völlig nackte Männer, die von südwestlich liegenden Dörfern nach Karonga kamen. Auch bei den Weibern beschränkt sich die Bekleidung auf das oben erwähnte geringe Maß. Die Waffe der Wakonde ist ein leichter, hübsch gearbeiteter Wurfspeer und ein Schild aus der Haut der Elenantilope. Die Häuser sind aus gebogenen Ruten hergestellt, sorgfältig mit ausgesuchtem feinen Grase gedeckt und haben einen gestampften und erhöhten Fußboden. Die Reinlichkeit ist groß ja, man kann sagen peinlich. Die Häuser reihen sich an beiden Seiten einer Straße, von dichten Bananenpflanzungen eingefaßt, zu großen Dörfern. Die Hauptnahrung hier besteht in Hirse und Mais, Maniok ist selten. Bananen jedoch und Zuckerrohr werden viel gepflanzt. Nirgends sah ich so wie hier die Eingeborenen auf Seite der Europäer stehen gegen die Araber, die überall verhaßt waren. Es war auch diesem Umstande zu verdanken, daß kaum ein Jahr, nach meiner Anwesenheit die Station Karonga sich gegen die Angriffe der Araber halten konnte.

Zehntes Kapitel.

Bis zur Küste.

Der Nyassa. — Wildreichthum der Ufer. — Die Araber am See. — Livingstonia. — Der Schire. — Mandala und Blantyre. — Krank. — Mangel an Anstelligkeit der Neger. — Weiter auf dem Schire. — Krokodile und Flußpferde. — Kampf mit einem Riesenreiher. — Bugslags treue Kameradschaft. — Portugiesischer Posten. — Der Zambesi. — Mistrs. Livingstones Grab. — Auf dem Quaqua. — Quilimane. — Schluß.

Am 11. Juli traf die „Ilala" ein. Zwei Tage später ging ich an Bord mit Bugslag und meinen Treuen von der Westküste und verließ Karanga.

Der Nyassa hat durch seine Form und Lage sowie in meteorologischer Beziehung viel Ähnlichkeit mit dem Tanganyka. Wie dort, so weht auch hier während der Trockenzeit unausgesetzt eine steife Südostbrise, die einen hohen Seegang aufwühlt; wie dort, so wird auch hier die stille Zeit durch häufige Gewitter unterbrochen, die jedoch nicht so heftige Stürme mit sich bringen sollen, wie

man sie auf dem Tanganyka fürchtet. Bei allen Regen sind Wasser=
hosen äußerst häufig. Alle Halbinseln oder in den See vorspringende
Caps haben ungleich mehr Regen, als das flache, mehr zurück=
tretende Land, wie denn überhaupt auf dem See Niederschläge
sehr viel häufiger sind, als auf den Küstenländern.

Der Nyassa fällt jährlich um 0,9 englische Fuß, wie durch
zwölf Jahre lange Beobachtungen von den Missionaren festgestellt
worden ist. Es ist ein periodisches Steigen und Fallen, wie bei
dem Tanganyka, jedoch noch nicht zu beobachten. Die Schiffahrt
auf diesem See ist schwierig, Untiefen reichen bis fünf englische
Meilen weit in den See, Riffe drohen bis zwei englische Meilen
von der Küste entfernt dem Befahrer. Gewaltige Felsblöcke ragen
hier und da aus den sandigen Untiefen oder heben sich in dem
klaren Wasser schroff von dem hellen Sandgrunde ab. Im Gegen=
satz zu dem leicht brackigen Wasser des Tanganyka ist das des
Nyassa klar und süß; in Verbindung damit ist die durchaus ver=
schiedene Fauna des Sees zu bringen. Die des Tanganyka nähert
sich mehr der des Meeres, während der Nyassa ein Tierleben zeigt,
wie es überall in Süßwasserseen beobachtet wird. Der Strand des
Tanganyka ist mit vielen Arten von Muscheln übersäet, Möven und
Seeschwalben tummeln sich über den Ufern, während Süßwasser=
vögel nur an den Mündungen von Flüssen zu beobachten sind. Die
Ufer des Nyassa sind an Muscheln arm, Quallen wie in dem anderen
See giebt es nicht, Schlangenhalsvögel und Kormorane hocken überall
am Ufer auf durch die scharfen Exkremente dieser Vögel getöteten
nackten Bäumen. Wo die Ufer des Nyassa unbewohnt sind, sind
sie äußerst wildreich. Büffel, viele Antilopen und Giraffen sind
sehr häufig und das vom Lande zu uns herüberschallende Gebrüll
des Löwen, der nur in wildreicher Gegend leben kann, veranlaßte
uns zu häufigen Jagdausflügen an solchen Stellen, an denen wir
zum Holzmachen vor Anker gingen.

Einst schoß Bugslag unweit des Ufers eine Antilope und kam
zum Strande, um Leute zu rufen, die ihm das Wildpret nach dem
Boote tragen sollten. Als er zurückkam, fand er nur noch wenige
Überreste des vollständig zerrissenen Tieres, von denen die frechen
Geier kaum zu vertreiben waren. Es hatten in der kurzen Zeit
der Abwesenheit, wie die Spuren zeigten, Hyänen sich der Jagd=
beute bemächtigt. In gleichen Fällen habe ich mein Taschentuch

Ufer des Nyassa.

oder ein Stück meiner Kleidung auf das erlegte Wild gelegt und bewirkt, daß das Raubwild von der Witterung des Menschen abgeschreckt wurde.

Eines Abends saßen unsere Leute, die Brennholz nach dem Strand geholt hatten, um ein Feuer, als plötzlich ein Büffel aus dem Dickicht brach und flüchtig dicht an ihnen vorübereilte. Unmittelbar hinter ihm sprangen zwei Löwen ins Freie, ließen jedoch durch das Feuer und die Anwesenheit der Menschen erschreckt, von der weiteren Verfolgung des Büffels ab und traten nach kurzem Stutzen ins Dickicht zurück.

An einer Stelle des Sees, an der sich meilenweit Lagunen, von Dschungeln und Schilfdickicht unterbrochen, ins Land hinein erstreckten, gingen wir eines Abends vor Anker, konnten aber wegen des fast unausgesetzten Brüllens und Tobens von Hunderten von Flußpferden, die aus den Lagunen abends die Ufer des Sees besuchten, kaum zum Schlafe kommen.

Ich ging am anderen Tage mit Bugslag an Land und wir betraten eine Wildnis, wie sie als Heimat des gewaltigen Behemot kaum besser gedacht werden kann. Lagunen, Creecs und tote Wasserarme durchfurchten in unentwirrbaren Linien eine bald sumpfige, bald sandige mit dicken Schilf- und Sumpfgewächsen dschungelartig überdeckte Niederung. Das Plätschern eines aufgeschreckten Flußpferdes oder ein kurzer, mächtig dröhnender Laut unterbrachen allein die tiefe Stille dieser unwegsamen Wildnis, die nur von den engen tunnelartig durch die Dschungeln führenden Wechsel der plumpen Dickhäuter durchzogen wurde. In einem solchen Wege, bis an die Kniee im Wasser und tief gebückt unter den über uns dicht schließenden Gewächsen vorwärts dringend, begegneten wir plötzlich einem gewaltigen Hippopotamus. Das Tier stand erschreckt einen Augenblick vor uns und brach dann zu unserer nicht geringen Befriedigung seitwärts aus. Nach dieser überraschenden Begegnung zogen wir es vor, die Untersuchung dieser Wildnis aufzugeben.

Landschaftlich schön wird der See erst im Süden. Dort treten hohe Berge dicht ans Ufer, Landzungen bilden Häfen und viele Inseln oder hohe Felsenriffe unterbrechen das bisherige Einerlei der flachen, ununterbrochenen Gestade. Der Verkehr auf dem See ist kein so lebhafter, wie auf dem Tanganyka.

An der Westküste des Nyassa liegen zwei große Niederlassungen von Sklavenhändlern, Arabern und Leuten aus Kilwa und Lindi.

Ihr Hauptgeschäft machen diese Araber mit den mörderischen Wawemba. Diesen liefern sie Gewehre, Pulver, Zeug und Perlen für Sklaven. Elfenbein kommt verhältnismäßig wenig hierher, denn auf diesen Breiten, ja man kann sagen vom 8° südlicher Breite nach Süden hat sich das Gewehr schon über den ganzen Kontinent verbreitet und hat daher der Elefantenreichtum außerordentlich abgenommen. Nur in großen unwegsamen Wildnissen ist der Elefant noch Standwild. Erstere vertreten hier die Stelle der gewaltigen Urwälder, die erst nördlich des 6° liegen.

Bei Gelegenheit des Holzmachens für den Steamer kam Bugslag in eine große Niederlassung der Sklavenjäger und fand dort dasselbe verruchte Gesindel, das Afrika entvölkert, dieselben Jammergestalten herbeigeschleppter, geraubter Menschen, dieselbe Frechheit und Roheit, die Menschen eines solchen Gewerbes eigen sind, wie in den nördlichen Sklavenhandelscentren. Ja, er war froh, unbehelligt wieder an Bord zu kommen, denn man hatte ihn verhöhnt und bedroht. Auch bei den hiesigen Sklavenjägern, wie im Norden, schien eine Gährung stattzufinden, die eine baldige Katastrophe herbeizuführen drohte.

Auch hier schrieb ich in mein Tagebuch: „Ich glaube nicht, daß die Sicherheit der Missionare und europäischen Händler lange andauert; ich kann es nicht verstehen, wie vernünftige Europäer in einem Lande von so wilden Sitten sich Niederlassungen bauen können, ohne dieselben zu befestigen. Es ist geradezu absurd, daß bei einigen englischen Missionen die Anordnung besteht, daß beim Aufbau der Stationen alles vermieden werden soll, was an eine Befestigung erinnert. Das imponiert dem Eingeborenen nicht, im Gegenteil, es macht ihm den Weißen unverständlich, lächerlich; er kann es nicht begreifen, warum ein Mensch nicht für seine eigene Sicherheit sorgt, ja, er würde es mit Freuden begrüßen, wenn eine Niederlassung von Leuten, die ihm nur gutes bringen wollen, für ihn eine Zufluchtsstätte würde, die ihm Sicherheit böte vor den erbarmungslosen Menschenjägern."

Der Teil der Sklavenhändler, der den See südlich umgeht, bringt seine Waren meist nach Mikindani, der, der ihn auf Segeldhaus befährt, nach Lindi, während die im Norden den Nyassa Umgehenden nach Kilwa ziehen.

Außer der Station der schottischen Handelskompagnie befinden sich drei Missionsstationen am See, unter denen Bandawe, wo mich

Dr. Lors freundlichst aufnahm, die am weitesten vorgeschrittene erschien. Eine Anzahl guter Baulichkeiten liegen wohlgeordnet inmitten von Gärten und Pflanzungen.

Beim Besuch der Schulen zählte ich 130 in drei Klassen verteilte Kinder.

Da unsere alte „Jlala" es in ihren besten Stunden nicht über vier Knoten Fahrt brachte, ja öfter gezwungen war, vor der steifen Brise und der hohen See, der sie nicht gewachsen war, unter Land Schutz zu suchen, da der Führer des Fahrzeuges ein äußerst unpraktischer Mensch war, dem ich am liebsten, wenn es angegangen wäre, das Kommando abgenommen hätte, so erreichten wir erst am 25. den Süden des Sees, hatten also fünfzehn Tage gebraucht, um ca. 65 deutsche Meilen zurückzulegen.

In einem durch vorliegende Inseln sehr geschützten Hafen warfen wir vor der Missionsstation Livingstonia Anker. Die etwas verfallene Station wurde nur von einem schwarzen Lehrer bewohnt. Das Klima ist hier so mörderisch, daß man es aufgegeben hat, den Ort mit Weißen oder mit Europäern zu besetzen. Eine bedauerlich große Zahl von Gräbern zeugte von der ungünstigen Wahl dieses Platzes, der von der Natur in seinem äußeren Kleide so begünstigt ist. Aus dem stets spiegelglatten, tiefblauen, engumschlossenen Hafen steigt, nur einen schmalen Streifen flachen Ufers lassend, das Land bald zu imponierender Höhe an. Fächerpalmen und riesige Baobabs umstehen rings das Ufergelände und zahlreiche Dörfer blicken freundlich aus Bananendickichten hervor. Der südliche Teil des Sees ist besonders fischreich und abends bot die große Anzahl von Fischerkanoes, die mit Feuern fischten, ein herrliches Bild.

Am 26. liefen wir in den Ausfluß des Nyassa, in den Schire ein. Der Fluß schwankt zwischen 80 und 100 Meter Breite, hat zunächst flache Ufer, die hier und da Schilf- und Papyrusdickichte aufweisen. Die Ufer sind stark bevölkert und an einer scheinbar sehr frequentierten Fähre trafen wir, beim Übersetzen beschäftigt, eine Sklavenkarawane mit Arabern. Es ist dieser Punkt der südlichste von den Arabern berührte; weiter südlich und südwestlich sind die Stämme zu stark und zu gut bewaffnet, als daß hier Sklavenjagden lohnend wären. Nach kurzer Fahrt ergießt sich der Schire in einen See von ungefähr zwei deutschen Meilen Länge. Es ist der Pamolondo, der bei überraschend klarem

Wasser eine so gleichmäßige Tiefe hat, daß wir überall fast genau 10 Fuß maßen. Der kleine See ist äußerst fischreich und nie sah ich Pelikane in solcher Anzahl wie hier. In derselben Breite wie vorher fließt der Schire aus dem kleinen See. Die Ufer des Flusses ändern sich, werden weniger bewohnt und infolgedessen wildreich, wie auch der Fluß selbst, der von Flußpferden und Krokodilen wimmelt. Wir sahen große Zebraherden und hörten nachts mehrfach die mächtige, rollende Stimme des Herrn der Wildnis.

Am 28. erreichten wir Mutope, eine kleine Station der Handelskompagnie und hiermit vorläufig das Ende unserer Fahrt, denn etwas weiter abwärts unterbrechen Stromschnellen und kleine Fälle die Schiffbarkeit des Flusses. Ich sandte von Mutope einige Zeilen nach der Hauptfaktorei der erwähnten Kompagnie, um mich dort anzumelden und marschierte am 29. ab.

Auf einem mir entgegengesandten Pferde ritt ich den Meinigen voraus auf einem breiten Wege, der Räderspuren aufwies, und traf am Nachmittag zunächst in Blautyre, der großen schottischen Missionsstation und dann in Mandala, der Station der Africain-lakes-Company ein. Die breiten Wege mit ihren Räderspuren, Alleen von schönen hohen Bäumen, meist Eukalyptus, die zahlreichen, auf europäische Manier aus Ziegelsteinen sauber aufgebauten Häuser mit Glasfenstern, von hübschen Gärten umgeben, Felder mit europäischem Getreide und vieles andere den aus der Wildnis kommenden überraschende riefen in mir das behagliche Gefühl hervor, als wenn ich in Europa sei.

Es sind die beiden soeben erwähnten Niederlassungen die besten, höchst entwickelten, die ich im Innern Afrikas je sah. Eine große Anzahl von Kaufleuten, Missionaren, Lehrern, Handwerkern, fünf Damen, alles geborene Schotten, bildeten eine für hiesige Gegenden imponierende Kolonie und bewiesen mir durch ihr Aussehen, daß das Klima verhältnismäßig sehr gesund sein muß. Beide Stationen können für diesen Teil der Tropen als hervorragende Versuchsstationen gelten, denn ich wüßte kaum, was hier in Gartenkultur, Feldwirtschaft, Pflanzungen und Viehzucht unversucht geblieben wäre. Während in der Missionsstation Getreide, Gemüse und Blumengärten, sowie Viehzucht nur zum Unterhalt der weißen und schwarzen Bevölkerung der Station betrieben wurde, war man in Mandala nach mehreren Versuchen besonders auf Kaffee=

pflanzungen zurückgekommen und hatte auch die zum Reinigen und Enthülsen des Kaffees nötigen Apparate heraufgebracht. Es würde zuweit führen, wenn ich mich auslassen wollte über die Erfolge der vielfachen Versuche. Damit jedoch meine Beschreibung nicht falsche Ansichten über die Ergiebigkeit solcher Unternehmungen hervorruft, will ich erwähnen, daß große Summen Geldes, die wohl meist frommen Stiftungen entstammen, ohne Notwendigkeit einer entsprechenden Verzinsung, hier angelegt waren. Ein Unternehmen, das sich bezahlen soll, könnte nicht von vornherein mit einem solchen Komfort, ja, ich kann wohl sagen Luxus ausgestattet werden, wie die erwähnten beiden Stationen, von denen die eine, die Missionsstation, ja überhaupt von Mitteln gegründet ist und unterhalten wird, die im praktischen Sinne à fond perdu nur zur Bekehrung der Eingeborenen zum Christentum gegeben sind. Auch die Africainlakes-Company ist halb Handels-, halb Missionsgesellschaft und basiert ebenfalls zum großen Teile auf frommen Stiftungen.

Mehr als eine Woche lag ich in Mandala krank, die rheumatischen Schmerzen waren zurückgekehrt und ein peinigendes nervöses Asthma quälte mich, auch Fieberanfälle traten hinzu. Durch die vorzügliche Behandlung des Arztes der Missionsstation und die gute Pflege in Mandala ward ich dann soweit wiederhergestellt, daß ich an meine Weiterreise denken konnte und beschloß zunächst, das vom Zambesi her ausstehende Dampfschiff zu erwarten. Als jedoch ein Tag nach dem andern verging, gab ich diese Absicht auf und das um so lieber, als auch die Kosten für meine kleine Karawane auf dem Dampfboot der Kompagnie mir zu hoch erschienen. Auf die Nachricht hin, daß ein holländischer Händler den Fluß heraufgekommen sei in einem großen Ruderboote, um zu Handelszwecken weiter ins Innere zu gehen, sandte ich Bugslag nach dem Flusse und es gelang mir, durch ihn das Boot zu erhalten unter der einzigen Bedingung, daß ich dasselbe an der Küste in Quilimane abzugeben habe.

Ich brach am 22. Juli von Mandala auf, um unterhalb der Fälle den Schire bei Kattunga wieder zu erreichen und meinen Weg zu Wasser fortzusetzen. Bugslag war mit meinen Westafrikanern vorausmarschiert, ich folgte in einem japanesischen Stuhlwagen, der von je zwei Mann gezogen und geschoben wird. Durch Savannenwald, der hier und da von dichten Bambusbeständen unterbrochen wurde, ging es in schneller Fahrt fast stets bergab dem

Flusse zu. Die Neger fanden die einfache Maschinerie des leichten
Wagens so kompliziert, daß sie sich geradezu erstaunlich unbeholfen
anstellten. Es scheint unserem Begriffsvermögen fast unglaublich,
wenn ich sage, daß die Leute das doch so einfache Transportmittel
nicht verstanden, und doch ist es so! Sie stellten sich stets verkehrt
an, so daß sie gegeneinander schoben und zogen, rannten bei
Biegungen vom Wege ab ins hohe Gras oder in das Dickicht,
warfen mich mehrfach mit dem Wagen um, kurz, quälten mich
derart durch ihre Unbeholfenheit, daß ich es vorzog, den größeren
Teil des Weges zu Fuß zurückzulegen, obwohl dies immer noch
wegen des Rheumatismus mit Schmerzen verbunden war. Am
Schire eingetroffen, fand ich das große, starke Boot, das mir
geliehen war und durch welches ich ungefähr 70 Pfd. Sterl., die
meine Reise bis zur Küste auf dem Fahrzeuge der schottischen
Kompanie gekostet hätte, ersparte.

Am 25., nachdem kurz vorher das erwartete Dampfboot eingetroffen war, jedoch so reparaturbedürftig, daß es noch lange nicht
wieder an Abfahrt denken konnte, trat ich die weitere Thalfahrt
auf dem Schire an. Bugslag und ich wechselten uns am Steuer
ab. Meine 8 Westafrikaner, Fickerini, der Sansibarit, ein als
Führer mitgenommener Eingeborener, 3 Weiber meiner Leute und
meine zwei kleinen Diener bildeten die Expedition, nicht zu vergessen die beiden Hunde, von denen einer der letzte der dreizehn
Dachshunde war, die ich vor fast fünf Jahren mit mir von Westafrika ins Innere nahm. Jettchen war das erste europäische Tier,
das den afrikanischen Kontinent in seinen äquatorialen Breiten
durchquert hat. Sie erreichte wohl und munter ihr Heimatland und
lebte noch zwei Jahre in Deutschland.

Die ersten zwei bis drei deutschen Meilen des Flusses sind
wegen der Inseln, Bänke und schmalen Kanäle kaum schiffbar zu
nennen. Der hier und da lagunenartig verbreitete Fluß hat
zunächst tiefe Ufer mit reiner Grassavanne, aus denen kleine
Wälder von Borassuspalmen sich scharf hervorheben. Die Bänke
und Inseln sind stellenweise geradezu bedeckt mit Krokodilen, deren
Bugslag und ich auf dieser Tour eine große Anzahl schossen.
Bewunderungswert ist die Muskulatur einer solchen Echse. Mehrfach schnellte nach dem Schusse das Tier über einen Meter in die
Höhe, warf sich im Sprunge auf den Rücken und blieb dann ver-

endet liegen. Andere, die nicht so schwer getroffen waren, stürzten mit überraschenden, man muß sagen kräftigen Sprüngen in den Fluß. Da wir, schon so nahe der Küste, unsere Patronen nicht mehr zu schonen brauchten, hielten wir während der Fahrt ein fortwährendes Übungsschießen auf Krokodile ab. Auch Flußpferde waren stellenweise in solcher Anzahl da, daß sie dem Boot ab und zu gefährlich wurden. Wir fuhren einmal erschreckt auf, in die Höhe blickend, da uns ein ferner Donner mitten in der Trockenzeit und bei ewig unbedecktem Himmel erstaunen machte, wurden jedoch gleich darauf durch einen starken Stoß, den das Boot erhielt und durch große, neben dem Boot aufsteigende Luftblasen belehrt, daß ein Flußpferd unter uns die Luft ausgestoßen hatte und hierdurch das einem fernen Donner täuschend ähnliche Geräusch erzeugt war.

Wir lebten, da wir von Mandala europäische Kartoffeln, Brot, Zwiebeln und Gemüse mitgenommen hatten, ausgezeichnet und machte nicht wenig dieser Umstand, sowie die stets wechselnde Scenerie und das reiche Tierleben, das fortwährend neue interessante Bilder bot, die Fahrt zu einer äußerst interessanten und genußreichen. Dem Reisenden, der nach jahrelanger afrikanischer Kost sich der Küste nähert, kann keine größere Delikatesse dargeboten werden, als Brot und europäische Kartoffeln. Ich glaube, jeder würde ein üppiges Frühstück mit Austern und Champagner unberührt lassen, wenn ihm daneben ein Gericht Kartoffeln und Brot zur Wahl geboten würde. Die gute Kost und die angenehme Anregung von außen führten denn auch bald eine Besserung meines geschwächten Zustandes herbei. Eine Mutter hätte mich nicht sorgsamer pflegen können, als dies mein treuer Bugslag that. Wenn ich gegen 5 Uhr abends an einer zum Lagern geeigneten Uferstelle Halt machte, so war binnen 10 Minuten mein Zelt aufgeschlagen und eingerichtet und bald brodelte ein frugales Abendessen, dem Bugslag täglich Abwechselung zu geben wußte, auf dem Feuer. Schon seit Nyangwe, seitdem wir nur mit kleiner Karawane reisten, hatte ich mich um unsere Begleitung kaum zu kümmern brauchen. Bugslag war überall und ersparte mir durch seine hervorragende Begabung im Verkehr mit Negern viele der kleinen Ärgernisse, an denen das Leben eines Reisenden in Afrika so reich ist. Ich kann mir kaum einen besseren Gefährten auf der Reise, einen furchtloseren und ergebeneren

Ufer des Schire.

Kameraden denken als ihn, der, obwohl einfacher Seemann, ein seltenes Taktgefühl bewies.

Ein äußerst komisches Bild, das unsere schwarzen Begleiter zum wiehernden Gelächter anregte, bot ein flügellahm geschossener Riesenreiher, der im flachen Wasser stand und einen unserer Leute, der ihn holen wollte, mit dem spitzen Schnabel angriff, vor sich hertrieb, und als der Flüchtige im Wasser stolpernd niederfiel, nachdrücklich bearbeitete. Ein Schuß aus Bugslags Flinte machte dem ungleichen Kampfe ein Ende.

Am 27. passierten wir eine soweit das Auge reichte absolut ebene, gleichförmige Wildnis, deren hohes Gras und niedriges Buschwerk hier und da

Kampf mit einem Riesenreiher.

von Fächerpalmen überragt wurde. Es sind in dieser Wildnis Elefanten noch recht häufig, wie viele Spuren, die ins Wasser führten, zeigten; obwohl man uns in Mandala gesagt hatte, daß man auf jeder Tour große Trupps sehen könne, kam uns, die wir von dem niedrigen Boot aus keine weite Umsicht hatten, doch kein Elefant zu Gesicht, wohl aber große Rudel Antilopen, so stark, wie ich sie früher nie beobachtet habe. Bugslag schoß aus einer Herde von mindestens 150 Stück einen starken Bock, der uns alle für drei Tage mit Fleisch versorgte.

Am 28. machte ich an einer Stelle Halt, von der aus die portugiesische Flagge, über einem mit Pallisaden befestigten Dorfe wehend, mir zeigte, daß dort eine Militärstation der portugiesischen Regierung sei. Ein Lieutenant Cardoso, der Kommandant des Postens, empfing mich freundlich. Seine Truppe bestand in einem Mann, seinem Burschen, Nr. 23, da bei der portugiesischen Regierung die Soldaten nach Nummern, nicht nach ihren Namen in den Stammrollen geführt werden. Der Offizier war mehr ein politischer Agent als der Kommandant eines militärischen Postens. Er versammelt allwöchentlich einmal die Häuptlinge seines Distrikts zur Erledigung der Regierungsgeschäfte, und eine Reihe von Glasballons, mit aqua ardente angefüllt, sicherten ihm das freiwillige regelmäßige Erscheinen seiner Untergebenen.

Nr. 23 brachte uns, als wir uns wieder einschifften, zum Abschied ein Gebinde mit portugiesischem Wein ins Boot und weiter ging es den jetzt häufig scharfe Windungen machenden Fluß hinab. Am nächsten Tage ließen wir zur Rechten unabsehbare, weit ins Land gehende Lagunen, die von einem sich abzweigenden Arme des Schire gespeist werden. Ein Schuß auf ein Krokodil brachte eine überraschende Wirkung hervor. Es erhoben sich mit Geschrei, Gepfeife und einem aus tausend verschiedenen Vogelstimmen erzeugten, fast betäubenden Geräusche Wolken von Vögeln, die die Sümpfe und Lagunen bevölkerten. Enten, Gänse, Pelikane, Reiher, Störche, Rallen, Schnepfen und unzählige andere Arten störten zu vielen Tausenden plötzlich die Stille der Wasserwildnis.

Am 31. trieben uns die Ruderer aus den Wassern des Schire in den imposanten breiten Vater Zambesi. Der Schire ist in seinem Hauptarm durch eine ziemlich gleichmäßige Tiefe bei weitem besser schiffbar als der Zambesi in seinem Unterlauf, der

„Da kroch aus dem Wasser ein großes Krokodil."

infolge seiner Breite sich in unzähligen, meist flachen Kanälen durch ein Gewirr von Sandbänken und mit Gras oder Mangelbäumen bestandenen Inseln dahin windet. Viel häufiger als im Schire rannten wir auf Grund und mußten oft auf lange Strecken das Boot durchs Wasser ziehen oder schieben. Am Nachmittage des nächsten Tages verleitete uns die große Anzahl von zum Wasser führenden Wildspuren, unter denen auch mehrfache Abdrücke großer Löwenpranken waren, zum früheren Aufschlagen eines Lagers und zu einem abendlichen Pirschgange, auf dem wir trotz großen Wildreichtums doch nichts zur Strecke liefern konnten. Als wir nach völlig eingetretener Dunkelheit, die Pfeife rauchend, an einem Feuer saßen, näherte sich uns, aus dem Wasser langsam herankriechend, ein Krokodil mit unglaublicher Frechheit bis auf wenige Meter und verschwand dann, bevor wir unsere Büchsen ergreifen konnten, durch einen Feuerbrand von einem unserer Leute getroffen, wieder in den Fluten.

Am 2. August mittags machte ich einen Besuch auf einer dicht am Flusse liegenden, in Stein aufgebauten portugiesischen Befestigung, der Fortalesa Chupanga, wo mich Alferez Machado Leal als Deutschen freundlichst begrüßte und bewirtete. Ich sage als Deutschen, denn es wurde schon damals von portugiesischer Seite das Vorgehen der Engländer am Schire mit Mißtrauen beobachtet und schon damals sah ich voraus, was heute eingetreten ist, daß die Portugiesen auch hier dem Vordringen Englands weichen mußten.

Dicht bei der Festung war das Grab von Livingstones hier dem Fieber erlegenen Frau, ein einfaches Kreuz, das aber durch ein Naturereignis einen ganz besonderen Schmuck erhalten hat. Es war vor etwa Jahresfrist ein neben dem Grabe stehender mächtiger Baobab, vom Sturm gestürzt, über das Grab gefallen, jedoch so, daß durch einen starken Ast und die Krümmung des Stammes der Baobab, ohne das Kreuz zu berühren, im Bogen das Grab überwölbte.

Am Abend desselben Tages trafen wir an der Station der schottischen Kompagnie ein und hatten hiermit die Befahrung des Zambesi beendet, denn um nach Quilimane zu gelangen, muß man einen Kilometer über Land zum Quaqua gehen und diesem abwärts bis zur Meeresküste folgen. Der Quaqua steht mit dem Zambesi in Verbindung und zwar dicht bei der Mündung des Schire.

Am 4. August brachten wir unser Boot auf einen der zu diesem Zweck vorhandenen starken Wagen und zogen dasselbe über die fast absolute Ebene zwischen dem Zambesi und dem Quaqua zu letzterem hinüber. Der oft bis auf 25 Meter verengte Quaqua trug unser Boot am nächsten Tage weiter abwärts.

Ich schoß ein Krokodil dicht bei einem Dorfe der Eingeborenen, die mich darum baten, da ihnen das Fleisch dieses scheußlichen Tieres ein besonderer Leckerbissen ist. Es war dies auf Bugslags und meiner Schußtafel das 75. seit dem Befahren des Nyassa. Die Krokodile sind im Quaqua sehr gefürchtet, es wurde mir erzählt, daß dieselben die Insassen eines Kanoes mit dem Schwanz ins Wasser zu schlagen versuchten.

Das fünfundsiebzigste Krokodil.

Wir begegneten an einem Tage unserer Fahrt auf dem Quaqua 47 Handelskanoes, die alle mit Zeug und Perlen, Eisendraht, Pulver und Gewehren nach dem Innern gingen. Die Ufer des Quaqua nehmen durch das häufige Auftreten des Mangobaums einen durchaus neuen Charakter an. Dieser schon dicht belaubte, tiefen Schatten spendende indische Fruchtbaum ist von den Arabern und Indern eingeführt und überall an der Küste angepflanzt. Sein dunkles, schwarz grünes Laub giebt einen schroffen Gegensatz, besonders in der Trockenzeit, zu der allgemeinen, durch Trockenheit und Sonnenbrand hervorgerufenen gelben Färbung der Landschaft.

Wir mußten stets bei auflaufender Flut still liegen und mit ablaufender Ebbe hinabgehen und erreichten am 8. August eine

Hafen von Quilimane.

Erweiterung, die sich allmählich zum Hafen von Quilimane ausdehnt. Zuerst bemerkten wir von weitem die Masten einer Bark und bald an deren Topmast die deutsche Flagge. Bevor ich noch an Land ging, lief ich längsseits des Fahrzeuges und erfuhr zu meinem nicht geringen Staunen, daß es ein Schiff sei, dessen Stapellauf ich vor zehn Jahren in meiner damaligen Garnison Rostock beigewohnt hatte. Der Kapitain des Schiffes kannte mich persönlich und beim ersten Glase deutschen Bieres feierten wir das wunderbare Wiedersehen.

Im Orte selbst, der gegen alle übrigen Küstenstädte der portugiesischen Besitzung durch hübsche Anlagen auffällt, bezog ich ein Hotel und Bugslag und ich versuchten mit Hilfe eines indischen Schneiders unser Äußeres etwas der uns nun umgebenden Civilisation anzupassen.

Nach einigen Tagen führte uns ein Schiff der Castle=Linie nach Mosambique. Der Generalgouverneur der portugiesischen Besitzung in Ostafrika, Agosto de Castilho, war so gütig, mir zur Rückbeförderung meiner treuen Westafrikaner nach Angola die Benutzung eines bald von Mosambique nach Loanda gehenden portugiesischen Kriegsfahrzeuges zu gestatten. Ich belohnte die treuen Dienste meiner schwarzen Begleiter und ging mit Bugslag, meinen beiden kleinen schwarzen Dienern, die mich nicht verlassen wollten, und meinem alten Fahnenträger Fickerini mit dem nächsten Dampfboot nach Norden, zunächst nach Sansibar. Dort fand ich, wie schon einmal vor fünf Jahren, gastliche Aufnahme im Handelshause O'Swald.

Erst jetzt erfuhr ich näheres über das, was sich unterdessen hier in Ostafrika ereignet, nämlich, daß sich Deutschland hier ein neues Feld überseeischer Thätigkeit eröffnet hatte. Dr. Peters, der gerade von einer Tour nach der Küste zurückgekehrt war, überraschte mich durch die Erzählung seiner Arbeit, seiner Erfolge und seiner Aussichten, und ich gab mich, da die Verhältnisse an der Küste die Besorgnisse, die ich aus dem Innern mitgebracht hatte, beschwichtigten, ganz der Freude über das gelungene Werk des deutschen Unternehmungsgeistes hin, nicht ahnend, daß ich selbst dazu berufen sein sollte, in der Katastrophe, die ich für die Civilisationsarbeit in Afrika vorausgesehen hatte, eine Rolle mitzuspielen, nicht ahnend, daß es mir sobald vergönnt sein sollte, den tödlichen Schlag zu führen gegen die den afrikanischen Kontinent verwüstende Pest, gegen das Arabertum.

Anhang 1.

Brief Le Marinels über die Rückkehr der Baschilange in die Heimat.

(Aus dem Französischen übersetzt.)

Karte 2.

Luluaburg, 10. Mai 1887.

Monsieur Wißmann!

Als ich den Lualaba verließ, sagten Sie mir, daß unser Rückmarsch nach Luluaburg in zwei Monaten zu bewerkstelligen sei; Ihre Voraussage ist eingetroffen, ja ich habe die Genugthuung, Ihnen anzeigen zu können, daß Ihre Karawane am 18. April schon in Luluaburg eintraf.

Mein Rückmarsch weicht mehrfach von der Straße ab, die wir zusammen marschierten.

Um etwas Ordnung in meine Erzählung zu bringen, glaube ich die Rückreise in Etappen zerlegen zu müssen. 1. Von Nyangwe zum Lomami, 2. vom Lomami zu Lupungu, 3. von Lupungu zum Lubi und 4. vom Lubi nach Lubuku.

1. Vom Lualaba erreichte ich das linke Ufer des Lufubu, dessen Wasser ungefähr um 3 Meter niedriger waren, als Sie dieselben fanden, in zwei Tagemärschen, und auch der Moadi, den ich etwas unterhalb unseres früheren Lagers passierte, war fast trocken, so daß er keine Schwierigkeiten bot. Von Goi Capopa ging ich in direkter Linie, Pogges Rückweg links lassend, nach Kabamba, wo wir Kaschawalla gelassen hatten.

Da auch der Koango flach war, so boten auf diesem Marsche einige tiefe Sümpfe die einzigen Schwierigkeiten.

In äußerst traurigem Zustande fand ich den Teil unserer Karawane, die Sie bei Kabamba gelassen hatten. Die Pocken hatten weitere Opfer verlangt, gegen 10 Baschilange waren gestorben, 15 lagen schwer krank. Unter anderen starben Josso und Makenge aus Angola und die Häuptlinge Kajembe, Moina und Jlunga Mputt. Trotz der Freude, ihre Landsleute wiederzusehen, waren die Leute tief demoralisiert.

Es war meine erste Sorge die Blatternkranken und Verdächtigen abzusondern.

Nach zweitägiger Ruhe oder vielmehr Aufenthalt, um Lebensmittel einzukaufen, brach ich auf und traf meine Maßnahmen, um stets einen Kontakt der Karawane mit den Kranken zu verhindern.

Dank dieser mit rastloser Energie durchgeführten Vorsorge gelang es, die Zahl der Todesfälle zu vermindern. In Lubuku eingetroffen zählte ich daher doch nur 60 Erkrankte, von denen nicht über 30 starben.

Leider hatten wir, nach unserer Heimkehr, trotz der strengsten Maßregeln des Mr. de Macar, noch manchen Todesfall zu betrauern, unter ihnen den unseres alten lieben Freundes Dschingenge, des tapferen Katende und einiger Ginga-Soldaten.

Doktor Sommers versichert mich, daß die Epidemie nicht weiter um sich greifen würde. Hoffen wir, daß er recht behalte, denn die armen Leute haben genug gelitten auf dieser unglücklichen Expedition; wir wollen über die ganze Zahl der Opfer schweigen; sie ist enorm.

Doch zurück zur Reise.

Als ich Kabamba verließ, nahm ich einen Weg zwischen Camerons und Ihrer Route, der gut war, und passierte den Lomami an unserer alten Stelle nach endlosen Verhandlungen wegen der nötigen Kanoes.

2. Vom Lomami zu Lupungu.

Am rechten Ufer des Lukassi bleibend, fand ich die Gegend etwas bevölkerter als auf unseren Wegen und hinter Kalambai fand ich sogar eine Reihe kleiner Dörfer. Besonders jenseit des Lukassi, bei Milambo, hatten die Eingeborenen, der Stelle von Saids Kriegslager gegenüber, begonnen ihre Dörfer wieder aufzubauen.

Bei Kalambai trafen wir die letzten Horden der Araber, deren Führer, ein gewisser Kassia, sich mit mir zu einem Handstreich gegen die Leute am Lukassi verbinden wollte. Natürlich habe ich sein

Vorhaben vereitelt. Die Bande Saids hatte dort überall die Felder derartig verwüstet, daß wir nichts kaufen konnten.

Nun wollte ich Pogges Weg nehmen, direkt nach dem Sankurru, nicht um neue Länder zu sehen, sondern nur um meine Karawane so schnell und gut als möglich vorwärts zu bringen, aber mein Plan wurde durch manche Umstände abgeändert. Von Baqua Peschi aus flohen meine aus Milambo mitgenommenen Führer, aber mehr noch als dies zwangen uns Aussagen der Bassonge und Kalebue, die auf diesem Wege 10 Tagemärsche durch entvölkerte Gegend voraussagten. So zogen wir denn unseren alten Weg nach Lupungu.

3. Von Lupungu zum Lubi.

Vom Lubefu, wo ich auf Ihrer alten Stelle lagerte, nahm ich eine west-südwestliche Richtung um in vier Tagen eine Gruppe von 5 bis 6 Dörfern der Ku-Mapenge zu erreichen, die früher zu Zappu-Zapp gehörig, sich seit dem Abzuge desselben als selbständig abgezweigt haben. Nach meiner Rechnung muß Zappu-Zapp im Jahre 1884 seinen alten Wohnsitz verlassen haben.

Von da erreichte ich in mehr nördlicher Richtung Mona Kialo, den Sohn Zappu Mutapos, welch letzterer ebenfalls durch das Vordringen der Araber verdrängt, sich in der Nähe der Bambue niedergelassen hatte und dort an den Pocken gestorben war.

Nach seinem Tode bekriegte Mona Kialo die Bambue und sitzt zwischen ihnen als Herr am linken Ufer des Kaschimbi, eines Nebenflüßchens des Sankurru.

Er muß dort seit 1886 sein. Er hat gegen 400 Gewehre, meist Steinschloßflinten. Diese Länder, südlich Ihrer und Pogges Route, sind bergig, aus ihnen entspringen die von Ihnen passierten Bäche. Da von den Ku Mapenge mich gegen 400 Menschen begleiteten, die zu Zappu-Zapp wollten, so erschien ich bei Mona Kialo wieder mit gegen 1200 Köpfen. Aber die Zahl schien den frechen Räubern Mona Kialos nicht zu imponieren, man stahl mir, stellen Sie sich vor, drei Gewehre aus dem Lager bei hellem Tage. Sie können sich meinen Zorn vorstellen.

Ich ließ Mona Kialo holen und drohte ihm, den Kopf vor die Füße zu legen, wenn nicht bis zum Sonnenuntergang die Waffen und die Diebe zur Stelle seien. Er wollte sich damit entschuldigen, daß er angab es seien viele Fremde bei ihm, aber ich unterbrach ihn und schwur, daß er sterben solle, wenn er nicht thäte, wie ich ihm gesagt habe.

Ich glaube nicht, daß ich stark genug gewesen wäre, ihn zu zwingen, desto drohender aber wurde ich. Kaschawalla war natürlich starr vor Furcht. Sie gehen zu weit, sagte er, ihre Leute werden fliehen.

Nach wenigen Stunden erschien denn auch Mona Kialo und brachte die gestohlenen Gewehre, die Diebe, so sagte er, habe er töten lassen, dieselben seien vertheilt, um gefressen zu werden.

„Du lügst," sagte ich ihm, „ich will die Diebe sehen." — „Aber sie sind tot!" — „Gut, dann zeige mir die Leichen." — „Sie sind zerlegt." — „Laß die Stücke zeigen." —

Ich glaubte natürlich, alles sei Lüge, aber denken Sie meinen Schreck und Abscheu, als wirklich einige Bassonge mit Stücken Menschenfleisch, mit abgeschnittenen Armen, Beinen 2c. ankamen! Kaschawalla war verschwunden. Unsere Angolaleute und Baschilange gaben in accentuiertester Weise ihren Ekel und Abscheu zu erkennen.

Ich hatte geglaubt, daß dies Benehmen unserer Leute die Eingeborenen eingeschüchtert hätte, aber ich sah bald, daß alle sehr erregt waren, und vor allem Mona Kialo selbst.

Gegen Mitternacht rief mich der Dolmetscher, da die Eingeborenen, die ein großes Fest zum Essen von Menschenfleisch arrangiert, alle unsere Leute als Zuschauer aus dem Lager gezogen hatten. Ich gab ein „Moiio" und rief dadurch die dem ekelerregenden Schauspiel Zuschauenden zurück.

Ich fühlte mich hier recht ohnmächtig! — Was hätte ich hier wohl thun können? Hätte ich den wilden Bestien ihre ekle Beute mit Gewalt entrissen, so hätte dies das Zeichen zum Kampfe gegeben, und das hieße nicht allein die Expedition riskieren — denn die Eingeborenen hatten doppelt soviel Gewehre als wir —, sondern ich war auch darauf angewiesen, Lebensmittel und Führer zu erhalten, denn die Verpflegung der Karawane machte so schon die größten Schwierigkeiten.

Ich bin etwas in überflüssige Details eingegangen, aber ohne Sie mit kleinen Zwischenfällen der Reise langweilen zu wollen, habe ich doch nicht umhin gekonnt, über obiges scheußliche Schauspiel zu berichten.

Ich setzte die Reise fort und kam nach 2 Tagemärschen am Sankurru an, den ich etwas oberhalb des Bubila (Lubila nach

Kiepert) überschritt. Ich kam zu Zappu Zapp, der seit dem Besuche des Dr. Wolf seinen Sitz verändert hat, den er früher am rechten Ufer gegründet hatte.

Zappu Zapp fand ich nicht entfernt so mächtig, wie ich vorausgesetzt hatte, sein Renommee ist übertrieben durch seine Leute und seine Feinde. Obwohl man ihn noch einen mächtigen Häuptling nennen muß, ist er doch Lupungu, Mona Kakesa und Mona Kialo nicht an die Seite zu stellen. Er hat sich viel Volk unterworfen, aber dies war nicht schwer, denn sie alle hatten keine Feuerwaffen.

Nach einem viertägen Marsche durch bergiges und dichtbewaldetes Land erreichte ich den Lubi.

4. Vom Lubi bis nach Lubuku.

Einen Tag nördlich der Übergangsstelle Ihrer ersten Reise überschritt ich den Lubi. Von da bis zum Lubudi folgte ich unserem alten Wege, dann ging ich weiter südlich und überschritt den Lulua bei Luluaburg.

Ich bin sehr begierig, von Ihnen Ihre weiteren Erlebnisse nach unserer Trennung zu erfahren; hoffentlich haben Sie die Küste glücklich erreicht und findet Sie mein Brief bei guter Gesundheit.

Nehmen Sie, Herr Wißmann, die besten Grüße und Wünsche entgegen von Ihrem

P. Le Marinel.

Anhang 2.

Das Land der Baschilange.

Karte 3.

Ein Baschilange-Concert.

Die auf eigener Anschauung und guten Erkundigungen fußende Skizze der Bevölkerungsverhältnisse im Lande der Baschilange, die ich infolge meines langen Aufenthaltes anzufertigen imstande war, giebt einmal ein genaueres Bild eines Teiles von Centralafrika, als dies Karten einer Reiseroute thun können.

Die Baschilange (Singular Muschilange) oder, wie sie von den westlichen Völkerstämmen genannt werden, Tuschilange (Singular Kaschilange) sind ein Mischvolk der von Südosten eingedrungenen Baluba und der vorher seßhaften Baschi-Lange.

Baschi ist eine Bezeichnung für Leute, die, wie jetzt noch westlich des Kassai bei den Baschi-Lele, Baschi-Panga 2c., auch bei den Baschi-Lange gebräuchlich war und dasselbe sagen will, wie die jetzt gebräuchliche, bei Bakuba und den Stämmen bis zum Lualaba zu findende Form Baqua, Bena, oder, wahrscheinlich abgekürzt, auch nur Ba= (Singular Muqua=, Mona= und Mu=). Baqua heißt Leute, Bena Söhne, z. B. Baqua-Kataua = Leute von Kataua, Bena-Lulua, =Kasairi, =Riamba = Söhne des Lulua, des Kasairi, des Riamba.

Die eingedrungenen Baluba unterwarfen die Baschilange und vermischten sich mit ihnen, und deshalb nennen sich die jetzigen Baschilange gern Baluba, werden auch von den Völkern im Norden Baluba genannt, während die sie im Osten, Süden und Westen begrenzenden Völker sie Ba- resp. Tuschilange nennen.*)

Ich habe mich für die Benennung „Baschilange" entschieden, da dies Volk sich so auffallend von den im Osten grenzenden reinen Baluba unterscheidet, wie man kaum eine größere Verschiedenheit von Bantu-Negern durch den ganzen Kontinent findet.

Das heutige Resultat der Mischung ist derartig, daß dies Volk scheinbar nichts mehr von dem Charakteristischen der Baluba hat, wenigstens nicht in seinem Äußeren. Die Sprache ist allerdings nur wenig verändert, und dieser Umstand, sowie die allgemein wohl bewahrte Überlieferung geben Aufschluß über erwähnte Mischung, auch spricht die ungemein große Verschiedenheit der Farbe, der Haut und des Körperbaues für die hier und da etwas stärkere Beimischung von Balubablut.

Es müssen, da die Baluba starkknochige, muskulöse, untersetzt breitschulterige Leute sind, die alten Baschi-Lange äußerst schmalbrüstig, feinknochig, langgliederig und wenig muskulös gewesen sein, da die heutigen Baschilange weit mehr den letzteren Körperbau haben, als den Baluba ähneln. Das übermäßige Rauchen des

---

*) Leider sind in meinem Reisewerk „Im Innern Afrikas" die Baschilange stets Baluba genannt. Es liegt daran, daß dies Werk, während meiner letzten Reise von den schon zurückgekehrten Begleitern vorbereitet, bei meiner Rückkehr soweit vorgeschritten war, daß eine eingreifende Änderung die Herausgabe des Buches zu lange aufgehalten hätte. Da die Benennung immerhin eine gewisse Berechtigung hat, änderte ich dieselbe nicht, habe aber nun aus oben angeführten Gründen in vorliegendem Buche das besprochene Volk mit seinem richtigen Namen bezeichnen müssen.

wilden Hanfes (Riamba) allein kann diesen Erfolg nicht gehabt haben, da es in dem unvernünftigen Maße, wie es bis vor kurzem geschah (es beginnt bei der jüngeren Generation schon wieder abzunehmen), erst seit ca. 25 Jahren betrieben wurde. Nebenbei bemerkt, wird Hanf im ganzen mir bekannten Afrika, vom Atlantischen bis zum Indischen Ocean, geraucht, allerdings in kleinen Quantitäten. In Uniamwesi war es 1883 sehr im Zunehmen, ich kenne sogar

reine Araber, die sich diesem Laster hingeben, will jedoch auch bemerken, daß die Furchtbarkeit der Wirkung von Reisenden sehr übertrieben worden ist.

Andere die Entwickelung des Körpers beeinflussende Verschiedenheiten, meteorologischer Art, in der Ernährung, Beschäftigung, Pflege des Körpers 2c., die gegen die angenommene Vermischung sprechen könnten, sind nicht zu beobachten.

Auch die Bewaffnung der Baschilange zeugt für die Mischung, denn sie benutzten, bevor sie das Gewehr erwarben, Speer, Keule, Bogen und Messer. Der Bogen war die Waffe der alten Baschi-Lange, wie er es noch im Norden und Westen von hier ist, der Speer die der Baluba, bei denen man noch heute selten einen Bogen sieht. Auf allen meinen Reisen habe ich nie ein Volk gefunden, bei denen der Wurfspeer, der immer mit dem Schild zusammengeht, und der Bogen gleichmäßig Bewaffnung war, was natürlich nicht ausschließt, daß man einige wenige Speere bei Bogenvölkern oder umgekehrt findet. Zwischen dem Kassai und dem Tanganykasee, in dem eigentlichen Centralafrika, wohin das Gewehr nur noch wenig gedrungen ist, sind scharfe Grenzen zwischen dem Bogen-Ubujiwe und dem Speer-Manyema, dem Speer-Baluba und dem Bogen-Bassonge, dem Bogen-Bassongo-Mino und den Speer-Völkern nördlich derselben (am Kassai).

Auf der Karte habe ich zunächst vier Abteilungen der Baschilange durch Farben angegeben, die Baschilamboa, Baschilambembele, Baschilakassanga und Bena-Luntu.

Die Unterschiede der drei ersten werden bald verschwunden sein; sie waren wahrscheinlich eine zeitweilige Vereinigung von Stämmen, die sich während des Einbrechens der Baluba gebildet hatten, da immer neue Eroberer vom Osten kamen und die früheren verdrängten. Es ist schon jetzt oft schwer festzustellen, zu welchem der drei ein Stamm gehört.

1. Die Baschilamboa, der größte und westlichste Teil, die nur noch dem Namen nach Katende, dessen Vorfahren von Balubablut sie einst beherrschten, als ihr Haupt anerkennen. Baschilamboa, d. h. Baschilange-imboa (imboa = Hund), weil sie im Kriege wie Hunde bissen (allegorisch), oder weil sie Hundefleisch aßen, was sie von den alten Baschi-Lange beibehalten hatten, während die Baluba diese Kost verschmähen.

Der Stammbaum ihres Fürsten Katende reicht bis zu Mona-Kanjika, von dem seine Vorfahren die Dikonga dia Difuma, ein eisernes Reichsscepter, wie dasselbe nur noch in einem Exemplar bei den Baluba existieren soll, erhalten hatten. (Die Dikonga, die ich nach einem Kriege mit Katende, in dem ich denselben gefangen nahm, ausgeliefert erhielt, befindet sich mit seinem weit zurück-reichenden Stammbaum im berliner Museum.) Katende ist jetzt

machtlos, die Vereinigung der Baschilamboa hat nur noch historisches Interesse. Wie überall, so hat auch hier das Auftreten der Feuerwaffe alles verändert.

2. Die Baschilambembele, d. i. Baschilange bembele (bembele = Moskito), weil sie wie Moskitos stechen, oder zahlreich wie dieselben waren. Sie verdrängten die Baschilamboa nach Westen. Die Familie ihres einstigen Oberhauptes ist nicht mehr festzustellen.

3. Die Baschilakassanga. Kassanga = sanga = weiße, kleine Termiten, die im Boden ihre harten, schwarzen, Eisenschlake ähnlichen Zellen bauen.

Man verbrennt hier in den Häusern ein Stück dieser Zellen mit den darin befindlichen Tieren, um durch den Rauch die Mos=

kitos zu vertreiben, also vertrieben die Baschilakassanga die Baschilambembele weiter nach Nordwesten.

4. Die Bena-Luntu, die zu keinem der drei vorigen gehören, ihrem Aussehen nach am meisten Balubablut haben, sich nur selten tätowieren, dagegen aber bemalen, ähnlich wie die reinen Baluba, jedoch viel schöner und mit prachtvollen Farben (schwarz, weiß, rot), und viel wilder sind, sind vielleicht auch noch Anthropophagen, was die andern drei nicht sind.

Alle drei erstgenannten Abteilungen hatten die sehr künstlerischen, geschmackvollen Tätowierungen der alten Baschi-Lange beibehalten resp. angenommen.

In den Mustern der Tätowierung sind leicht drei verschiedene Motive zu unterscheiden und zwar an verschiedenen Altersklassen, so daß sich also mit der Zeit die Art geändert hat. Jetzt, d. h. seit ca. 10 Jahren, tätowiert man nicht mehr.

Jede dieser vier Stämme-Vereinigungen zerfällt in Stämme, diese in Gemeinden, diese in Familien, und zu jeder Familie gehören oft mehrere Dörfer. Es ist dies natürlich keine von irgend einer Autorität geregelte Einteilung, sondern ist dieselbe im Laufe der Zeit durch Abtrennung infolge von Krieg, lokaler Übervölkerung, Streitigkeiten 2c. entstanden. Es ist auch vielfach nicht mehr festzustellen, welches die Stämme sind und welche Gemeinden oder Familien dazu gehören; anzunehmen ist, daß, wo ein Name sich über viele Baqua oder Bena erstreckt, z. B. Baqua Kataua oder Bena Meta, oder wo ein Name an mehreren Stellen sich wiederholt, wie die Baqua Mulume, Namen von Stämmen vorliegen.

In allen Himmelsrichtungen, weit auseinandergelegen, findet man oft denselben Namen wieder, z. B. im Nordost und West die Baqua Mbuju. Dies beweist nur, daß Dörfer oder Gemeinden, wie noch heute, leicht ihre Wohnsitze verlassen und sich in einer andern Gegend niederlassen: Krankheiten (Pocken), Krieg, Bedrückung seitens eines Mächtigeren, Unglücksfälle durch Blitz (die hier übrigens ganz gegen die allgemeine Annahme sehr häufig sind) sind Gründe. Nie jedoch lassen sich die Baschilange unter anderen Völkern nieder, wie dies z. B. die stets nach Norden dringenden Kioque thun.

Ich habe 147 Namen verzeichnet, die meist Bezeichnung von Stämmen sind, und von denen 58 auf die Baschilamboa, 53 die Baschilambembele, 21 die Baschilakassanga und 15 die Bena-Luntu fallen. Es werden hauptsächlich bei den Baschilamboa mehrere fehlen, es ist dies jedoch nicht von Belang, da unter vorher erwähnten Verhältnissen ich doch nicht eine genaue politische Karte geben kann, sondern nur ein allgemeines Bild der Bevölkerung dieses Landes.

Die Baschilange waren ein kriegerisches Volk, ein Stamm lebte mit dem benachbarten, ja ein Dorf mit dem andern in steter Fehde. Die vielen Narben, die alte Männer zwischen ihren Tätowierungen aufweisen können, bestätigen dies. Jeder Fremde wurde als Feind betrachtet, und war daher an Verkehr unter sich und nach außen nicht zu denken.

Da begann vor ca. 25 Jahren, wie es heißt von Moamba Mputt ausgehend, sich ein Hanfraucherkultus auszubilden. Der narkotisierende Einfluß des Rauchens enormer Massen von Hanf blieb nicht aus. Die Bena-Riamba, Söhne des Hanfes, fanden immer mehr Anhang, begannen miteinander zu verkehren, wurden zahmer und machten Gesetze.

Die Alten, in ewiger Fehde aufgewachsen, wollten von den Neuerungen nichts wissen und zogen sich, als die Anhänger des neuen Kultus immer mächtiger wurden, in abgelegene Gegenden zurück. Diese Konservativen wurden Tschipulumba genannt, von den Hanfsöhnen endlich verfolgt und viele getötet.

Auch die Bena-Luntu haben den Hanfkultus noch nicht angenommen und sind noch reine Wilde. An der großen Straße vom Kassai bis zum Luebo nimmt man ebenfalls nichts wahr von der höheren Kulturstufe der Bena-Riamba, sondern findet im Gegenteil freches, diebisches Volk; es ist dies jedoch dem Einfluß der hier fortwährend passierenden Handelskarawanen zuzuschreiben.

Es gab früher noch viel Elfenbein im Lande und der Gummireichtum war groß, sein Wert noch unbekannt. Die Kioque, ein weitreisendes, unternehmendes Handels- und Jägervolk, hatten schon mehrfach vergebliche Annäherungsversuche gemacht; sie erschienen zuerst unter der Führung des Mona Mukanjanga und nutzten in schlauester Weise unter dem Einfluß des Hanfes den Reichtum des Landes aus.

Es kamen die ersten Gewehre ins Land. Jeder, der sich für einen schönen Elefantenzahn eine solche Waffe „Tschingomma" (Ugomma ist die große Pauke) erschwingen konnte, war ein Mukelenge, d. h. ein Häuptling, oder wenigstens bedeutender Mann.

Baschilange.

Die Kioque wußten Kassongo, den Fürsten der Baqua=Kaschia, und seinen Bruder Mukenge, den jetzigen Kalamba=Mukenge, sowie Dschingenge und Kabassu=Babu von Dschirimba zu bewegen, mit ihnen in ihr Land zu gehen, das man Dschilunga (Kalunga = großer Geist) nannte. Mit Gewehren und vielen Kioque kehrten sie zurück und wurde Kassongo allgemein als das Haupt aller Hanfraucher anerkannt, und als er auf der zweiten Reise zu den Kioques starb, folgte ihm Mukenge. Jetzt begann eine Wanderung von Häuptlingen zu den Kioque. Jeder wollte sich tüchtig von diesen betrügen lassen, Gewehre kaufen und sein wahres Häuptlingspatent, meist mit Annahme eines Kioquenamens, erwerben.

Kabassu=Babu war ebenfalls nicht heimgekehrt von der zweiten Reise, Dschingenge aber mit vielen Gewehren, da er am meisten Elfenbein zu erpressen gewußt hatte. Er sagte sich nun von Mukenge los und ward selbständig; bald folgten andere seinem Beispiel.

Der Kioque Mukanjange war stets der sich bereichernde Patron der neuen Häuptlinge und nutzte seine Stellung mit großer Willkür und Frechheit aus.

Die Bangala, ein Mischvolk von Tupende und Kalunda, die sich unlängst vorher von portugiesischer Herrschaft freigeschlagen, folgten den Kioque hierher, verfolgten aber nur Handelsinteressen. Es entspann sich ein bedeutender Handelsneid zwischen ihnen und den Kioque, der zuerst noch dadurch in Schranken gehalten wurde, daß die Kioque, um mit ihren Waren zur Küste gehen zu können, Kassange, das Land der Bangala, passieren mußten. Bald kam es aber zu Feindseligkeiten zwischen ihnen und der Haß dauert fort.

Der erste portugiesische Neger in Lubuku (d. h. Freundschaft, wie man das Land der Hanfraucher getauft hatte) war mein jetziger Dolmetsch Kaschawalla. Er kam 1874, gab sich für einen Sohn des Königs der Weißen aus und erzählte von den Weißen.

Im Jahre 1881 kamen Pogge und ich, von Kaschawalla geführt. Man empfing Pogge als den Muschangi, d. h. Geist des in Kioque gestorbenen Kassongo, mich als den des Kabassu=Babu, welchen Namen ich bis jetzt behalten habe.

Allmählich schwand der Einfluß der Kioque und der unsrige hob sich. Mukenge begleitete uns bis Nyangwe. Die alten Bake=

lenge, d. h. Häuptlinge, hatten den Hanfrauchenden weichen müssen, diese denen, die ihr Patent von den Kioque geholt hatten, und jetzt, nachdem mich Mukenge abermals begleitet hatte zur Erforschung des Kassai, ist die Anerkennung des Weißen das Zeichen der wahren Häuptlingsberechtigung, und Kalamba=Mukenge infolge seiner großen Verdienste, von mir unterstützt, abermals zum mächtigsten Fürsten der Baschilange emporgestiegen, in welcher Eigenschaft dieser äußerst maßvolle, gerechte und verhältnismäßig zuverlässige Neger hoffentlich noch lange zum Vorteil der Civilisation arbeiten wird.

Das Land der Baschilange ist im Osten bevölkerter als im Westen; durchschnittlich nahm ich auf 1 Quadratkilometer 26 Einwohner. Es macht dies eine Gesammtbevölkerung der Baschilange von 1400000 Menschen, wovon auf Baschilamboa 560000, auf Baschilambembele 420000, auf Baschilakassanga 280000, auf Bena=Luntu 140000 kommen. Während das Volk früher in kleinen Dörfern oder Gehöften wohnte, ist es jetzt, wenigstens in der Riambagegend, in solche von 1000 bis 2000 zusammengezogen, wovon indes der Westen und die noch wilden Bena=Luntu eine Ausnahme machen.

Das besprochene Land fällt gleichmäßig von 850 Meter bis 350 Meter absoluter Höhe nach Nordwest ab und ist reich bewässert. Die Humusschicht ist in den Tiefen stärker als an den Höhen, und auf dem Rücken der zwischen zwei Wasserläufen sich entlang ziehenden Plateaureste steht der meist rote, seltener gelbe Laterit an. Dieser Laterit lagert nach Norden zu auf horizontal geschichtetem, rotfarbigen, weichen Sandsteine, dessen Farbe wahrscheinlich vom Eisen herrührt. Eigentümlicherweise ist die nördliche Grenze der Sandsteinlage von einer Höhenkette, die im Osten besonders scharf hervortritt, bezeichnet. Der Sandstein liegt auf plutonischem Gestein, Granit und Gneiß, das an manchen tief eingeschnittenen Bächen in der Sohle ansteht.

Von oben erwähnter Grenze, wo der Sandstein fehlt, liegt der Laterit direkt auf Granit oder Gneiß; die Lateritschicht ist hier durchschnittlich 60 bis 70 Meter mächtig, wie an vielen Quellstellen, die einem fast senkrecht abfallenden, mit vielen Zacken und Pfeilern geschmückten, dunkelroten Amphitheater gleichen, nachzumessen ist.

Die nördliche Grenze des Sandsteins liegt zwischen 600 und 700 Meter Höhe, die des anstehenden plutonischen Gesteins nahe

500 Meter, und bildet naturgemäß auch die Linie, welche die äußersten Punkte der Schiffbarkeit der Flüsse verbindet. Diese Linie fällt auch fast zusammen mit der südlichen Grenze der großen Urwälder, und da sich in diese Wälder der Elefant und Büffel zurückgezogen haben, da die dieselben bewohnenden Stämme keine Feuerwaffen haben, ist sie auch eine zoologische Grenze geworden.

Könnte man im Lande der Baschilange alle eingeschnittenen Thäler und Schluchten der Wasserläufe ausfüllen, so würde das Land eine große, sich nach Nordwesten senkende Ebene darstellen. Die Formation des Terrains ist ausschließlich vom Wasser gebildet, alle Einschnitte sind bewaldet, Galeriewälder, alle Plateaureste Gras- oder Baumsavannen, wenn nicht, wie hier und da, die Galeriewälder zweier benachbarten Wasserläufe sich auf der Höhe begegnen. Da das Land so außerordentlich reich bewässert ist, ist mindestens der zehnte Teil der Oberfläche mit Urwald bedeckt. Aus der Vogelperspektive müßte das Land einem reich geäderten Marmor ähneln.

Die meisten tropischen Kulturgewächse, als Zuckerrohr, Reis, Baumwolle, Gummi und Palme gedeihen zum Teil wild, wie auch der Kaffee, der mir mehrfach aus den Galeriewäldern gebracht wurde. Unter den noch unbekannten Reichtümern der Flora will ich einige vorzügliche Ölfrüchte tragende Bäume und Farbhölzer erwähnen. An Nutzhölzern, schönfarbigen und wohlriechenden Bäumen sind die Wälder reich.

Die Baschilange kultivieren alle mir bekannten afrikanischen Feldfrüchte und seit unserer Reise nach Nyangwe Reis.

Tabak wird bei einiger Pflege gut. Außer Ananas, Bananen und Pisang ist der Melonenbaum, Erbsenbaum, Frucht der Passionsblume und Limonenbaum mit Erfolg eingeführt, ebenso wie seit langer Zeit Zwiebeln und Tomaten. Salat, Radieschen, rote Rüben, Kohlrabi werden vorzüglich, und mit stets zu erneuerndem Samen werden noch viele andere Gemüse gedeihen.

Die Wasserläufe fließen alle über weißen Sandgrund und führen feine Glimmerblättchen mit sich. Das Wasser ist meist gut und infolge des ewigen Schattens kühl, die Flüsse wohl infolge des Sand-, im Norden Steinbettes nicht allzu fischreich.

Von jagdbarem Wilde ist nur der Tragelaphus scriptus und das rote Flußschwein zu erwähnen, Elefant und Büffel sind nach Norden gewandert; das Raubwild wird durch den Leoparden, Lux und viele kleine Wildkatzen vertreten. Streifenwolf und Schakal sind selten, Löwe und Hyäne fehlen fast ganz; die Urwälder beherbergen nur wenige Affen, reich sind sie aber an vielen Arten von Nagern, die auf der Speisekarte des Muschilange eine große Rolle spielen.

Die Flüsse werden noch von vielen Flußpferden und Krokodilen bewohnt, die ganz gegen die vielfach zu hörende Jagdfabel sehr friedlich nebeneinander leben. Erstere gehen langsam, aber sicher ihrem Ende entgegen, denn endlich erliegt doch der gewaltige Dickhäuter der Masse von eisernen Geschossen, mit denen er von gewehrbesitzenden Uferbewohnern gespickt wird. Ich fand einst in dem dritten Teil eines Flußpferdes, das ich im Lulua schoß, als es mein Kanoe annahm, acht eiserne Kugeln. Die übrigen zwei Drittteile wurden über Nacht von Krokodilen ins tiefe Wasser gerissen. Daß die gepeinigten Tiere dann bösartig werden, was ich nur hier beobachtet habe, ist nicht zu verwundern.

An Vögeln ist das mir bekannte Afrika überhaupt nicht sehr reich. Häufig sind hier wegen der ausgedehnten Felder von Hirse und Mais Tauben, Perl- und Savannenhühner; für Wasser- und Sumpfvögel mangelt der geeignete Aufenthaltsort, da alle Wasserläufe tief eingeschnitten sind. Der graue Papagei, Corythaix und Nashornvogel bewohnt die Galeriewälder, der Schildrabe offene Gegenden, der Geier angolensis Palmenhaine in der Nähe von Flüssen, und der Aasbussard ist überall. Rote, gelbe und graue Weber sind häufig, letzterer vertritt hier unsern Sperling.

Schlangen, besonders giftige, sind sehr häufig, vor allem die Puffotter. Es sind viele Unglücksfälle durch dieselben zu beobachten. Beim Bau der Station Luluaburg wurden auf einem 300 Meter im Durchmesser habenden Terrain 26 Giftschlangen getötet und 6 Menschen gebissen, die übrigens alle gerettet wurden.

Von allen anderen niederen Tieren will ich nur die Termiten erwähnen, von denen der Lateritboden überall durchbaut wird. Dieses Insekt erschwert außerordentlich den Häuserbau, wenn man nicht die Hölzer kennt, die es nicht vernichtet; der Garten- und Feldkultur thun sie kaum Schaden.

Die neben den einheimischen Haustieren seit kurzem eingeführten Rinder, europäischen Hunde, türkischen Enten, Haustauben und edleren Hühnerrassen gedeihen vorzüglich und vermehren sich

äußerst günstig. Für Rinder ist durch zeitgemäßes Brennen des
Grases für stets gute Weide zu sorgen. Die nördliche Grenze der
Urwälder wird hier auch eine Grenze der Verbreitung des Rind=
viehs werden, da große Büffelschmeißen (nicht die Tsetse, die hier
nicht vorkommt) die Tiere bald töten, wie die nördlichsten Baschi=
lange zu ihrem Schaden erfahren haben.

Wie die Baschilange bemüht sind, alles ihnen von der Civili=
sation gebrachte anzunehmen, nachzuahmen, ja nachzuäffen, so werden
sie sich auch schneller als alle andern mir bekannten Stämme
Afrikas der Civilisation nähern. Welche Veränderung ist mit diesem
Volke in den letzten zehn Jahren vorgegangen!

Im Gegensatz zu allen sie umwohnenden Völkern reisen sie
mit Weißen als Begleitung und als Träger leichter Lasten. Sie
haben die Reiskultur angenommen, ihren Haustierstand sehr erhöht,
viele Mißbräuche abgestellt, wie das Gerichtstrinken, alle Fetische ver=
brannt, die Todesstrafe abgeschafft; sie verfertigen gute Mabelezeuge
(von der Raphia vinifera) mit hübschen Mustern, sind imstande,
ihre Gewehre zu bessern, ja außer dem Lauf alles selbst herzustellen;
sie beginnen Lehmhäuser, selbst zweistöckige zu bauen, sie versuchen
auf jede Weise, sich europäisch zu kleiden, Tisch und Lehnstuhl an=
zufertigen, von Tellern mit Messer und Gabel zu essen; sie reiten
Stiere und benutzen (natürlich nur die Häuptlinge) die Tipoia (eine
Hängematte zum Tragen) 2c.

Ein großer Mißstand ist der, daß die Männer der Baschi=
lange an Arbeit gar nicht gewöhnt waren, daß die Frau nur eine
Sklavin war und noch ist, die alle Feld= und Hausarbeit verrichtet,
während der Mann nur Zeuge wirkte, jagte, vor allem aber Hanf
rauchte und mit einer unglaublichen Zungenfertigkeit schwatzte. Er
ist daher einer regelmäßigen Arbeit sehr abgeneigt, und so hat es
z. B. bei dem zur Station gehörigen Dorfe von 1000 Menschen
immer seine Schwierigkeiten, die Leute zur Arbeit, für täglich
$1/2$ Yard Zeug, zu bekommen. Sind sie aber bei der Arbeit, so
hat man keinen Grund, unzufrieden zu sein, natürlich unter Be=
urteilung von Negerarbeit.

Als dies Volk die erste Bekanntschaft mit schwarzen Händlern
machte, gab es noch viel Elfenbein, und leicht waren die ersten
Bedürfnisse zu beschaffen, dann verkaufte man Weiber, ja die
eigenen Kinder, was jetzt glücklicherweise sehr abnimmt und von

einigen Häuptlingen schon verboten ist. Man gewann Gummi, natürlich auf die roheste, momentan ergiebigste Art, so daß schon jetzt wegen Verminderung der Gummiliane die Preise gestiegen sind.

Die Bedürfnisse steigern sich aber in dem Maße, wie die bequeme Art, dieselben zu befriedigen, abnimmt. Man macht jetzt kleine Handelsreisen nach Norden und kauft im Osten von den an Übervölkerung leidenden Baluba Sklaven, um dieselben an Kioque und Bangala zu verkaufen.

Wenn sich aber hier europäische Handelshäuser niederlassen werden, womit in nächster Zeit das „holländische Haus in Banana" beginnt, Sklaven nicht mehr gehen werden, Gummi vernichtet, das Elfenbein auch in den angrenzenden Ländern ausgegangen sein wird, wird man beginnen zu arbeiten, denn alle oben erwähnten Fortschritte und Errungenschaften lassen mit einiger Sicherheit auf diese Fortentwickelung schließen.

Ich hoffe noch diesen größten Fortschritt eines Volkes, in welchem und mit welchem ich 6 Jahre gearbeitet habe, zu erleben, als beste Belohnung einer an Mühe, Entbehrungen, häufigen Enttäuschungen und Sorgen, aber auch an Erfolgen reichen Zeit.

Namen- und Ortschafts-Verzeichnis.

Abed, Schech 155, 173, 175, 176.
Äquatorstation 5.
Akaniarusee 197.
Akauanda 83.
Albertsee 185, 190.
Anderson 65.
Angola 49, 52, 59, 72, 102, 108, 115, 180, 213, 215, 236, 238, 240.
Aruwimi 190.
Ba = Leute
Babecki 44.
Babenge 44.
Backaschocko 129.
Badinga 23, 24.
Badingo 128.
Bain, Mr. 214, 218.
Bajaia 44.
Bajanzi 35.
Bakete 27, 31, 48, 82, 83, 122.
Bakialo 133.
Bakuba 27, 31, 33, 34, 36, 48, 56, 86, 103, 115, 121, 122.
Bakundu 44.
Bakutu 21, 22.
Balonda 133.
Baluba 2, 3, 5, 24, 28, 36, 38, 44, 65, 83—85, 88—91, 93, 96—101, 109, 111—114, 116, 126, 130, 142, 149, 158, 170, 174, 180, 188, 191, 198, 199, 204, 242, 243, 245.
Balunbangandu 43.
Balungu 67, 68, 72, 82, 92, 96, 101, 149.

Bambue 239.
Banana 3, 254.
Banbangala 44.
Bandawe 224.
Bangala 44, 107, 182, 249.
Bangobi 22, 23.
Bangueolo-See 84, 85, 212.
Bankutu 34, 43, 44.
Bantu 139, 243.
Baqua = Leute; Baqua-Kasch s. Kasch u. s. w.
Barumbe 44.
Baschi = Leute; Baschi-Bombo siehe Bombo u. s. w.
Baschilakassanga 245—247, 250.
Baschilambembele 245—247, 250.
Baschilamboa 55, 77, 245—248, 250.
Baschilange 30, 31, 44, 48, 49, 51, 56, 58, 68, 70, 71, 75, 79, 82—86, 88, 93, 96, 97, 101, 103, 105, 107, 109—111, 116, 118, 119, 122, 125, 130, 132—135, 138, 147, 148, 150, 158—160, 162, 166—171, 173, 175, 177—179, 212, 237, 238, 240, 242—254.
Baschobe 34.
Basselle-Kungo 41.
Bassonge 35, 36, 38, 41, 117, 118, 125—130, 132, 136, 140—142, 148—150, 152, 155, 239, 240, 245.
Bassongo-Mino 3, 19, 21, 33, 34, 43, 44, 122, 125, 135, 245.
Bateke 10.

Bateman 5, 31, 47, 48, 59, 80, 103, 108.
Batempa 128.
Batetela 41, 42, 125, 129, 133, 142, 174.
Batondoi 36.
Batua 44, 58, 125, 126, 128—131, 190.
Bayenga 44.
Belande 145, 149, 150, 157.
Bena = Söhne; Bena=Luntu s. Luntu u. s. w.
Benecki 142, 143, 146, 149, 150, 151.
Benguela 115.
Betundu 129, 132, 133.
Bihé=Leute 92, 115, 117, **149**.
Bilolo 149.
Bississi 209.
Blantyre 226.
Boehm, Dr. 188.
Boma 3.
Bombo 60.
Bondo 44.
Bonschina 44.
Botecka 44.
Bubila (Lubila) 240.
Bugslag, Schiffszimmermann 3, 5, 28, 31, 32, 44, 48, 50—52, 66, 67, 69, 109, 110, 119, 130, 131, 136 bis 138, 151, 161, 163, 166, 168, 176, 177, 180, 184, 186, 197, 199, 202, 205, 208, 218, 222—224, 227, 228, 231, 232, 234, 236.
Buschi Maji 89, 91, 95, 98, 101.
Bussindi, Bena 190.
Butoto 34.
Bwana Zefu s. Zefu.
Cameron, Lieutenant **42**, **67**, **92**, 173, 183, 238.
Carvalho 56, 66.
Castilho, Agosto de **236**.
Chambese 212.
Chupanga 234.
Coango 172, 237,
Congo=Lualaba 4, 6, 9, 10, 35, 42—44, 49, 51, 52, 62, 68, 80, 85, 92, 107, 118, 126, 150, 158, 163, 164, 174, 175, 177, 179, 186, 188—191, 197, 214, 237, 243.

Congobahn 17.
Congostaat 2, 47, 65, 70, 79, 95, 102, 147, 150, 173, 182, 197, 198, 204.
Dahomé 29, 45.
Dean, Lieutenant 182.
Dibue 157.
Dikonga dia Difuma 245.
Discho (Dischu), Baqua 89, 98.
Djuma Merikani, Djuma bin Salim s. Famba.
Dongenfuro 44.
Dongonsoro 44.
Drommeau, Missionar 204.
Dschileta, Bena 121.
Dschilunga 249.
Dschingenge s. Tschingenge.
Dschiniama s. Kassongo Dschiniama.
Dschionga, Bena 79.
Dschirimba 249.
Emin Bey 185, 196, **197**.
En avant, Dampfboot 5, 25, 27, 29, 31, 34, 39, 41, 43—45, 47, 48, 118.
Famba (Djuma bin Salim, Djuma, Merikani) 37, 92, 144, 145, 149, 155, 157, 173, 174, 177, 178, 181—183, 185.
Felsen, van der 32, 47.
Fickerini 155, **174**, 185, 186, 210, 212, 228, 236.
François, von 3, **83**, **85**, **101**.
Fumo Nkolle 121.
Galula 204, 205.
Gapetsch 34
Germano 67, 68, **72**, **79**, 100, 102, 107, 108.
Giesecke 182, 211.
Ginga 71, 238.
Goi Capopa 237.
Grenfell, Missionar **5**, **10**, **16**, **18**, **21**, 27, 48.
Greshoff 9, 11, 15, 48.
Halfan 175.
Hamed bin Mohammed s. Tibbu Tibb.
Haussa 182.
Horn, Missionar 188, 194—196, 198, 199, 204, 207.

Humba 89, 90, 92, 107, 109, 119, 155, 174.
Janſen 3.
Jehka, Bena 41—43.
Jettchen, Dachshund 228.
Jkangala 44.
Jkongo, Bena 121.
Jlala, Dampfboot 219, 221, 225.
Jlindi 187.
Jlunga Mputt 40, 122, 238.
Jongolata 35, 36.
Joſchomo 44.
Joſſo 238.
Joubert, Käpitän 203, 204.
Jukiſſi 15.
Junker, Dr. 62, 196.
Kaba Rega 196.
Kabamba = Kawanba ſ. Kitenge.
Kabao 115.
Kabaſſu Babu 249. — Negername für von Wißmann.
Kabogo Cap 197.
Kaffern 85.
Kafungoi 143, 144.
Kahunda 210, 211.
Kajembe 238.
Kajinga, Baqua 113.
Kakeja, Mona 128, 142, 145, 148, 157, 241.
Kalamba 28, 29, 31, 49, 51, 54, 55, 66, 68—71, 76, 102, 104—106, 108, 249, 250.
Kalamba Meana 55, 69, 71, 76, 79, 83, 84, 96, 97, 105, 109.
Kalambai 238.
Kalambarre 188.
Kalebue, Bena 144, 152, 156, 157, 161, 239.
Kalonda (Araber) 189.
Kaloſch 84—90, 92—95, 97, 99, 100.
Kalui 164, 165.
Kalunda 112, 249.
Kambulu, Baqua 69.
Kamerondo 92, 150, 184.
Kangombe 92.
Kanoondefall 77.

Kanjika, Mona 92, 245.
Kanjoka, Baqua 83, 84.
Kapua, Bena 166.
Kapuſſu Dſchimbundu 55, 56.
Kardoſo, Lieutenant 232.
Karema 204.
Karonga 218—220.
Kaſairi, Bena 243.
Kaſairi Pambu 84, 88, 89, 99, 100.
Kaſch, Baqua 57.
Kaſchama 86, 99, 100.
Kaſchawalla, Dolmetſcher 91, 125, 163, 171, 172, 237, 240, 249.
Kaſchia, Baqua 49, 85, 249.
Kaſchimbi 239.
Kaſſabi 4.
Kaſſai 3—5, 8—11, 14, 15, 18—21, 23—27, 29, 31, 32, 44—48, 50, 51, 56, 59—63, 66, 78, 79, 85, 107, 108, 116, 122, 124, 245, 248, 250.
Kaſſanga 44.
Kaſſange 67, 249.
Kaſſaſſu, Baqua 101.
Kaſſia 238.
Kaſſonga Luſchia 174.
Kaſſongo, Mona 141, 142.
Kaſſongo, Reſidenz Tibbu Tibbs, 175, 176, 178, 182—184, 186, 249.
Kaſſongo Luaba 84, 100.
Kaſſongo Tſchimiama 67, 68, 72, 82, 91, 92, 95, 100, 102, 149.
Katanga 84, 92, 210.
Kataua, Baqua 243, 247.
Kataraija 90.
Katende 55, 77, 116, 122, 238, 245.
Katſchitſch 125, 127.
Kattunga 227.
Kawala 193, 194, 197—199, 202.
Kawamba Kitenge ſ. Kitenge.
Kiagongo 134.
Kialo, Mona 239—241.
Kiepert 241.
Kifuſſa 146.
Kiila 208.
Kikaſſa 62, 63.

Kilembue 170.
Kilimane f. Quilimane.
Kilwa 213, 223, 224.
Kilunga Messu 105.
Kintu a Muschimba 151.
Kioque 49, 67, 72, 76, 106—108, 248—250.
Kischi Maji f. Buschi Maji.
Kisuaheli f. Suaheli.
Kitenge (Kawamba) 170—172, 174, 177, 178, 185, 237, 238.
Kitimbue 209.
Kitimkuru 213.
Kiwusee 197.
Koango f. Coango.
Kole 44.
Konde 220.
Kongolo Mosch 70.
Kotto, Bena, 36
Krupp, Friedr., 47.
Ku-Mapenge 239.
Kund 3—5, 14, 19—21.
Kussu, Bena, 69.
Laehtschu 41.
Lagongo 157.
Lamboa, Baschi, siehe Baschilamboa.
Landeau, Missionar, 203.
Larson, Mr., 194.
Latte, de 65.
Leal 234.
Lebue 23.
Lefini 9.
Le Marinel, siehe Marinel.
Lenz, Dr. 155.
Leopoldsee 14.
Leopoldville 5, 8, 79.
Lindi 213, 223, 224.
Livingstone 4. — Grab der Frau 234.
Livingstonia 225.
Loanda 236.
Loange 21, 25, 214.
Lobbobach 134.
Loka 4.
Lokassu 79.
Loko 4.
Lokobi 44.

Lomami 14, 41—43, 62, 92, 125, 128, 132, 144, 147, 151, 161, 163—165, 181, 186, 237, 238.
Lors, Dr. 225.
Lowira (Lowiri) 218.
Lua 14.
Lualaba, siehe Congo.
Luamo 188.
Luba 126.
Lubefu 140, 146, 160, 239.
Lubi 36, 38—40, 82, 85, 117, 118, 122, 124, 237, 239, 241.
Lubila, siehe Bubila.
Lubilasch, siehe Sankurrn.
Lubilascha 101.
Lubilanschi, Lubilaschi = Fluß.
Lubiranzi 91, 96.
Lubowa, Bena, 172.
Lububi 101, 110—112, 241.
Lubuku 48, 51, 54, 68, 69, 71, 72, 76, 77, 102, 104—106, 110, 237, 238, 241.
Luebo 5, 9, 28, 29, 31, 32, 44, 48, 65, 107, 248.
Luebostation 5, 28—32, 44, 47, 51—53, 56, 58, 66, 68, 103, 108, 115.
Lufubu 237.
Lufuku 203.
Lufuwu 207.
Luibi 133.
Luilu 91, 96.
Lukalla 85, 99.
Lukassi (Lukaschi, Lukassia) 152, 154, 157, 160, 161, 164, 173, 238.
Lukengo 34.
Lukenja 14, 21, 35, 41.
Lukoba, Bena, 112.
Lukuga 199, 200.
Lukalla 124, 139.
Lulua 5, 26, 27, 31, 44—48, 55, 56, 58, 59, 65, 70, 72, 73, 77, 78, 81, 82, 106, 109, 115, 122, 171, 241, 251.
Lulua, Bena, 243.
Luluaburg 5, 28, 31, 44, 48—52, 56, 65—71, 84, 100, 101, 105—107, 109, 114, 115, 237, 241, 252.

Lulumbafall 75, 77.
Lunangua 206.
Lunda 67, 68, 83—86, 92.
Luntu, Bena, 245, 247, 248, 250.
Lupungu, Mona, 128, 142, 145, 146, 148, 150, 152, 157, 158, 237—239, 241.
Luquengo 56, 103, 115.
Lurimbi 151.
Luschiko 25.
Lussabi Baqua 111.
Lussambo, Bena, 40, 117, 122, 123, 125, 126.
Lussana 174.
Lussuna 157.
Luvo 60, 63.
Luwulla, Bena, 117.
Macar, de, Kapitän, 5, 65, 72, 75, 77, 89, 93, 100, 108, 115, 238.
Madeira 1, 3, 8, 30.
Makenge 238.
Malagarassi 198, 199.
Malange 68.
Malela 174.
Mambesi 207.
Mambue 212.
Mandala 226, 227, 229, 232.
Manyema 183, 187, 245.
Mapensa 209.
Marinel, Le, Lieutenant, 5, 42, 65, 72, 103, 107, 109, 119, 120, 125, 126, 135—138, 142, 147, 151, 159, 161, 162, 167, 171, 176—179, 186, 237—241.
Marungu 207.
Matady 3.
Mbala, Bena, 56.
Mbimbi Mukasch 62.
Mbimbi Mulume 62.
Mbuju, Baqua, 247.
Meta, Bena, 247.
Mfini Lukenja 14, 35.
Mgana Mukanjanga, Mona, 76, 248, 249.
Mikindani 213, 224.
Milambo 238, 239.

Mirambo 173, 176.
Mirambo, Araber vom Nyassa, 219.
Mitamba 191, 197.
Moabi 174, 237.
Moamba Mputt 248.
Moanga Bena 110.
Moansangomma 56, 101, 109.
Moerosee 184.
Mohammed bin Halfan 196.
Mohammed bin Kassim 186.
Moiio 81.
Moina 238.
Mona, Singular von Bena = Herr; Mona Kakesa s. Kakesa u. s. w.
Mona Bena 134—136, 138—141.
Mosambique 236.
Mpala 203.
Msiri 210.
Mtoa 194.
Mu Singular von Ba.
Muata Jamwo 67, 84, 85, 92.
Mubangi 16, 44, 62.
Mubinga s. Babinga.
Müller, Forstreferendar 3.
Muieau 49, 56, 67, 108.
Muimi Muharra 145.
Mukambasee 112.
Mukanjanga 76, 248, 249.
Mukasch 62.
Mukeba 118.
Mukendi, Baqua 91, 93, 95.
Mukenge s. Kalamba.
Mukenge 101.
Mukete Singular von Bakete.
Mukubuwald 121.
Mulenda, Baqua 101.
Mulume 62.
Mulume, Baqua 247.
Munieama 211.
Muqua Singular von Baqua.
Muschie 14.
Mussongai 151.
Mutomba 122, 124—126.
Mutope 226.
Mwenu Wanda 214.
Nasorro bin Zef 196.

Ndongo 44.
Ngongo Bena 38, 118—123, 125, 127.
Nguo, Bena 170.
Nimptsch, von 9, 11, 48.
Niumkorlo 207.
Nkole 44.
Njabi 4.
Njaire, Njairi 4
Njali Monene 4.
Nschale, Nschale=Mele 4.
Nunsua 207.
Nyangwe 37, 62, 145, 150, 155, 157, 158, 171, 173—175, 178, 183, 186, 230, 237, 251.
Nyassa 196, 197, 207, 208, 211, 213, 218—223, 225.
O'Swald 236.
Oto 43.
Pallaballa 3.
Pamolondo 225.
Panga, Baschi 243.
Peace, Dampfboot 5, 8—10, 16, 23, 27, 45, 47, 48.
Peschi, Baqua 151, 239.
Peters, Dr. 236.
Piari Kai 133.
Pogge, Dr., Paul 36—40, 42, 43, 51, 53, 59, 63, 76, 77, 81, 84, 92, 107, 109, 117, 118, 121, 126, 127, 133, 140, 143, 155, 179, 237, 239, 249.
Pogge, Paul, Stahlboot 56, 59, 63.
Poggeberg 19, 21.
Poggefälle 62, 63.
Putt, Baqua 116, 118.
Qua 4, 10.
Quamouth 5, 9, 10.
Quango 15, 16, 21, 26, 44.
Quaqua 234, 235.
Quilu 21.
Quitundu 129.
Quilimane 227, 234—236.
Raschid 188, 189.
Reichardt 188, 210.
Riamba, Bena 81, 110, 243, 248.
Riquasee 211, 212.

Rostock 235.
Ruga Ruga 210.
Ruhega 201.
Ruquasee 211.
Saadami 186.
Sahorro 175, 177.
Said 152, 154—156, 158, 159, 164, 173, 174, 238, 239.
Said Bargasch 175, 195, 210.
Said bin Habibu 188.
Saise 211.
Sala, Bena 161.
Sali=Mbi (Quango) 15.
Sali Lebue 23.
Sali Temboa 25.
Samba, Bena 175.
Sangula Meta 32, 51, 55, 68, 71, 109, 114.
Sankurru — Lubilasch 4, 5, 14, 25, 26, 29, 32, 36, 37, 42, 43, 62, 68, 72, 82, 89, 91, 101, 112, 117, 121, 122, 125—128, 132, 144, 146, 149, 151, 165, 181, 239, 240.
Sankurru, von Wißmanns Diener 90, 176.
Sansibar 59, 60, 64, 108, 147, 155, 171, 176, 183, 185, 236.
Saturnino 48, 51, 55, 56, 66, 100.
Schankolle 4.
Schari 4, 10.
Schire 196, 197, 225, 226, 228, 230, 232, 234.
Schneider, Büchsenmacher 3, 27, 32, 41, 43, 45, 47, 48.
Schweinfurth 62.
Schwerin, von, Professor 65.
Sekelai, Baqua 113.
Sicke 197.
Simão 90, 107, 109, 119, 120, 133.
Soka Kalonda 127
Sommers, Dr., 108, 238.
Stanley 14, 116, 190, 197, 200.
Stanley, Dampfbot 3, 27, 30, 31, 52, 59, 65, 66 68.
Stanleyfälle 62, 158, 171—173, 175—178, 182, 186, 187, 191, 196.

Stanleypool 3, 5, 6, 17, 27, 30, 31, 42, 48, 62, 66, 79.
Stehlmann 65.
Stephensons road 218.
Storms, Kapitän 204.
Suaheli 37, 155, 156, 176.
Sudan 145.
Tabora 145, 171, 182, 187, 193, 196, 197.
Tambai 151.
Tanga 213.
Tanganyka 49, 85, 182, 183, 185, 186, 188—190, 192—200, 202—210, 212, 213, 218—220, 222, 223, 245.
Tappenbeck 3—5, 14, 20.
Taylor, Bischof 108.
Temba 34.
Temboa 25.
Tembo, Baqua 89.
Tenda 83—85, 88, 96, 100, 101.
Tibbu Tibb (Hamed bin Mohammed) 37, 128, 141, 142, 144, 145, 147, 149, 152, 155, 157, 160, 161, 164, 170—173, 176, 178, 182, 183, 185, 196, 197, 211.
Togoland 29.
Tschameta, Baqua 114.
Tschia, Baqua 101.
Tschikapa 63.
Tschikulla, Bena 117.
Tschilunga Messo 71.
Tschimbao 79.
Tschingenge 32, 68, 77, 109, 113, 114, 238, 249.
Tschipulumba 56, 57, 71, 77, 107, 110, 111, 248.
Tschirilu 57.
Tschirimba 69.
Tschitari 69.
Tubindi (Tubintsch) 83.
Tupende 63, 107, 249.
Tuschilange 242, 243.

Ubujiwe 189, 194, 245.
Udjiji 145, 185, 188, 192—194, 196, 197, 200.
Uelle 62.
Uembo 213.
Uganda 183.
Ugogo 96.
Unianjembe 211.
Uniamwesi 173, 244.
Unioro 196.
Vivy 3.
Wabuma 11, 13.
Wadjiji 200—202, 206.
Wagenie 175.
Wakonde 215—219.
Wakussu 174.
Walker 65.
Wanfumu 10, 11.
Wanyamwesi 37, 210.
Wapambue, Bena, 127.
Wasi Malungo, Bena 190.
Wasongora 126, 174.
Wasongora Mino 196.
Wassonga 126.
Wawemba 212—218, 224.
Wawiwa 215—218.
Wayanzi 10.
Winton, Sir Francis de, 3.
Wißmannfall 63, 65.
Wißmannpool 16, 18.
Witanda, Bena, 81.
Wolf, Dr., Stabsarzt, 3, 5, 17, 25, 27—47, 49, 56, 58, 59, 65, 66 79, 80, 101, 103, 115, 117, 118 121, 122, 125, 127, 241.
Zambesi 197, 214, 227, 232, 234.
Zappu Mutapo 239.
Zappu Zapp 36, 37, 127, 130, 146 239, 241.
Zappu Zapp (Bena Mona) 137.
Zefu 173, 175—178, 184—188.
Zulu 220.

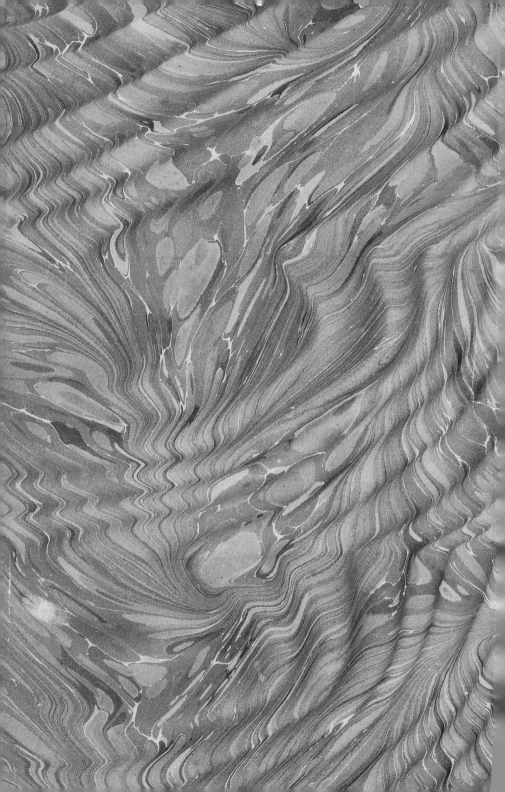